불평등의 세대

불평등의 세대
누가 한국 사회를 불평등하게 만들었는가

제1판 제1쇄 2019년 8월 9일
제1판 제9쇄 2021년 2월 26일

지은이   이철승
펴낸이   이광호
주간   이근혜
편집   박지현 라일락
펴낸곳   ㈜문학과지성사
등록번호   제1993-000098호
주소   04034 서울 마포구 잔다리로7길 18(서교동 377-20)
전화   02)338-7224
팩스   02)323-4180(편집) 02)338-7221(영업)
전자우편   moonji@moonji.com
홈페이지   www.moonji.com

ⓒ 이철승, 2019. Printed in Seoul, Korea.

ISBN 978-89-320-3555-0 03330

이 도서의 국립중앙도서관 출판예정도서목록(CIP)은 서지정보유통지원시스템 홈페이지
(http://seoji.nl.go.kr)와 국가자료공동목록시스템(http://www.nl.go.kr/kolisnet)에서
이용하실 수 있습니다. (CIP제어번호: CIP2019030220)

누가 한국 사회를
불평등하게 만들었는가

이철승 지음

불평등의 세대

문학과지성사

들어가며

　우리는 일상에서 수없이 세대를 이야기하고 세대를 기반으로 삶을 꾸린다. 우리는 같은 세대 동년배들과 함께 사회화되고 사회를 만들어가며 그 특유의 문화와 감성, 지식 체계에 우리 이성과 감성의 촉수를 깊이 뿌리내리게 된다. 우리는 세대를 만들고, 세대에 의해 만들어진다. 세대는 우리의 놀이터이자 운동장이고 카페이며 극장이다. 세대의 물질적 기초는 우리가 친구들과 뛰어놀고 경쟁하고 함께 일하며 만들었던 시간과 기억들이다. 보다 구체적으로 세대는 수많은 장소와 상품과 노래를 공유하며 자란 동년배 친구들과의 삶의 흔적이다. 세대는 전쟁과 경제 위기와 혁명을 겪고 그 상흔을 치유하며 혹은 영광에 뿌듯해하며 같이 늙어가는 구성원들의 삶의 기록이다. 서로 직접적으로는 모르지만 서로 만난 적은 없지만, 세대의 구성원들은 하늘 높이 어딘가에 떠 있는 '경험과 기억의 풍선'을 통해 연결되어 있는, 한두 다리 건너면 알 수 있는 과거의 친구들이며 미래의 친구들이다. 세대는 한편으로는 (일단 구성되면) 쉽게 침범할 수 없는 구획boundary이지만, 동시에 끊임없는 새로운 사건과 격변으로 재구성되는 느슨한 연결망network이다.

다른 한편으로 우리는 이 사회의 불평등 구조에 대해 수많은 지표를 보며 분노하고 비판하지만, 한편으로는 그 불평등 구조에서 뒤처지지 않으려, 더 높은 자리에 오르려 분투한다. 우리는 불평등으로 인해 고통받는 구조의 희생자들이지만, 끊임없이 불평등을 만들어내는 주체이기도 하다. 불평등에도 수많은 차원이 있다—교육 기회의 불평등, 직업 지위의 불평등, 정치권력의 불평등, 소득 불평등, 자산 불평등 그리고 건강 불평등. 이렇듯 다양한 차원의 불평등은 서로 얽혀 있으며, 서로를 재생산하고 강화시킨다. 우리(혹은 각 개인들)는 이 복잡한 불평등의 사다리들을 기어오르고 미끄러지며 서로를 확인하고 연대하지만, 때로는 발목을 걸고 사다리를 걷어차버리며 외면하는 존재들이기도 하다.

이 책은 이 두 개념과 현상을 연결시키려는 시도다. '세대'라는 앵글 혹은 렌즈를 통해 '불평등'과 '계급'을 이해하려는 프로젝트인 것이다. 혹자는 세대 이야기를 하면, 계급이 더 중요한, 궁극적인 불평등의 원인이라고 이야기한다. 내게—적어도 현대 자본주의 사회에서—계급과 불평등은 동어반복이다. 동일한 의미의 결과를 나타내는 개념들 혹은 서로 너무 가까워서 하나로 다른 하나를 분석하는 의미가 크게 없는 개념들이다. 예를 들어, '자본가와 노동자 간의 불평등이 크다'라고 광장에서 소리쳐보라. 사람들은 제 갈 길을 갈 것이다. 이걸 모르는 사람은 없기 때문이다 (혹자는 사람들이 이걸 모른다고 믿는다). 광장의 시민들은 이 불평등을 어느 정도 받아들이고 감내하는 사람들이다. 따라서 '계급이 문제다!'라고 광장에서 소리쳐봐야 제 목만 아플 뿐이다. 하지만 '자본가와 노동자 간의 불평등이 갈수록 커지고 있다'라고 팻말을 들고 서 있어보라. 누군가가 와서 물을지 모른다. '증거 있으신가요?' 전자는 뉴스가 아니지만 후자는 뉴스다. 날로 증대되는 불평등은 우리에게 잠재되어 있는 '정의'와 '형평'의 촉수를 건드리기 때문이다.

마르크스와 같은 지식인들이 주도한 혁명의 시대 이후, 오랜만에 전 세계 출판 시장을 뒤흔들었던 토마 피케티의 『21세기 자본』은 후자의 팻말에 설득력 있는 증거를 덧붙여 유명해진 경우다. 나는 이 책에서 피케티 같은 '큰' 주장을 하지는 않는다. 다만, 내 팻말은 이런 것이다. '한국 사회에서 한 세대와 다른 세대들 간의 불평등이 갈수록 커지고 있다.' 더 나아가 나는 '이 때문에 젊은 세대 내부의, 미래의 불평등 또한 커질 것이다'라는 또 다른 팻말을 하나 더 들고 있다. 나는 불평등의 결과에 대해서도 잘 이해해야 하지만, 그에 못지않게 불평등이 만들어지는 '과정'에 대해 이해해야 한다고 주장한다. 세대는 그 불평등(계급)의 생성 과정을 명확히 이해하게 해주는 안내자 역할을 할 것이다.

이 책의 한 메시지가 세대 간 불평등의 증대라면, 또 다른 메시지는 한국형 위계 구조의 위기다. 이 책은 내가 '네트워크 위계'라고 부르는, 동아시아 특유의 연공제와 유연화된 노동시장 위계 구조에 기반을 둔 수취 체제의 — 부정의injustice가 아니라 — 작동과 그 성과(효율성)에 대해 의문을 제기한다. 책 말미에서 나는 세대 앵글을 틀어 위계 구조 비판으로 논의를 전환할 것이다. 이 프로젝트에서 세대는 위계에 대한 비판을 위한 '앵글'로 재해석된다.

이 책은 내 두번째 책이다. 첫 책*이 학계의 동료들을 대상으로 쓴 학술서였다면, 이 책은 서강대 학부생들을 대상으로 2018년 가을 '불평등의 사회사'라는 수업을 하면서 쓴, 학술서와 대중서 중간쯤에 놓일 책이다. 책의 일부는 「세대, 계급, 위계 — 386세대의 집권과 불평등의 확대」(『한국사회학』 2019년 봄호)라는 논문으로 이미 출간되었지만, 책의 상당 부분은 새로 쓴 내용이다. 이 논문에 담지 못했던 「산업화 세대의 형성」(3장), 「세대 간 자산 이전과 세대 내 불평등의 확대」(4장), 「한국형 위계 구조의 희생자들」(5장), 「세대와 위계의 결합」(6장), 「세대 간 형평성의 정치」(7장) 같은 새로운 이슈들을 제기한다.

첫번째 책과 두번째 책의 발간 시점에는 3년이라는 시차가 존재하지만, 공교롭게도 첫 책의 한국어 번역본이 이 책과 같은 시기에 출판될 듯하다. 첫 책은 한국 사회의 노동운동과 시민운동

---

* *When Solidarity Works*. Cambridge University Press. 2016. 한국어 번역본은 『노동-시민 연대는 언제 작동하는가』. 박광호 옮김. 후마니타스. 2019.

이 복지국가 확장과 수호에 어떤 기여를 했는지에 대한 이야기다. 어찌 보면 386세대의 기여에 대한 사회과학적 경의의 표시다. 그에 비해 이 책의 주요 축은 386세대가 어떻게 국가, 시민사회, 시장을 가로지르는 '권력 자원'을 구축하면서 세대 간 불평등을 야기했는지에 대한 '비판'이다. 첫 책이 '과거'에 대한 헌사라면, 이 책은 현재와 미래에 대한 '경고'인 것이다. 이 극적인, 수년에 걸친 인식 변화는 어디서 비롯된 것일까. 돌이켜보건대, 고국에 돌아온 후 새 직장에서 '청년 실업'과 '청년층 내부의 극심한 취업 경쟁,' 그로 인해 불안과 고통 속에서 전전긍긍하는 젊은 세대를 바로 곁에서 지켜보며 고개를 갸웃하기 시작한 것 같다. 나는 이 문제를 그들이 '운이 없어서'라고, 세계화와 탈산업화, 자동화가 일자리를 줄이고 있기 때문이라고, 참고 버티라고 가르치는 '너무도 좋은 운을 향유했던' 현 기성세대 리더들의 논리에 동의할 수 없었다.

따라서 이 책은 이견異見을 체계적으로 제시하도록 훈련받은 사회과학자의 동시대 지배 담론에 대한 의식적 반응이다 ─"그럴까? 난 그렇게 생각하지 않는데?" 또한 IMF 금융 위기 시의 살벌한 취업 경쟁을 경험한 당시의 젊은이가 그로부터 20년 후 던지는 한국 사회에 대한 무의식적 반응이기도 하다 ─"그게 운이 없어서일까?" 그 시절에도 청년들이 각자도생했다면, 지금도 마찬가지다. 나는 한국 사회가 되풀이하는, 반복적으로 만들어내는 이 '세대의 운 ─ 행운과 불운'을 제도적으로 평탄화equalize시켜야 한다고 본다. 동시에, 세대의 정치를 반복적으로 소환하는 이 사회의 위계 구조 또한 약화시켜야 한다고 주장한다. 왜 이것들이 문제고 왜 이 문제들을 개혁하지 않으면 안 되는지, 내가 가진 언어와 도구를 써서 이의를 제기할 것이다. 이 책을 통해 '세대 간 형평성'과 '위계'의 문제가 좀더 진지하게 논의될 수 있다면 더 바랄 일은 없다.

2019년 여름, 과천의 한 도서관에서

이철승

차례

프롤로그

Q 왜 '세대'와 '불평등'을 연결시키는가?

2019년 가을, 한국 사회에 세번째 금융 위기가 발생한다고 가정해보자. 무슨 일이 일어날까? 이미 두 번의 금융 위기를 겪은 우리는 의외로 쉽게 시나리오를 그릴 수 있다. 기업이 줄도산할 것이고 자영업자들은 가게 문을 닫을 것이다. 빈 사무실이 늘어나며 공실률은 치솟고 직장인들은 일할 곳을 잃고 거리를 배회할 것이다. 실업률이 급등하면서 가계 수입이 줄고 가계 빚은 천정부지로 오르며 자산 가격은 폭락할 것이다. 가뜩이나 어려운 신규 채용 취업 문은 꽁꽁 얼어붙고, 기업은 규모를 줄이는 데 여념이 없을 것이다.

그런데 금융 위기는 각 사회집단별로, 각각의 계층과 세대 집단에 다른 흔적을 남긴다. 안전한 거대 조직(예를 들면 공무원과 대기업 정규직 직원들)에 이미 밥그릇을 확보하고 20~30년의 적당한 근속 기간과 자산을 확보하고 있는 이들에게 금융 위기는 하늘이 준 기회다. 이들은 조용히 폭락한 부동산 시장의 급매물들을 찾아 나설 것이다. 한계 기업들이 줄도산하고 망한 집안의 가장들이 번개탄을 놓고 머리를 싸매기 시작할 때, 이들은 조용히 쾌재를 부르며 정보망을 가동시킨다. 금융 위기를 버텨줄 거대 조직에 몸담고 있지 못한 나머지 사람들, 특히 이제 막 직장을 구하러 학교 문을 나서는 청년들에게 금융 위기는 지옥이다. 10여 년의 교육 투자를 마무리하는 졸업식은 한숨으로 뒤덮이고, 주고받는 꽃다발은 어색한 위로의 말들 속에서 향기를 잃을 것이다. 1997년과 2008년의 겨울에 우리가 서로 다른 위치에서 이미 목도한 금융 위기의 흔적들이다.

이렇듯 정치적·사회경제적 격변은 동시대를 살아가는 사람들에게 다른 경험과 의미를 만들어낸다. 정규직으로 진입하기 위해 극심한 경쟁을 겪고 있는 오늘의 20대가 보다 공정한 기회를 염원하며 든 촛불과, 민주화 투쟁에 젊은 날을 바치고 퇴행하던 민주주의를 구하고자 오늘의 50대가 든 촛불의 의미는 사뭇 다르다. 우리는 동일한 연대기적 시간을 살고 있는 듯 보이지만, 실제로는 완전히 상이한 시대를 각기 경험하고 있는 것이다. 세대론은 바로 이러한 객관적 기회에 대한 주관적 경험이 서로 다르다는데서 시작된다.

우리 사회에서 민주화 투쟁을 주도한 세력은 1980년 광주와 1987년 민주화, 1997년 정권 교체 그리고 2016년의 '촛불혁명'을 통해, 발전국가가 주도했던 위로부터의 산업화 전략과 권위주의적 통제 시스템을 공식적인 민주주의의 영역에서 일정 정도 몰아낸 듯이 보인다. 한국전쟁 및 산업화 세대와 386세대가 여러 번의 충돌을 거듭하며 헤게모니 쟁탈전을 벌인 결과, 어느새 한국전쟁 및 산업화 세대는 역사의 뒤안길로 사라지고 386세대가 한국 사회 권력 구조의 정점에 올라 있다. 하지만 386세대가 권력을 잡고 민주주의가 공고화된 오늘날, 우리 사회는 여전히, 어쩌면 더욱 심화된 '불평등 구조'를 가진 사회가 되었다. 대기업과 중소기업 간의 격차는 심화되었고, 비정규직은 신분화되어 사회적 낙인이 찍히고 있다. 부동산 가격의 주기적 상승으로 상층 자산계급과 중하층 자산계급의 격차는 나날이 확대되고 있다. 청년 실업은 해결될 기미가 보이지 않고 교육은 계층 이동의 사다리가 아닌, 계층 고착화의 기제로 바뀌고 있다.

민주화와 세계화(시장 개방·정보화·금융화)는 한국 사회에 더 많은 소통, 더 많은 자유, 더 공정하고 평등한 분배 구조를 가져올 것이라고 기대했건만, 도대체 왜 우리는 더 격화된 입시 경쟁과 취업 경쟁, 더 심화되고 고착화된 경제적 불평등으로 인해 고통받고 있는가? 흔히 이야기되듯 '신자유주의'의 광풍 때문인가? 아니면 이 나라의 거대 기업들을 소유하고 있는 한 줌의 재벌 가문들과 그들이 좌지우지하는 경제구조 탓인가? 그렇디면 니는 신자유주의를 비판하는 책을, 혹은 재벌 개혁을 주장하는 책을 써야 할 것이다.

　이 책은 '민주주의의 완성'과 '불평등의 심화'가 공존하는 한국 사회의 모순을 해명하기 위해 '세대론,' 즉 '세대의 정치'를 이야기한다. 왜 한국 사회의 불평등 구조를 해부하기 위해 '세대'를 중심축으로 놓는가? 나는 세대라는 축을 통해 오늘날 한국인들이 직면하는 불평등 구조의 핵심을 포착할 수 있다고 본다. 현재의 20대부터 70대 이상에 이르는 노동시장 참가자 및 은퇴자들은 두 차례의 금융 위기가 노동시장에 가한 충격을 각기 다른 입장과 위치에서 겪음으로써, 소득과 자산의 축적에서 극적으로 다른 경험을 했다.

　이렇게 세대별로 각기 다른 '이념과 정체성 그리고 네트워크'를 구축하여 상호 경쟁하며 쟁투하는 과정에서, 각 세대별로 다른 수준의 응집성을 갖는 '세대 엘리트 집단'이 출현한다. 나는 이러한 세대 간 다른 수준의 응집성이 소득과 자산의 불평등에 중요한 영향을 미친다고 주장한다. 다시 말해, 이 각기 다른 정체성과 응집성을 가진 '세대 집단들' ― 내가 '세대 네트워크'라고 부르는 ― 이 세계화와 정보화의 충격에 다르게 반응하고, 그 충격을 기회로 만들어내는 정도와 전략 또한 달랐으리라고 보는 것이다. 이에 따라 각 세대 집단들이 시장에서 점유한 부의 규모에 유의미한 격차가 발생한다고 가정한다. 예를 들어 어린 시절부터 위계화된 군집과 네트워크를 구축해 집단 내부의 자원을 조직화할 줄 아는 종족과, 개인과 가족 단위로 개별화되어 밀림 이곳저곳에 흩어져 사는 종족이 있다고 치자. 홍수나 지진 혹은 외부의 침입과 같은 생태계의 격변이 일어날 때, 어떤 종족이 더 많이 생존하고 위기를 헤쳐 나갈 수 있겠는가? 다윈식으로 이야기하면, 생태계는 어떤 종족을 선택하겠는가? 급변하는 시장에서 어떤 집단이 더 잘 살아남아 자신들의 삶을 안정시키고 자원을 더 잘 축적하겠는가?

이 책은 세대 간의 다른 경험과 그에 기반한 '세력화'의 과정이 어떻게 불평등을 만들어내는지에 관한 이야기다. 어쩌면 이것은 세대론을 '문화' 혹은 '담론'으로 소비하던 그간의 시도들과 단절하고, 세대론을 '물질화'시켜 경제적 자원 배분의 중심축으로 삼으려는 시도다. 과연 세대는 자원 배분을 설명하는 주요 변수가 될 수 있는가? 과연 이 가정은 현실성이 있는 이야기일까? 이 책에서 나는 나름의 증거를 제시할 것이다. 내 가정이 설득력 있는 이야기인지는 판관인 독자의 몫이다.

나는 세대의 정치가 불평등으로 탈바꿈하는 과정에 한 가지 이야기를 덧붙인다. 그것은 내가 '네트워크 위계'라고 부르는, '한국형 위계 구조'가 진화하는 과정이다. 세대의 정치는 바로 이 한국형 위계 구조의 진화와 맞물리며 그 힘을 발휘하게 된다. '위계'란 무엇인가? 이 책에서 '위계 구조'는 크게 두 가지 의미로 쓰일 것이다. 하나는 유교 문화에서 유래하여 동아시아 관료제의 기본 구조를 형성하는, 나이에 기반한 조직 내부와 외부의 '연공 구조'다. 이 구조는 연장자에게 보다 큰 권력과 보상을 부여하며, 나이 어린 자는 나이가 많은 자에게 자발적·비자발적으로 노동의 성과를 상찬하고, 그에 대한 반대급부로 조직 사회에서의 인정과 후계 지위(에 대한 가능성)를 보장받는다.

다른 하나는 세계화와 함께 도입되어 확산된 노동시장 유연화 기제인 파견직 및 비정규직, 대기업과 중소기업 간의 지배·종속 관계, 그리고 노동조합을 통한 3중의 위계 구조가 중첩되는 과정(이철승 2017)이다(2장 참조). 예를 들어보자. 대기업 정규직이며 노동조합에 가입되어 있는 김 씨는, 노동조합의 보호를 받지 못하는 파견직 사원인 박 씨에 비해 한국 사회의 위계 구조에서 여러 단계 더 상위의 신분에 속해 있다. 만일 김 씨가 50대고 박 씨가 20대인데, 이들이 같은 조직 같은 부서 같은 생산 라인에 속해 있다면, 김 씨는 갑이며 박 씨는 을이다. 박 씨의 명줄과 일상은 김 씨에 의해 지배되고 있을 가능성이 크다. 나는 동아시아적 연공 구조와 세 계층(상·중·하)으로 나뉜 노동시장 지위가 상호 연계와 결합을 통해 얽히고 쌓여 제도화되고 있으며, 동시에 동아시아적·봉건적 신분제를 현대로 소환하여 '신분계급화'되고 있다고 본다. 왜 신분계급화가 문제인가? 바로 김 씨가 자동차 공장 생산 라인에서 왼쪽 바퀴를 조립하고 박 씨가 오른쪽 바퀴를 조립할 때 문제가 발생한다. 둘이 하는 일은 같은데, 받는 보상과 보호는 다른 것이다. 심지어 김 씨는 쉬고 싶을 때 쉬고 김 씨가 쉬느라 발생한 공백을 박 씨가 채워야 할 수밖에 없을 때, 한국형 위계 구조에 의한 신분계급화는 완성된다.

그렇다면 '세대'와 '위계'는 어떻게 맞물리는가? 나는 특정 세대가 자신들의 네트워크를 통해, 혹은 세대의 기회(운)를 통해 이 위계 구조의 상층을 '과잉 점유'하면서 세대와 위계가 얽히게 된다고 주장한다. 세대 네트워크가 정치권 및 기업 조직의 '위계 구조'들을 날줄이 되어 연결하면서 '세대의 정치'는 '정치력'을 발휘하게 되는 것이다. 앞의 대기업 정규직 노동조합원인 김 씨가 노동조합선거를 거쳐 위원장이 되고, 동년배 국회의원, 교수, 시민단체 대표, 정부 고위직 관료와 젊은 시절부터 '잘 아는' 30년 지기라고 가정하자. 이들은 정부와 기업, 정당, 시민단체의 리더로서 정책과 자원을 동원하고 조직화하여 제도화시킬 수 있는 위치에 있다. 이렇게 세대의 정치가 한국형 위계 구조에 장착될 때 '네트워크 위계'가 탄생한다.

'네트워크 위계'는 '네트워크'와 '위계'가 톱니바퀴처럼 물려 돌아가며 작동하는 시스템이다. '위계'가 연공에 기반하여 조직 구성원의 직무 간 수직적 명령과 복종 및 보상 체계를 규정하는 생산과 수취의 기제라면, '네트워크'는 조직 상층 지도부가 조직의 목표 달성과 자신의 권력 유지 및 재생산을 위해 조직 내부와 외부에 수평적으로 구축한 사회적 연결망social ties이다. 보다 구체적으로 세대 네트워크는 기업, 정당, 시민사회 조직들 간에 공

불평등의 세대

식·비공식적으로 정보와 자원을 동원하고, 협의와 거래를 성사시키는 세대 기반 인적 교통망이자 연대 체계로 정의된다. 세대 네트워크는 위계 구조와 결합함으로써 자원 동원과 교환·정보 공유·협력·수취 체제 구축이라는 한국형 위계 구조를 완성할 수 있게 되는 것이다.

그렇다면, 도대체 언제, 왜, 어떻게 세대의 정치가 위계 구조와 맞물리게 된 것인가? 어떻게 결합되었기에 민주주의가 공고하게 뿌리내리는 시기에 불평등은 오히려 증대된 것인가? 이 책은 이 질문에 대한 답을 찾아 나선다. 나는 일단 두 세대를 소환할 것이다. 산업화 세대인 1930년대 출생 세대와 민주화 세대인 (386이라 불리는) 1960년대 출생 세대가 그들이다. 두 세대의 '세대 엘리트'들이 만들어져 부상하는 과정과 한국형 위계 구조가 서로 맞물리는 과정이 드러나면, 이 책의 말미에서 세번째 세대인 1990년대 출생 세대가 자연스럽게 소환된다. 물론, 오늘의 청년 세대인 이들은 이 한국형 위계 구조의 주연이 아닌, '희생자'로 등장한다. 이로써 이 책에서 내가 이야기하려는 '세대'와 '위계,' 이 둘이 맞물려 만들어지는 '불평등 구조'의 기본 개념들, 그리고 그 등장인물들의 틀이 잡혔다. 시나리오와 배우가 결정되었으니 이제 촬영을 시작해보자.

Q 불평등의 세대, 무엇을 어떻게 다룰 것인가?

한국 사회를 '세대'라는 프리즘으로 이해하기 위해, 이 책은 두 가지 과정에 주목한다. 하나는 민주화를 이루고자, 한 세대가 '저항 네트워크'를 만들어 시민사회와 국가를 '점유'해가는 과정이다. 나는 이를 '정치적 권력 자원의 세대별 축적,' 구체적으로는 '시민사회의 국가화'라고 칭할 것이다. 1장에서 나는 '386세대가 어떻게 오늘의 권력을 형성했는지'를 묻는다. 이 — 넓게는 '민주화 세대,' 좁게는 '386세대'라고 불리는 — 특정 세대의 리더들은 '이념'을 통해, 산업화 세대가 스스로를 파편화한 학연·지연·혈연의 네트워크를 가로지르는 '연대'의 원리를 터득했다. 이들은 이러한 이념·조직·네트워크를 기반으로 시민사회를 형성한 후, 국가에 대한 점유 작전에 집합적으로 돌입했다. 따라서 나는 이 세대의 정체성과 네트워크가 다른 세대와는 근본적으로 다르다고 본다. 〈그림1〉에서 굵은 화살표로 나타냈듯이, 다른 세대의 정체성이 사회적 변동 과정을 겪으며 수동적으로 만들어진 것이라면, 이 세대의 정체성은 자생적이고 자발적인 민주화 운동을 통해 사회 변동을 이끌어낸, 능동적 정체성이다. 이 능동적 정체성이 '권력화'하는 과정을 추적한 후, '386세대가 한국 사회와 다음

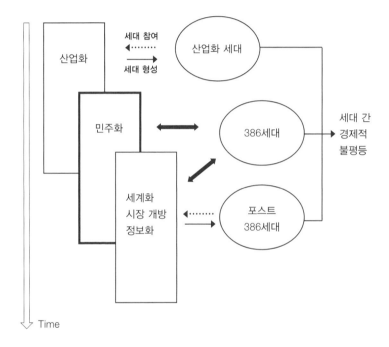

그림1   불평등의 형성 과정

세대들에게 해온 약속이 지켜지고 있는지'를 묻고, 이어서 이 세대의 리더들이 어떻게 권력을 분배하고 있는지를 추적한다. 세대별 정치권력의 분포를 파헤침으로써 이 세대가 주도한 '시민사회의 국가화'가 어떤 새로운 불평등을 만들어내고 있는지를 보여줄 것이다.

2장은 '386세대가 어떻게 새로운 불평등 구조를 탄생시켰는지'를 묻는다. 나는 '국가에 대한 대항 및 점유'의 경험을 한, 이 세대의 '권력 자원 축적 과정'이 민주화를 이끌어낸 것으로 끝났다고 보지 않는다. 〈그림1〉에서 두번째 굵은 화살표가 나타내듯이, 이 세대의 네트워크는 세계화와 시장 개방, 정보화를 맞아 로컬 및 글로벌 시장에서도 권력 자원을 구축했고, 이를 통해 다른 세대에 비해 정보와 조직에서 우위를 점했다. 이 새로운 권력 자원의 구축은 이 세대가 세계화와 정보화라는 거대한 전 지구적인 구조 변동의 물결에 무사히 '올라탄' 반면, 다른 세대들은 그로부터 (상대적으로) 밀려나거나 올라타는 데 실패하거나, 아니면 먼저 올라탄 자들에게 '복속'되는 과정이다. 나는 이를 '경제적 권력 자원의 (세대별) 차별적인 축적'이자 '시장과 국가를 가로지르는 네트워크 위계의 구축 과정'이라고 칭한다. 나는 이 두 정치·경제적 권력의 출현이 따로 떨어진 독립적인 과정이 아닌, 긴밀하게 연결된 '인과적 메커니즘'을 갖고 있다고 본다. 이를 밝히기 위해, 이 장은 '386세대가 어떻게 기업에서 세대권력을 구축했는지'를 묻고, 더 나아가 '386세대가 얼마나 더 오래, 얼마나 너 많은 자리와 부를 차지하고 있는지'를 질문한다. 2장은 상층 노동시장에서 고용의 규모, 근속연수, 소득이 세대별로 차이를 보인다는 것을 확인함으로써, 확대일로에 있는 세대 간 경제적 불평등의 실상을 파악할 것이다.

386세대가 정치권력과 시장권력을 장악하고, 불평등의 치유자가 아닌 불평등의 생산자이자 수혜자로 등극하는 과정을 드러낸 다음, 나는 다음 두 장(3장과 4장)에서 그들이 민주화 투쟁을 통해 극복하고자 했던 부모 세대 —— 산업화 세대 —— 로 시선을 돌릴 것이다. 386세대가 산업화 세대를 몰아냄으로써, 이 세대는 역사의 뒤편으로 사라진 듯 보인다. 하지만 사람은 사라져도 그들이 구축해놓은 제도와 문화는 남는다. 산업화 세대의 어떤 제도와 습속이 남았는가? 386세대가 구축한 위계 구조의 어떤 요소들이 이전 세대로부터 전수된 것인가? 이 질문에 답하기 위해, 나는 동아시아 특유의 '벼농사 체제'에 주목할 것이다. 산업화 세대는 동아시아에, 한반도에 수천 년 동안 뿌리내린 '벼농사 체제'의 기억을 몸과 기억에 새긴 채 도시화와 경제 발전을 주도한 이들이다. 그 기억을 끄집어내야, 우리는 한반도 정주민 특유의 '위계 구조'를 이해할 수 있게 된다. 386세대가 이룩한 '세대 네트워크' 또한 이 동아시아 위계 구조 위에 구축된 것이다. 386세대가 구축한 위계 구조는 기존에 존재하던 위계 구조를 세계화의 경쟁 구도에 적응하는 와중에 '완성'시킨 것이지, 그들이 새로 고안해낸 것이 아닌 것이다. 따라서 3장은 '산업화 세대는 어떻게 만들어졌는지'를 묻고, 이어서 '산업화 세대가 어떻게 불평등 구조를 싹 틔웠는지'를 질문한다.

4장에서는 산업화 세대가 주도했고, 이제 386세대와 포스트 386세대에게 그 DNA가 전수된 세대 간 자산 이전 전략을 들여다본다. 위계 구조의 상층을 차지하기 위해 쟁투해온 한국인들의 경제적 행위 양식은 결국에는 한 가지로 수렴된다. 그것은 증여와 상속을 통한 가족·씨족 계보의 안전망 구축이다. 따라서 한국 사회의 불평등 구조를 파악하기 위해서는 자산의 축적 및 이전 전략을 살펴봐야 하고, 그로써 발생하는 새로운 불평등의 구조를 이해해야 한다. 이를 위해서 이 장에서는 '세대 간 자산의 불균등한 형성은 어떤 불평등 구조를 만들었는지'를 질문한다. 산업화 세대가 다음 세대에게 물려준 자산과 그 이전 전략을 분석한 다음, 한국 복지 체제의 한계와 향후 과제로 논의를 확장시킬 것이다.

5장은 한국형 위계 구조의 희생자가 누구인지를 묻는다. 그들은 동시대 청년과 여성이다. 이 장은 위계 구조의 상층을 장악한 거대한 386세대, 그들이 구축한 위계 구조하에서 더욱 가혹한 경쟁을 강요당하고 있는 청년들 및 그 한편에서 조금씩 자리를 확보하며 착취와 수모를 감내하고 있는 여성들에 대한 짧은 (데이터 분석을 통한) 소묘와 함께, 한국형 위계 구조가 직면한 위기의 징조들을 언급할 것이다.

6장은 한국 사회의 세대와 위계 문제에 대한 이론화를 시도한다.* 궁극적으로, 이 책은 세대가 위계 구조로 달바꿈하는 과정,

불평등의 세대

구체적으로는 세대와 위계가 어떻게 서로를 재생산하는지에 관한 이야기다. 나는 이 장에서 세대론은 위계 구조를 해부하기 위한 구도 잡기(앵글)로서의 역할을 하며, 궁극적으로 한반도 특유의 '위계 구조'를 (세대론을 통해) 이해해야 계층(계급)화 과정 또한 더 잘 이해할 수 있다고 주장한다. 이 장 말미에서는 '한국형 위계 구조의 위기'를 실증한다. 한국의 100대 상장기업에 대한 세대별 실적 비교를 통해 '세대의 정치'와 그 여파가 기업의 위기까지 초래하고 있음을 보여줄 것이다.

7장은 세대 간 그리고 세대 내 불평등과 그 재생산 구조를 어떻게 바꿀지를 논의한다. 이를 위해 내가 오랫동안 고민해온 노동시장 개혁 방안 몇 가지를 제시한다. 그 첫번째 프로젝트로, '세대 간 연대임금' '연공(임금)제 폐지 및 약화' '세대 간 연금의 이전율 조정과 세대 내 재분배' 그리고 '세대 간 주거권 재분배'를 세대 간 형평성 정치의 구체적 항목으로 제시한다. 그리고 두번째 프로젝트로, 청년 세대를 위한 복지국가 전략으로서 고용과 훈련의 안전망 확대를 논의하며 이 책을 마무리한다.

---

* 보통의 학술서가 서두에 배치하는「이론적 논의와 가설」을 이 책은 맨 뒤에 놓는다. 따라서 독자의 취향에 따라 6장을 먼저 읽은 후, 시간 순서에 따라 3장과 4장(산업화 세대), 1장과 2장(386세대), 5장(포스트 386세대) 순으로 읽을 수도 있다.

세대를 통한
불평등 이야기

    결국, 이 책은 '세대론'의 프리즘을 통해, 그리고 '한국형 위계 구조'라는 틀을 통해 한국 사회의 '계층화 과정' 및 '불평등 구조'를 해부하는 프로젝트다. 계층(계급) 재생산의 메커니즘은 항구적인 것이 아니다. 시대별로, 세대별로, 더 미시적으로는 (아마도 한국 사회에서는) '씨족별로' 다른 재생산 전략을 구사한다. 우리는 방송과 신문에서 불평등의 수치들을 '현상'으로 접하지만, 그 수치들은 이러한 무수한 전략들이 쟁투하는 과정의 최종 결과물일 뿐이다. 더 정확히는 상호 쟁투하며, 그 쟁투와 경쟁의 과정에서 '협력' 네트워크를 구축하여 자원 동원과 축적이 더 유리하도록 도모하는 사회 그룹들 간의 '물밑' 그리고 '물위' 싸움의 잠정적 스냅 샷들일 뿐이다.

    연구자로서 나의 위치는 이 쟁투의 깊은 구조와 그 구조가 초래하는 명암(증상)을 간명하게 보여주는 것이다. 그래야 그 구조에 메스를 댈 필요가 있을 경우, 정확히 수술을 집도할 수 있기 때문이다. 메스를 대야 하는지, 약으로 대충 처방하고 넘어갈지, 어떤 방식으로 수술을 하고 수술 과정에서 발생하는 예측 불가능한 돌발 상황들에 어떻게 대처할지, 환자의 예후를 어떻게 돌볼지까지는 이 책의 몫이 아니다. 한 가지, 집도의들('성치'라고 하자)

에게 이야기해주고 싶은 것은 구조를 제대로 파악하지 못하고 배를 갈랐을 경우, 돌발 상황은 걷잡을 수 없을 것이며 예후는 처참할 것이라는 점이다. '세대'와 '위계'를 통해 불평등에 접근하려는 내 시도는 그 구조를 좀더 잘 파악하게 도와줄 것이다.

1장

386세대의 부상

권력의 세대교체

Q.

왜 '386세대'를
이야기하는가?

바야흐로 386*의 시대라고들 한다. 어떤 의미에서 그런가? 왜 386세대가 권력의 중추에 진입했는데 언론·학계·관계·재계가 덩달아 들썩이는가? 그것은 그들의 '동년배'가, 그들의 '친구의 친구'가 권력을 쥐었기 때문이다. 친구가, 친구의 친구가 권력을 잡았다는 것은 그만큼 나의 권력도 증대되었음을 의미한다(Bonacich 1987). 다른 모든 사회에서 그렇지만, 한국 사회에서는 더욱 그렇다. 한국 사회에서 '세대'란 역사적 경험과 기억을 공유하는 집단 그 이상의 것, 즉 '자원 동원 네트워크'를 의미한다. 네트워크를 통해 정보와 자원을 주고받는 '품앗이 네트워크'로서, 다시 말해 '경제 공동체'란 이야기다. 산업화 세대는 이 '품앗이 네트워크'를 농촌에서 도시로 옮겨온 세대다. 그렇다면 386세대의 네트워크는 권위주의 발전국가에 의해 호명된, 혹은 발전국가를 호명한 '품앗이(촌락형) 네트워크'와 어떻게 다른가? 왜 그것이 오늘날 문제가 되는가?

산업화 세대의 네트워크는 '북한'과의 대결 속에서 '미국'의

---

* 논자에 따라 60년대에 태어나 80년대에 대학을 다닌 이 세대(엘리트)에게 '86'이라는 고유명사를 붙이자는 의견도 존재한다. 이 세대가 동시대 한국 사회에서 획득한 지배적인 위치와 그 결속력을 볼 때 하나의 출생 세대를 넘어 '세력'이자 '네트워크'로 불릴 만하다는 것이다. 전적으로 동의하나, 386이라는 호칭 또한 이들이 30대부터 사회의 주류 세력으로 등장했다는 역사적 의미를 담고 있을뿐더러, 지난 20여 년 동안 사회의 주도권을 놓지 않았다는 점을 상기시킨다. 따라서 이 책은 386이라는 호칭을 그대로 쓴다. 또한 2장의 말미에서 논의할 비대졸자 386의 경우, 60년대에 태어나 80년대에 대졸자 386과 연대하여 노동조합 및 민주화 운동에 참여한 그룹을 일컫는다.

후원 아래 '일본'을 따라잡고 극복하고자 하는, '체제 외부의 잠재적 위협에 대응하기 위한 공동체의 이념'을 기초로 만들어졌다. 반면, 386세대의 네트워크는 산업화 세대의 주도하에 불균형 발전을 초래한 권위주의적 폭압과의 대결 산물이다. 그것은 '체제 내부의 현실적 억압 구조를 극복'하고자 하는 '평등주의' 이념을 자양분으로 성장했다. 20대에 1980년대를 보내며 이들이 구축한 정치 동원의 네트워크는 '(혁명적) 평등주의'와 '(아래로부터의) 민족주의'를 그 이념으로 채택했으며, 대학과 노동 현장을 중심으로 지식인 네트워크를 구축함으로써 현실에 뿌리내리게 된다. 이들의 네트워크는 20대에 '하방운동'*(Lee 2016a, 2016b)을 거쳐, 30대에 각종 시민사회 단체와 정당을 건설하고 40대와 50대에는 정치 및 경제 권력을 장악하기에 이른다.

왜 이 386세대의 네트워크가 문제가 되는가? 첫째는 그 규모다. 이 베이비붐 세대는 그 규모에서 다른 모든 세대를 압도한다. 둘째는 그 네트워크의 응집성이다. 이 세대의 네트워크는 '평등주의' 혹은 '분배 정의'라는 기치 아래 20대 초부터 선후배 및 동년배 간 지하 이념 서클, 문화 서클, 학생회, 동아리, 동문회 등의 조직을 중심으로 구축되었다. 따라서 이 세대의 네트워크는 다른

---

* '하방下方, going underground'은 중국의 문화혁명기 도시의 인텔리 출신들이 당의 명령에 의해 농촌으로 내려가 수행하던 (강제적) 봉사 활동을 일컫지만, 한국에서는 70년대 중반~80년대 중반 학생운동권의 '(공장이나 빈민가로의) 현장 투신 활동'을 의미하는 말로 쓰였다.

어떤 세대의 그것보다 더 조밀하고 이념적으로 균질하며 체계적이다.

셋째는 이 세대가 사회에 진출할 때 '세계화'와 '시장주의'라는 새로운 이념의 등장과 더불어, '정보화'라는 거대한 물결을 타고 아날로그에서 디지털 시스템으로의 전환을 겪었다는 점이다. 이들이 사회에 진출한 80년대 말~90년대 초, 세계화와 정보화의 물결이 지구촌 시장경제를 바닥부터 재구성하기 시작했다. 기업들은 IT기술 자체를 개발하는 것을 넘어 컴퓨터리제이션을 조직 관리, 생산 관리, 마케팅, 회계 등 모든 분야에 적용했다. 이 세대의 애칭이 386인 이유다. 이들은 이러한 IT기술을 기업 문화에 융화시켜 바닥부터 일군 세대고, 그렇게 바꾼 조직의 선봉장으로 세계시장에 뛰어든 세대다.

넷째는 세대 내의 이념 충돌이다. 산업화 세대가 농촌 사회에서 비롯한 강력한 협업과 위계의 원리를 국가 관료제와 기업 조직에 최초로 이식했다면, 이 세대는 그 위에 '신자유주의적 시장주의'를 결합시켰다. 한 세대 안에 '평등주의'와 '시장주의'가 동시에 태동한 셈이다. 뒤에 더 자세히 이야기하겠지만, 이 신자유주의적 시장주의의 등장과 함께 한국 사회의 고용 형태는 '신분적 위계화'가 진행된다. 자유주의 원리가 위계를 분해한 것이 아니라 오히려 강화한 것이다.

마지막으로 다섯째는, 앞서 이야기한 네 요소가 '정치·경제적 이익 네트워크'로 전환되어 '권력의 과두제화와 독점'이 장기화되면서 발생하는 문제다. 바로 그 독점 구조 내부와 외부를 걸쳐 지대 추구 행위*의 가능성이 생겨나고, 세대 네트워크가 위계 구조와 결합하여 조직의 내부와 외부에 강고하게 자리 잡고 나면, 타인의 노동과 아이디어를 착취하여 자신들의 성과로 탈바꿈시키는 편취자와 포획자가 등장한다는 점이다.

---

* 지대 추구 행위rent-seeking behavior는, 생산성이 떨어지는 특정 세력 혹은 주체가 국가의 특정 부문이나 자리를 점유하거나 점유한 자와의 네트워킹을 통해 새로운 부를 창출하는 활동 없이 기존의 부와 자원에 대한 통제권을 확장시키는 활동을 일컫는다. 지대 추구 행위가 만연할 경우, 그 자리와 자원을 보다 잘 이용했어야 할 선의의 경쟁자들이 도태되면서, 자원 할당이 왜곡되고 불평등이 증가하며 국민 경제가 후퇴하게 된다.

Q.

386세대는
어떻게 권력을
형성했는가?

산업화 세대가 경제성장의 수혜를 40대에 진입하면서 최초의 자산 축적을 통해 경험했다면, 386세대는 70~80년대를 한층 넉넉해진 가정경제, 넘치는 일자리, 더 늘어난 계층 상승의 기회를 통해 경험했다. 이 세대가 민주화 투쟁을 접고 대거 기업과 시민사회로 진출하는 90년대에 이르면, 한국 사회는 '가난'의 고통과 기억을 어느 정도 벗어던지고 민주주의의 제도화와 세계화를 향해 줄달음치기 시작한다. 그로부터 20여 년, 386세대의 리더들이 구축한 '세대 네트워크'는 무엇을 달성했는가? 이 질문은 '왜한국 사회는 경제 발전과 민주화를 달성한 보다 진보된 세계에서 갈수록 악화되는 불평등과 갑질, 불공정의 폭력으로 고통받고 있는가?' '왜, 어떻게 약속은 위반되었고, 권력은 공정하게 향유되고 행사되지 않는가?'라는 물음과 자연스레 연결된다. 이에 답하기 위해서는, 시계를 돌려 이 세대의 리더들이 애초에 어떤 약속을 가지고 시민사회로 침투했는지를 들여다보아야 한다.

도시 민중과
배제된 지식인층의 결합

유교적 연공 사회의 특징은 '가만히 숨죽이고 할 일 하고 있으면' 자신의 배가 온다는 것이다. 거세되지 않고 조직에 남아 있으면 언젠가 자신의 세대가 조직을 장악하는 때가 오는 것이다. 그런데 386세대는 마냥 기다리지 않았다. 산업화 세대를 아래에서 치받으며 20대 때부터 스스로를 조직화했다. 이들은 20대에 이미 권위주의 정권의 물리적 폭압에 맞설 수 있는 전위 조직과 대중 조직을 건설했다. 이 '조직화'의 경험과 그 결과로 남은 네트워크가 이 세대의 최대 자산이다. 20대에 목숨 걸고 지하활동을 해본, 아니면 야학, 공부방, 학회라도 같이해본 경험, 아스팔트 위에서 전경 및 사복조와 육탄전을 벌이며 쌓은 동지애는 386세대에게 평생의 자산이 된 것이다.

물론 이들이 첫 민주화 세대는 아니다. 산업화 세대 내부에도 박정희 정권과 대립각을 세운 소수의 민주화 세대가 존재했다. 6.3세대와 민청학련, 긴급조치 세대*가 그들이다. 하지만 배제된 지식인층이 '다수'를 이루고, 체제를 전복할 수 있을 만큼의 강력한 에너지를 시민사회와 결합시켜 광범위한 '민중 블록'을 형성하는 데 성공한 첫 세대는 80년대 초반 대학에 입학한 이들이다. 근세(조선 후기부터 60~70년대 이전까지) 한반도에서 배제된 사대부의 반체제적 움직임이 예외 없이 '농민혁명'의 에너지와 결합했

---

* '6.3세대'는 1965년 한일 청구권 협정으로 일본과의 국교를 회복한 박정희 정권에 항거했던 학생운동 세대를 일컫는다. '민청학련' 사건은 1972년 10월유신과 1973년 김대중 납치 사건 이후 '전국민주청년학생총연맹'을 중심으로 학생운동이 격화되자, 이를 탄압하기 위해 박정희 정권이 그 배후로 '인혁당 재건위'를 지목하며 조작한 시국 사건이다. 이 사건에 연루된 학생운동 세대를 민청학련 혹은 긴급조치 세대라 부른다.

다면, 이 세대는 처음으로 도시 빈민 및 노동자 계층과 중산층의 연대를 시도함으로써 '자본주의하 시민사회'를 조직화한 첫 지식인 그룹이다. 시간의 추이로 보면, 이들은 한국 사회가 근대화를 이루는 동안 격화되고 있던 빈곤과 불평등 문제에 처음으로 '집단적으로' 반응한 세대다. 야학과 공부방을 통해 도시 빈민 및 노동자들과 교류하던 70년대의 몇몇 선구자들의 뒤를 이어, 한 세대의 운동가 집단 전체가 공장에 진출해 '노동자 군대'를 만들어 그 전위가 되고자 했던 세대다. 고교평준화와 졸업정원제가 이 세대의 신분적 위계를 없애고 인적 자원을 배가시켰다면, 광주의 경험은 대정부 혹은 반체제 투쟁 의식에 불을 지폈다.*

이 배제된 젊은 지식인들이 꿈꾼 세상은 러시아와 중국의 사회주의였지만, 그 에너지는 결국 자유민주주의의 공고화를 위해 쓰였다. 혁명적 사회주의를 꿈꾸던 이 세대는 90년대 구소련의 몰락과 함께 집단적으로 '개종'하며, 시차를 두고 결국 제도권 정치로 진입한다. 한국의 민주주의가 공고화되는 과정에 서구와 다른 차이가 있다면, 서구에서는 부르주아지(상인 및 자본가 계급)가 지주계급을 몰아내면서 노동자 계급이 정치권력을 공유할 공

---

* 이 세대가 어떻게 스스로를 조직화·의식화하고, 혁명 이론으로 무장하고, 서울 및 수도권과 울산·마산·창원·부산 등의 공업단지에 위장 취업하여 노조를 조직하고, 방학 중에는 농촌 봉사활동을 통해 농민들을 조직화했는지 — '하방' 활동이라 일컬어지는 — 에 관한 연구는 차고 넘치므로, 길게 서술하지 않는다. Koo 2001; Lee 2007; 오하나 2010을 비롯해, 나의 다른 저자들(Lee 2016a, 2016b)을 참조하라.

간을 창출한 반면(Moore 1966; Rueschemeyer et al. 1992), 한국에서
는 배제된 지식인층이 부르주아지의 역할을 대신했다는 점일 것
이다.

배제된 시민사회와
국가화된 시민사회

왜 386세대의 특징을 포착하기 위해 '배제된 지식인층'이라
는 표현을 쓰는가? 동양의 전근대 왕조정치에서 민심은 대략 세
층위로 구성된다. 민심의 첫번째 층위는 서울(혹은 베이징, 에도)
에 거주하며 가문의 누군가가 직접 관료로서 권력에 참여하는 세
력과 그들의 가문, 그들과 연결된 문중들로부터 비롯된다. 이들
은 왕족과 대외 세력 그리고 지방 세력과의 관계에 따라, 대외 정
책 및 국방, 세금 및 분배 정책에 따라 여러 당파로 나뉘어 다양한
'공론'을 형성하고 상호 쟁투한다. 이러한 '서울과 그 인근 지역의
사대부'는 권력에서 상대적으로 배제된 지방 향반과 유생, 잔반,
향리 등 전국에 흩어져 있는 사대부층과 지연 및 학연을 통해 연
결되어 있다. '서울 사대부 민심'은 시차를 두고 조정의 정책을 둘
러싼 '쟁투 과정'에 대한 소문을 지방으로 실어 나르며 민심의 두
번째 층위인 '지방 사대부 민심'과 교류하는 한편, 서울과 지방 사

대부들의 '여론'을 형성한다.* 이들 사대부 민심이 세번째 층위의 민심인 일반 평민의 '하층 민심'과 결합하면서, 세 층위의 '전국적 민심' 혹은 '전국적 수준의 공론'이 형성된다. 이들 중 권력으로부터 배제되어 있는 지방 사대부층은 그로부터 영원히 배제된 것이 아니다. 과거에 장기간 급제자를 배출하지 못했거나 당파 싸움 혹은 당파 내의 경쟁에서 밀려나 낙향했을 뿐이다. 이들은 자신의 대에 혹은 다음 대에 문중의 누군가 혹은 그 연합 세력을 통해 '권토중래'를 꿈꾸는 잠재적 권력층이다. 이런 점에서 조선의 사회를 구성하는 향반과 유생층은 국가권력의 '외부'가 아닌 '언저리'에 있었다고, 혹은 광의의 국가권력의 외곽에 있었다고 보는 것이 더 정확하다.

배제된 사대부층으로 이루어진 지식인 사회는 권력 교체만이 그 목적이 아니다. 그들의 궁극적 목표는 지배 세력을 끌어내리고 스스로 권력의 자리에 등극하는 데 있다. 배제된 사대부층은 국가의 지배권력에 맞서 사회를 조직화하고 동원한다. 그들 스스로 새로운 사회의 비전을 제시하고 지배 세력의 폭압과 부패, 실정에 대한 심판을 기획하며 민중의 지지를 획득한다. 따라서 그들은 지배 세력의 결정적 실정과 유교적 명분정치가 맞아떨어질 때 승기를 잡는다.

유교 윤리의 핵은 이러한 배제된 권력층에게 '기회'를 제공

---

* 조선 후기 '공론장'의 형성 과정에 대한 연구는 송호근 2013을 보라.

한다. 바로 유교 윤리에 내재된, 권력자의 '수행 성과'에 대한 항상적인 평가가 그것이다. 우리는 흔히 맹자로부터 '역성혁명론'이 시작되었다고 알고 있지만, 그 유래는 상(은)나라와 서주 시대까지 거슬러 올라간다(Zhao 2015). 동아시아 유교국가에서 왕은 '국가의 과업'을 '제대로' 수행할 때에 왕이지, 그렇지 못할 경우 교체되어 마땅한 존재다. 춘추전국 시대 이전부터 이미 동아시아 국가의 집권자는 그 수행 성과를 평가받고 사대부 혹은 귀족, 더 넓게는 사회의 민심이 '이반'할 경우, 언제든 교체될 수 있는 존재였다. 좋게 말하면, 사회가 잠정적으로 권력을 왕에게 '위임'했지만 교체권은 사회에 있었던 것이다. 나쁘게 말하면, 유교 사상은 왕에 반대하는 일부 세력에게 '명분'만 있다면 '언제나' 봉기하여 중앙권력을 장악할 '담론상의 기회 구조'(Ferree et al. 2002)를 제공했다고 볼 수도 있다.

중국의 왕조들이 끊임없이 명멸하고, 제국을 수립하자마자 혹은 100~200년 안에 사라지기도 했던 배경에는 집권자의 '수행 능력'에 바탕을 둔 '유교적 정당성론'이 자리하고 있는 것이다. 더 속되게 말하면, 어떻게 집권했건 간에 나라를 잘 운영하여 백성들을 '쌀밥에 고깃국으로 배를 불리고 등을 따습게'만 하면 집권자의 정당성은 확보되고 유지될 수 있었다. 따라서 동아시아에서 명멸했던 수많은 '군부' 혹은 '군벌' 세력들에게 유교적 정당성론은 매력적인 것이었다. 쿠데타에 성공해서 '잘만 하면' 자신의 가문이 대대로 황제로(왕으로) 살 수 있으니, 실패하면 죽음이요 성공하면 세상을 얻는 도박이었다. 그렇게 명나라가 섰고 조선이 섰고, 그렇게 메이지 정권이 섰고 대한민국의 군부 정권들이 섰다. 박정희를 숭상하고, 심지어는 전두환까지 (경제성장의 성과에 대해) 칭찬하는 산업화 세대의 내면에는 이러한 '수행 능력'에 바탕을 둔 유교적 정당성론이 살아 움직이고 있다. 놀랍게도, 이 정당성론은 반도의 북부에서도, 중국 대륙에서도 오늘날까지 작동하고 있다. 누가 어떻게 그 자리에 오르건 잘만 해라, 그러면 인정해 주마(모든 권력을 다 주마). 하지만 잘못하면 바닥으로 끌어내려질 준비를 하라, 대체재는 널려 있다. 이것이 냉혹하기 이를 데 없는 동아시아 국가와 시민사회의 근본 관계이자 윤리다.

당파 싸움이나 왕의 교체를 통해 대거 반대파를 숙청하는 데 성공한 과거의 배제된 사대부층은 집권 세력으로 거듭난다. 광해군을 폐위시키며 등장한 인조반정의 공신들은 무수히 많은 수하들을 지방에서 서울로 올리며 기존 권력을 교체했다. 따라서 왕조 시대의 사대부 사회는 권력의 향배에 따라 부침을 거듭한다. 사대부 사회는 당파에 따라 중앙과 지역의 연결망을 통해 형성되며, 권력이 바뀌면 그 사회도 바뀐다. 정확히 이야기하면, 한 권력이 명멸하고 다른 권력이 부상할 때 떠오르는 권력 속으로 '빨려들어간다.' 사대부 사회의 목적이 권력 장악에 있었기 때문이다. 이것이 바로 그레고리 핸더슨(1968)이 기술한 '소용돌이 정치the politics of the vortex'의 다른 내용이다.

나는 이리한 한국 (시민)사회의 특성을 서술하는 데 단순히

불평등의 세대

국가권력에 사회가 종속되어 있었음을 강조하는('중앙정치로의 흡인과 돌진의 경향') 해석(이영훈 2016)을 지양한다. 오히려 나는 '시민사회의 국가화'라는 개념화가 한국의 국가와 시민사회를 더 잘 규정한다고 본다.* '권력 쟁취'를 위해 시민사회가 스스로를 조직하고 동원하여, 결국에는 국가를 장악한다는 능동적 의미에서 그러하다.

386세대의 조직적 기반, 시민사회

1990년대 초반은 민주화 운동의 중심 세력이 구舊사회주의권의 몰락과 함께 혁명적 사회주의 이념에서 절차적 민주주의 이념으로 '개종'(정수복 1993)한 시기다. 80년대가 '혁명의 에너지'를 잠재한 '좌절된 혁명'으로서의 민주화 시기였다면, 90년대는 그 에너지를 지하에서 지상으로 끌어낸 시기다. 80년대 노동자 민

---

* 나는 이를 다른 논문(Klein & Lee 2019)에서, 시민사회가 적극적으로 국가를 점유하기 위해 조직화를 감행한다는 점에서 '전방 침투의 정치politics of forward infiltration'라고 개념화했다. 내 입장에서 이영훈(2016)의 개념화는, 국가가 시민사회를 규율하고 동원하는 동시에 통제하는 '(국가의 사회로의) 후방 침투의 정치 politics of backward infiltration'에 가깝다.

중을 (혁명투쟁의 전선으로) 설득하기 위해 '하방'했던 386세대는 90년대에 이르러 시민사회 단체의 'CEO' 혹은 '조직·사무총장'으로 — 집단적으로 — 변신한다. 80년대에 이들이 건설했던 운동 조직들은 구사회주의권의 몰락과 함께 잠시 침잠한다. 〈그림 1-1〉은 그 '이행'의 시기, 시민사회 단체의 지형을 보여준다. 연한 보라색이 노동조합 및 노동운동 단체, 진한 보라색이 진보 성향 시민단체, 그리고 회색이 중립 혹은 우파 성향 시민단체를 나타낸다. 1991년 당시, 시민사회 단체의 생태계는 압도적으로 노동단체 및 진보 성향 시민단체들에 의해 주도되고 있었음이 확연하다. 그럴 수밖에 없는 것이 한국의 주요 시민단체들은 1987년 민주화와 함께 '하방'을 통한 혁명주의 노선을 포기하고, 합법정치 공간에서 대중운동을 새로이 주도하고자 하는 '개종한 지식인들'에 의해 설립되고 운영되었기 때문이다.

　　1987년이 한국의 정치체제가 근본적으로 바뀐 해라면, 1997년은 한국의 경제체제가 재편되기 시작한 해였다. 이 시기, 386세대가 주도해온 시민사회 단체의 지형과 구조는 (그 이전 시기에 비해) 어떻게 바뀌었는가? 당시 시민사회가 팽창한 과정은 눈이 부실 정도다. 전국적으로 수천 개의 단체가 새로 만들어졌으며, 환경·여성·노동·평화·종교·인권과 같은 수백 개의 분야별 이슈들로 분화했다. 그와 동시에 분야를 넘나드는 연대를 통해 전국 조직 및 지역 네트워크를 구축했다. 〈그림1-1〉에서 〈그림1-4〉는 특정 이슈를 중심으로 정치권과 국가에 저항하거나 압력을 행사

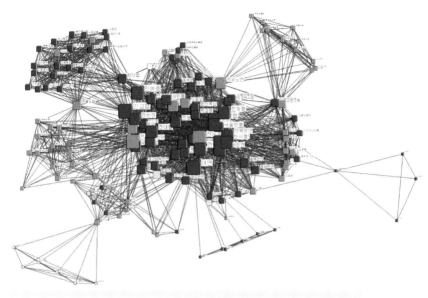

그림1-1 시민사회 단체와 노동조합의 동원 네트워크(1991년)

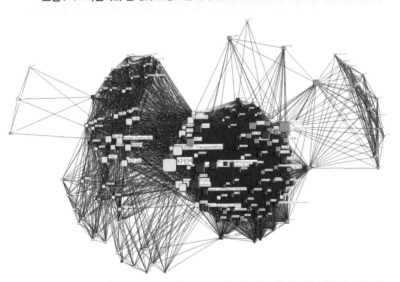

그림1-2 시민사회 단체와 노동조합의 동원 네트워크(1997년)

※ 자료: *When Solidarity Works*. p.123.

할 목적으로 열린 집회나 시위 등에 참가한 최상위 200개의 노동조합과 시민단체들 간에 이루어진 '동원' 네트워크다. 예를 들어 민가협(민주화실천가족운동협의회)과 민주노총(전국민주노동조합총연맹)이 같은 시위에 참가했다면, 〈그림1-1〉에서 〈그림1-4〉의 어딘가에 '연대 네트워크'가 하나 추가될 것이다. 이 동원 네트워크에서 더 많은 링크를 가진 단체일수록 더 중심적인 역할을 했다고 볼 수 있다. 보다 중심적이고 주도적인 역할을 할수록(링크를 많이 갖고 있을수록) 박스의 크기는 비례해서 커진다.*

마찬가지로, 각종 정책과 법령을 제정하는 과정에서 시민사회 단체들이 구축한 '정책 네트워크'를 통해(심포지엄이나 간담회, 워크숍 등) 그 성장을 들여다볼 수도 있다. 참여연대와 민변(민주사회를위한변호사모임)이 같은 정책 간담회에 참가했다면 이들 단체들 간에 링크가 하나 생기는 것이고, 이러한 정책 네트워크에서 더 많은 링크를 가진 단체일수록 시민사회의 '정책 역량'이 형성되는 데 더 중심적인 역할을 했다고 볼 수 있다(그림은 생략).

〈그림1-1〉에서 〈그림1-4〉는 동원 네트워크에서 민주노총과 참여연대가 1997년 이후 시민사회의 쌍두마차로 떠올라 각종 시위 등에서 주도적인 역할을 하고 있음을 알려준다. 민주노총이

---

* 시민사회 단체와 노동조합의 동원 네트워크 자료는 은수미 2005의 박사 논문 데이터(1986~2001)와 강국진 2006의 데이터를 내가 재분류·가공하고, 2015~2016년 데이터를 새로 모아 완성한 것이다.

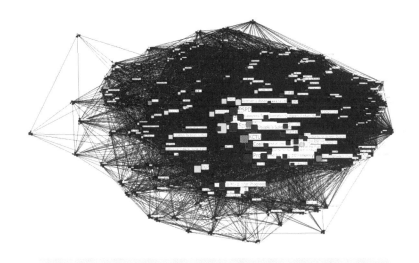

그림1-3 시민사회 단체와 노동조합의 동원 네트워크(2005년)

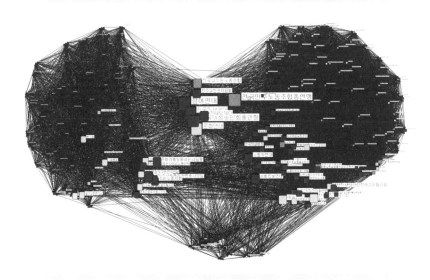

그림1-4 시민사회 단체와 노동조합의 동원 네트워크(2015년)

시민사회의 저항적 자원을 동원하는 데 가장 큰 힘을 갖고 있다면, 참여연대는 정책을 형성하고 지적 자원을 동원하는 데서 헤게모니를 쥐고 있다. 여기까지는 한국 시민사회의 발전에 약간이라도 관심이 있는 독자에겐 낯설지 않은 이야기다. 그렇다면 이들 386세대가 구축한 시민사회는 이전 세대의 것들과 어떻게 다른가?

첫째, 현대 한국의 '시민사회'를 이끈 '운동권 세대'는 한 세대의 네트워크다. 70년대 후반에서 80년대 후반까지 대학을 다닌, 짧게는 10년(80년대 학번)에서 길게는 15년 정도(77~78에서 92~93학번)에 걸친 '응집된 문화적 경험의 세대'고, 앞의 〈그림1-1〉에서 〈그림1-4〉에 이르기까지 보이듯이 한국을 아래로부터 변화시켜온 거대한 운동 블록이다. 이렇게 광범위한 그룹의 '문해 시민층'(높은 수준의 문자 해독 능력을 가진 시민층, 송호근 2013)이 유사한 집합적·문화적 정체성을 가지고 조직화된 사례는 역사적으로 드물다. 서구의 68세대, 중국의 톈안먼 세대, 대만의 당외 세대, 한국의 4.19세대 등이 비교될 만하나, 그 (인구 대비) 규모와 응집성에서 386세대와는 비교가 안 된다.

둘째, 앞서 이야기했듯이 이들은 아래로부터 강력한 조직화 사업을 감행하여 대학가에서 학생회 및 지하 이념 서클을 건설한 후, 도시 빈민 및 노동자 계층, 즉 기층 민중과의 결합을 시도했다. 그 결합의 성공 여부를 떠나, 인류 역사상 20세기 초 농민혁명의 시대 이후 이 정도로 광범위한 '반체제 지식인-민중 연합 세력'이 결집한 사례는 브라질*을 제외하고는 찾기 힘들다. 겨우 인구 4천만 명밖에 안 되던 나라에서 도시 집회에 수십만 군중을 연중무휴로 동원할 수 있는 강력한 조직력과 동원력을 가진 '반체제 세력'을 만드는 것은 쉬운 일이 아니다. 자기 몸과 인생을 송두리째 '운동의 대의'에 던진 한 세대 전체의 '희생'이 있었기 때문에 가능한 것이다. 이들이 20~30대에 걸쳐 주도한 이 '조직화 사업'은 한국의 시민사회를 양적·질적으로 한 단계 도약시켰다. 이들은 '조직'을 통해 국가와 대항하고, '조직'을 통해 시민사회에 '침투'(Klein & Lee 2019) 및 '동원'하고 '진영'을 갖추었다. 이 조직화의 경험은 이 세대에게 집합적인 정체성을 형성시켰을 뿐만 아니라 대중적 '정당성'을 부여한다. 386세대가 90년대 중·후반부터 한국 사회의 '대항권력'으로 성장하여, 2016년 촛불시위를 거쳐 오늘날 '주류'로 자리매김하게 된 데는 이 '조직화의 경험'이 결정적인 역할을 한 것이다.

마지막으로, 다른 세대들과 결정적으로 다른 이 세대 네트워크의 형성 원리는 지연과 혈연, 학연을 뛰어넘는 '이념 네트워크'다. 특히 이들이 80년대와 90년대를 관통하며 자신들의 20대와 30대를 직간접적으로 쏟아부은 '사회운동 네트워크'는 그 이전

---

* 브라질은 1960~1970년대 군부독재하에서 예수회 교회를 중심으로 성직자들과 지식인들이 노동자·농민·도시 빈민과 결합하는 광범위한 '하방' 활동을 벌여, 향후 브라질 노동자당PT 집권의 발판을 마련했다(Keck 1992; Mische 2008; Lee 2016b).

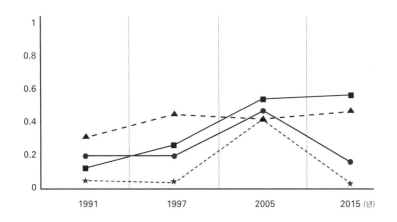

▲ 동원 네트워크 중앙성   ■ 동원 네트워크 밀도
● 정책 네트워크 중앙성   ★ 정책 네트워크 밀도

그림1-5 시민사회 단체 동원 네트워크와 정책 네트워크 지표의 변화

네트워크 밀도network density가 전체 네트워크 그래프의 교점들이 얼마나 조밀하게 연결되어 있는지를 측정한다면, 네트워크 중앙성network centralization은 그래프 내 교점들이 얼마나 몇몇 중심에 집중적으로 연결되어 분포하는지를 나타낸다.

혹은 이후 세대와는 근본적으로 다른 경험이다. 시민사회 단체 생태계의 탄생과 진화 과정은, 이 세대 전체가 권위주의 국가에 맞서 그 외부에 구축한 '저항의 이념과 조직 네트워크'의 규모 및 밀도를 여실히 보여준다. 이념 네트워크는 지연과 학연을 뛰어넘어 '연대'의 원리를 추구했으며, 이들은 다른 세대와 계층을 동원하기 위해 자신들의 이익을 넘어선 이익, 특히 국가나 엘리트 계층의 이익이 아닌, 중하층과 소수자의 이익을 대변하는 '연대의 정치'를 추구했다. 이 에너지는 1997년 정권 교체기를 거쳐, 2000년대 초·중반까지는 '노무현'이라는 정치인과 '민주노동당'이라는 진보정당을 통해 분출되었다. 386세대가 40대에 진입하던 이 시기, (〈그림1-5〉에서 보이듯) 시민사회의 모든 네트워크 지표는 최고조에 이르고 있고, 아래로부터의 조직화를 통해 한국 사회를 민주화시키겠다는 이 세대의 의지는 마침내 결실을 보는 듯했다.

그렇다면, 이러한 지식인 리더들의 주도하에 이루어진 시민사회의 급속한 팽창과 그 밀도의 증가는 세대 간 권력 자원의 분포에 어떤 영향을 끼쳤을까? 〈그림1-6〉은 세계가치조사 중 1996년, 2000년, 2005년, 2010년치 모듈을 이용해, 응답자가 시민사회 단체에 참여한 정도를 세대별로 나눠 계량화한 것이다. 구체적으로, 이 그림은 시민사회의 다양한 자발적 결사체들 가운데 '공식 시민사회 조직'들 — 노동조합, 정치 정당, 전문가 협회 — 에 소속된 각 세대 구성원들의 분포를 보여준다.

시간의 추이로 보면 386세대는 2000년대에 들어 1950년대

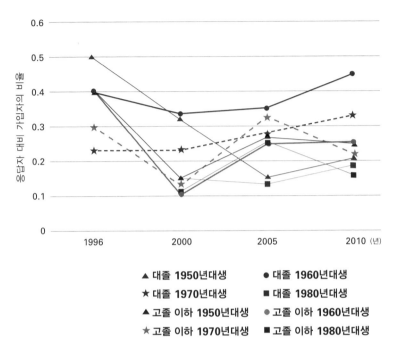

▲ 대졸 1950년대생	● 대졸 1960년대생
★ 대졸 1970년대생	■ 대졸 1980년대생
▲ 고졸 이하 1950년대생	● 고졸 이하 1960년대생
★ 고졸 이하 1970년대생	■ 고졸 이하 1980년대생

그림1-6 공식 시민사회 조직(노동조합, 정치 정당, 전문가 협회) 가입률

공식 시민사회 조직의 가입률은 만 18세 이상 성인 전체를 대표하는 '넓은 의미의 시민적 기초'를 계량화한다. 동시에 퍼트넘(1993)이 주목했던 사회적 자본 중 시민의 일상생활을 조직화하는 문화, 스포츠클럽 및 교회와 같은 비공식 조직은 제외하고, 국가기관과의 협상, 국가기관을 점유하고 거기에 보다 깊숙하게 관여하는 공식 시민사회 조직들의 대중적 역량만을 수량화한다. 공식 시민사회 조직은 국가 및 자본과의 협상, 사회적 장벽의 유지, 시민사회의 이해 및 여론의 정책화에 관여하고 종사하기 때문에 정치·경제적 자원과 이익에 대한 통제권의 세대별 분포를 확인하기 위한 (비공식 시민사회 조직에 비해) 보다 정확한 기준이라고 본다.

출생 세대를 제치고, 2010년대에 이르면 공식 시민사회 조직의 기초를 장악하기에 이른다. 386세대 중 대학(4년제) 졸업자의 공식 시민사회 조직률은 2010년 기준 0.451로 그 윗세대인 1950년대 세대(0.209)와 아랫세대인 1970년대(0.331) 및 1980년대 세대(0.185)를 압도한다. 386세대에 속하는 비대학 졸업자의 조직률 또한 0.252로 여타 세대의 비대학 졸업자는 물론, 거의 대부분의 대학 졸업자들을 압도한다. 이러한 통계 지표들은 〈그림1-1〉에서 〈그림1-4〉까지 이르는 노동조합-시민단체 네트워크의 발전을 주도한 세대가 다름 아닌 386세대(의 전위 리더들)며, 이 세대의 권력 자원은 이들이 권위주의 국가에 대항하여 90년대부터 구축해온 시민단체들로부터 기원한다는 것을 보여준다.

Q.

386세대의 약속은
지켜지고 있는가?

386세대의 시민사회
변화와 변질

'민주주의'를 기치로 내걸었다는 점에서, 386세대는 과거의 배제된 사대부층과 근본적으로 다르다. '민주주의'의 원리를 체화한 집단이란 의미가 아니라, '민주주의의 게임 원리'에 맞춰 권력투쟁을 하는 집단이자 세력이란 의미다. 이 세대는 '절차주의자'들이란 점에서 형식적 민주주의자들이며, 제도 변화를 통해 세상을 바꿀 수 있다는 '집단적 믿음'을 공유한 세대란 점에서 (대만의 당외 세대와 함께) 동아시아 최초의 '절차적 제도주의자'들이다.

민주주의 이념이 '지역'을 뛰어넘는 원리로 부상했다는 것은 나름 큰 의미를 갖는다. '민주주의'를 이뤄내기 위해서 이 세대는 경상도와 전라도, 충청도, 강원도 및 이북 5도로 나뉘어 반목해왔던 산업화 세대의 '지연·촌락 중심 네트워크'를 '이념'으로 가로질렀다. 젊은 시절의 혁명주의는 탈색됐지만, 이들의 민주주의 이념은 '절차적 민주주의'부터 '경제구조의 개혁'까지 동반하는 '분배 민주주의'를 포괄한다. 2000년대와 2010년대에 진보개혁 진영이 승리한 대통령 및 국회의원, 지방선출직 선거에서 '지역'의 힘이 점점 약화되고 '(연령)세대'와 '이념'의 힘이 점점 강해지고 있는 패턴(성경륭 2015)은 386세대가 주도해온 '지역'에 대한 '이념'의 경향적 우위를 증거한다. 바로, (3장에서 기술할) 산업화 세대가 도시로 진출하면서 몸에 지니고 왔던 촌락을 기반으로 조성된 '품앗이 네트워크'의 정체성이, '민주주의' '공정성' '분배 정의' '평화'와 같은 보다 추상적인 가치 지향의 정체성으로 대체될 조짐이 보이는 것이다. 그렇다면, 과연 이들이 약속했던 이러한 가치들이 오늘날에도 지속적으로 추구되고 있는가?

이 질문에 대답하기 위해서는 386세대의 지도자들이 전 생애를 바쳐 구축해온 노동조합과 시민단체의 최근 동향을 추적할 필요가 있다. 앞서 이야기했듯이, 바로 이 단체들이 386세대의 권력 창출의 근간이었기 때문이다. 이 상층 노조-시민단체 네트워크는 근래 들어 어떻게 변화했는가? 나아가 그 변화는 한국 사회의 불평등, 특히 세대 불평등을 설명하는 데 어떤 의미를 갖는가?

먼저 첫번째 질문부터 대답해보자. 1987년 이후로 시민사회단체의 변화된 네트워크는 크게 세 가지로 요약할 수 있다. 첫째, 90년대까지 네트워크의 중심에 있던 민주노총의 주요 노조들 ─ 대기업 노조 ─ 이 2000년대 중반을 기점으로 연대의 중심에서 사라졌다. 〈그림1-4〉에는 명확히 드러나지 않지만, 운동의 현장에서는 경천동지의 변화다. 둘째, 규모와 밀도 면에서 팽창일로에 있던 네트워크가 2000년대 중반 이후 급속도로 분화되었다. 구체적으로 동원 네트워크는 견고하게 남아 있으나, 정책 네트워크는 격하게 축소되었다. 다시 말해서, 시민단체들이 각종 이슈에 대해 시위를 주도하며 각종 사안별로 연대하는 '데모형 네트워크'는 여진히 작동되고 있으나, 정부와 정당을 상대로 정책을 형성하고 협상하는 '지식 네트워크'는 급속히 약화된 것이다. 〈그림1-5〉는 이러한 (동원 네트워크 대비) 정책 네트워크가 약화된 경향을 각종 수치로 보여주고 있다. 네트워크의 집중도와 밀도에서 모두 정책 네트워크가 약화되는 경향이 확연히 드러난다. 셋째, 이러한 과정에서 시민사회 단체와 정당의 연계는 (오히려) 갈수록 증대되었다.*

왜 이러한 변화들이 일어나고 있는가? 각각의 변화가 갖는 정치적·사회적·경제적 의미는 가볍지 않다. 먼저 대기업 노조의 증발은 무엇을 의미하는가? 이 노조들은 세계화와 그에 따른 한국 경제의 부상으로 가장 많이 수혜를 받은 집단을 대표한다. 뒤에서(2장) 살펴보겠지만, 이 노조들은 대부분 임금 상위 20퍼센트에 속하는 최상층 임금노동자 집단이 되었다. 한 노조 지도자가 한탄조로 이야기하듯이 "너무 잘 싸운 게 문제"**였는지도 모른다. 이들은 싸운 만큼 그 보상을 받았고, 간단히 말해 체제 내화되어 '내부자'의 지위에 등극했으며 시민사회 단체와의 연대 활동에서 ─ 자연스럽게 ─ 사라졌다. 연대해서 싸워 얻어내기보다는 가진 것을 지키면 되는 지위에 올라선 것이다. 시민사회와 노동운동의 중핵이자 중추였던 대기업 및 공기업 노조들은 불평등의 '치유자'가 아닌, 불평등 구조의 '생산자' 혹은 '수혜자'로 변모

---

* 이철승 2017. 「시장주의 개혁과 노동-시민 연대의 변동 과정, 1987~2016」. 한국 사회학 대회 발표문.
** 나의 다른 책(Lee 2016b) 인터뷰 파일 중.

했다. 뿐만 아니라 시민사회와 민주노총 입장에서 이들의 이탈은 국가와 자본에 대해 시민사회 진영이 가졌던 '협상력'이 극적으로 약화되었음을 의미한다. 현대자동차 노조가 앞장서는 노동문제와 그들이 빠지는 노동문제는 그 의미가 다르기 때문이다.

그렇다면 정책 네트워크의 붕괴 지표는 무엇을 의미하는가? 이 자료가 2015~2016년 보수정부가 블랙리스트를 관리하며 시민사회 단체를 분류하고 감시하고 제도적으로 차별하던 시기에 만들어졌음을 상기할 때, 진보 성향인 시민사회 단체들이 대부분인 상황에서 정부와의 소통 및 협상 채널이 약화되었을 것임은 짐작하기 어렵지 않다. 하지만 1991년이나 1997년 또한 보수정부 집권기였고 공안 기구들의 탄압이 훨씬 더 폭압적이었음을 고려할 때, 2015년의 정책 네트워크가 갑작스럽게 붕괴한 현상을 집권당의 성향 탓으로만 돌리기는 어렵다. 보다 적실한 설명은, 시민사회 단체의 '지식과 정보, 정책'을 총괄하는 '상층 두뇌'들이 2007년(대통령 선거)부터 2014년(지방선거)에 이르는 선거 국면에서 민주당과 정의당 같은 중도 및 진보 성향의 정당, 심지어는 우파 정당으로 대거 흡수되었기 때문이라고 보는 것이다. 참여연대와 민변, 민교협(민주화를위한전국교수협의회), 여성단체연합, 경실련(경제정의실천시민연합)의 주요 인사들이 정치권, 청와대 및 각종 국가기구로 진입한 시기와 데이터상의 변화가 일치함을 고려하면, 이러한 경향이 몇몇 인사들에게 한정된 것이 아니라 시민사회의 '생태계' 전반에 걸쳐 일어난 현상일 가능성이 크다. 386세대가 50대에 진입하면서 일어난 이 현상은 무엇을 의미하는가?

시민사회의 주요 인사가 권력에 진입한 예는 90년대 김영삼 정부 때부터 심심치 않게 목도되던 현상이다. 정권 교체 이후 김대중–노무현 정부에서 그 경향은 더욱 가속화되었고, 이명박–박근혜 정부의 폭압과 실정에 맞서 싸우며 재결집했던 시민사회 진영은 2010년과 2014년 지방선거 그리고 2017년 조기 대선 국면을 승리로 이끌면서 정치권으로 대거 진입했다. 1990년대와 2000년대 노동–시민사회 운동의 두 핵이었던 민주노총과 참여연대 중 후자의 리더들(박원순, 김기식, 김민영 등)은 급속히 야권의 지방선거 및 국회의원 선거 후보로 차출되었다. 이 와중에 시민사회의 상층 지도부들은 사실상 야권의 일부가 되며, 시민사회를 이끌었던 386세대 리더들의 상당수는 직업정치인이나 전문 관료로 변신했다. 시민사회가 국가화된 것이다. 정확히 이야기하면, 시민사회의 상층 지도부가 대거 세대의 대표로서 정치권력과 국가기구를 장악한 것이다. 이들의 움직임은 핸더슨(1968)이 이야기한 '소용돌이 정치'의 재판인가, 아니면 시민사회의 보편적 이해를 국가를 통해 실현시키려는 민주화 정치의 일환인가? 대기업 노조가 '이익집단화'되었듯이, 이 386세대의 지식인 리더들 또한 '이익집단화'될 것인가? 이들은 세대 간 불평등과 세대 내 불평등을 치유할 것인가, 아니면 악화시킬 것인가?

세대교체에 성공한 386세대

　세대의 프리즘으로 한국의 정치 구조를 들여다보면, 30년 주기로 권력 교체가 반복되고 있음을 알 수 있다. 한 '소小세대'(10년 단위로 끊을 때)가 리더 세대로 나서면, 그 아래 두 '소小세대' 정도가 하부 지지 구조를 이룬다. 1930년대생들이 리더 세대로 떠오르자, 1940년대와 1950년대 초반 출생 세대가 아래에서 그들을 떠받치며 '산업화'를 목표로 한 '대大세대'가 만들어졌다.

　한 세대가 집합적인 정체성을 갖기 위해서는 새로운 시대 가치를 제공하는 바로 윗세대의 카리스마적 선도자들을 필요로 한다. 1930년대 출생 세대에게는 박정희와 3김이 정치 지도자로서, 재벌가의 1세대들이 경제 지도자로서 그 역할을 했다고 할 수 있다. 이 1920년대 출생(박정희는 1917년생, 3김은 모두 1920년대 후반 출생) 지도자들은 한국이라는 작은 나라가 공산권의 혁명 위협과 일제 식민이라는 치욕 속에서 공동체로 생존하기 위한 기반을 닦기 위해 경제적으로는 세계 자본주의 체제의 '중하위 OEM 파트너'로, 지정학적으로는 미국의 대對공산권 방어의 최전선을 지키는 자유주의 진영의 '위성국'으로 자리매김해야 생존할 수 있다고 보았다. 그리고 그 결정은, 그 대오는, 오늘날 한국 사회가 누리고 있는 경제적 번영으로 결실을 맺었다. 하지만 이를 수행하기 위해 1920년대 출생 지도자들 및 1930년대와 그 아랫세대 병사들로 이루어진 '산업화 대大세대'들은 폭압적인 파시즘 정치체제에 합의했다. 그 내부에서 소수의 반란 세력과 386이라는 '조직화된 시민의 군대'가 새롭게 떠올라 '1987년의 타협'을 할 때까지, 이 대大세대들은 '수출 지향·국가 주도 산업화'라는 자신들의 가치와 목표에 의문을 제기하지 않았다.

386세대 또한 그다음 30년 터울의 '대大세대'의 리더가 되기 위해서는 이들을 '학습'시킨, 혹은 이들이 스스로 학습할 수 있는 '거리'들을 제공할 지도자들이 그 이전 세대에서 소수나마 공급되어야 했다. 이들은 70년대를 '소수 역도'로 살며 탄압 속에서 숨죽인 채 하방을 준비했던 리더들로부터 출발했다. 노동운동과 민중운동을 시작한 첫 세대는 386이 아니라 50년대에 태어나 70년대에 대학을 다닌 그 이전 세대인 것이다.* 386세대라는 '시민 군대의 장교들'에 대한 '지지 기반'은 바로 아래의 1970년대 및 1980년대 출생 세대들에게서 발견된다. 386세대가 90년대 후반부터 각종 선거판에 명함을 내밀고 2000년대에 대거 지방선거와 국회의원 선거를 거쳐 정치권에 진입할 때, 또한 이들이 선거에서 패퇴

---

* 물론, 그 원류를 더 찾아 올라가면 1940년대생으로 60년대 4.19와 6.3시위를 주도했던 세대까지 거슬러 올라갈 것이다. 이 책은 세대의 '운동의 지성사'를 구축하는 것이 목적이 아니므로 이 정도 논의에서 그치고, 구체적인 인물을 거론하진 않을 것이다. 386세대의 정치적 집권이 '노무현'과 '문재인'이라는 두 40년대 후반~50년대 초반 출생 리더들을 축으로 진행된 것은(보다 왼쪽에서는 심상정과 노회찬) 세대론의 틀에서 우연이 아닌 것이다.

하고 보수 10년 집권을 허용한 후 촛불혁명과 탄핵으로 재집권할 때까지, 이들에 대한 '변치 않는' 지지를 보낸 것은 현재 30대와 40대인 70년대 및 80년대 출생 세대들이다(이내영·정한울 2013; 노환희 외 2013). 386세대가 30년에 걸친 투쟁 끝에 '세대의 권력 교체'를 실현하기까지는, 산업화 세대가 구축한 동력에 필적할 만한 자신들만의 '하부구조'가 필요했던 것이다.

1970년대생들은 마치 1940년대생들이 (1930년대생들에게) 그러했듯이, 386세대의 지도를 충실히 따랐다. 1980년대생들에게까지도 이들의 지도력은 상당히 견고하게 유지되었다. 1970년대 전반 출생 세대들이 386세대가 주도해온 진보·개혁 정치에 보이는 일관된 지지도는 대학 시절 이들에게 받은 영향, 1997년 금융 위기의 충격, 30대에 진입하며 겪은 진보정치의 부상과 노무현이라는 리더에 대한 일체감 등 많은 요인이 있을 것이다. 중요한 것은 3김이 이미 30대 혹은 40대에 조직의 리더를 자임하며 반란을 일으켰듯이, 386세대도 한국 사회의 모든 (정치 및 시민사회) 조직에서 반란을 일으켰고 이들의 후배들은 그 반란에 충실히 따르며 '시민 군대의 말단 보병'으로서의 임무를 충실히 수행했다는 점이다.

386세대가 30대에 각종 운동단체를 조직하여 사무총장직을 맡았을 때, 40대에는 기존의 조직들을 선거운동 조직으로 전환하여 지역구를 하나둘씩 장악하기 시작했을 때, 2010년대 후반에 이르러 촛불혁명과 함께 한 세대에 의한 지배 체제를 완성하게 되었을 때, 다시 말해 20대에 시작한 저항운동이 50대에 이르러 마침내 결실을 볼 때까지, 그 아랫세대는 이들의 충실한 지지자들이었던 것이다. 따라서 촛불혁명은 세대론의 틀로 보면, 1920년대 후반 및 1930년대 출생 세대의 주도로 쿠데타를 통해 권위주의 발전국가를 수립한 70~80년대의 '세대교체'와 그 구조적 패턴만은 유사하다. 두 세대 모두 50대에 이르러 '세대의 목표·과업'을 이루기 위한 정치적 헤게모니를 극대화했다는 점에서 그러하고, 그 바로 아랫세대의 전폭적 지지와 더불어 세대교체를 완성했다는 점에서 그러하다.

　이처럼 30년 주기로 반복되는 권력 전환이 세대교체와 맞물려 돌아가는 한국 사회의 정치 구조는, 나이와 연공에 기반을 둔 유교정치와 현대 대의민주주의의 교묘한 접합에서 비롯된다. 하나의 '대大세대'는 그 내부에 중위 투표자 그룹을 포함한다. '중위 투표자'란 소득이나 이념과 같은 유권자의 특정 성향 변수의 중간에 위치하며, 당대의 가장 중요한 이슈에 관해 자신들의 선택에 따라 '다수'를 구성할 수 있는 유권자 집단을 의미한다(Downs 1957; Meltzer & Richards 1981). 하나의 대大세대가 이러한 중위 투표자층을 세대 내의 구성원으로 포섭·유지하여 견고한 투표자 블록을 형성하게 되었을 때, 그리하여 복수의 연속된 선거에서 자신들의 대표자들이 선출되도록 '세대 연대'를 구성할 수 있게 되었을 때, 비로소 세대교체가 이루어진다. 90년대의 거의 모든 선거에서 386세대는 이 '세대 연대'를 구성하는 데 실패했다. 당시의 40-50-60대를 구성했던 산업화 연대가 중위 투표자층의 대부분을 가지고 있었기 때문이다. 1997년과 2002년 대통령 선거의 승리는 산업화 연대 내부의 분열 덕에 '신승'한 것이지, 386세대 자체의 동력으로 따낸 승리가 아니었다. 2010년대에 와서야, 386세대는 산업화 세대를 압도할 수 있는 자체 동력을 확보하게 된다. 민주화 시민 군대의 하부 지지 세력인 현재의 30대와 40대가 강력한 투표자 블록을 형성하여 386세대를 떠받치게 되었고, 인구 구성에서 산업화 코어 세대가 생물학적으로(노령화와 사망에 의해) 축소되면서 386 대大세대가 산업화 대大세대에 비해 (유권자의) 수와 결집력에서 우위에 서게 된 것이다.

혁명의 배신,
권력의 속성

연공서열에 따른 정치 구조에서 반란의 씨앗은 리더 세대의 바로 아래에서 형성된다. 이유는 간단하다. 권력 쟁취를 위한 연합에서 권력에 대한 약속은 공유될 수 있지만, 권력 그 자체는 나누는 데 한계가 있기 때문이다. 또 다른 균열은 리더 세대의 약속 위반에서 생겨난다. 인류 역사를 통틀어도 스스로 권력을 내려놓은 경우는 드물다. 인류는 권력을 쟁취하고 유지하기 위해 반대 세력은 물론, 내부의 경쟁 세력 또한 잔인하게 숙청하는 것을 마다하지 않았다. 반란은 권력을 쟁취한 그룹이 자신들의 '계보' 위주로 권력을 재생산함에 따라, 권력 쟁취 연합과 그 지지자 그룹들과의 연대 구조가 와해되면서 시작된다. 다시 말해 권력 쟁취 연합에서 가장 중요한 허리 역할을 한, 리더 세대의 바로 아랫세대에서 반란의 씨앗은 잉태된다.

약속 위반에 대한 '인지'는 두 단계에 걸쳐 일어난다. 아랫세대의 리더 그룹들이 권력 내부로 진입하는 사다리가, 혹은 그 진입에 대한 약속과 전망이 깨질 때가 첫째 단계다. 이 단계에서는 겉으로 볼 때 아무 일도 일어나지 않는 것처럼 보인다. 엘리트 그룹 내부의 보이지 않는 자리다툼일 뿐이기 때문이다. 이때 아랫세대의 리더들은 환멸과 배신감에 시달리게 된다. 약속은 공유되지 않고 사다리는 끊어졌으며 권력은 소수에 의해서만 향유되는 것임을 깨달았기 때문이다. 권력 내부의 코어 그룹은 모든 전리품을 공유할 수 있는 것이 아니기에 가장 충성도가 높고 배신의 가능성이 낮은, 계보 위주의 자기 세력으로 권력을 재생산하고 싶어 한다. 권력의 집중과 독점의 경향성은 정도의 차이지 모든 권력 조직과 연합에서 되풀이되며, 세대정치 연합 내부에 균열을 일으키게 된다.

다음 단계에서, 이러한 사다리를 통한 '진입'에 대한 '약속'이 존재하지 않음을 하부 지지 세력들이 광범위하게 인지하기 시작할 때, 바로 그때 진정한 위기가 도래한다. 권력이 실상은 일부(리더 그룹)에 의해 독점되며, 권력 자원이 리더 그룹(세대)의 정치·경제적 이익을 재생산하고 확장하는 데 쓰이고 있음을 인지하면, 추종 세대들은 지지를 거두기 시작한다. 지지 철회와 함께 대大세대 연합 내부에 균열이 발생하며, 세대 연합을 유지하기 위해 쓰여온 각종 자원은 내부 권력투쟁 와중에 소진되거나 쓰이지 않게 된다. 또 다른 대大세대 연합이 성장하면서 경쟁이 시작되지만, 내부의 균열로 인해 경쟁 상대의 성장과 위협에 둔감해진다.

　　　　　　　　　　　불평등의 세대

Q.

386세대의 리더들은
어떻게 권력을
분배하고 있는가?

세대별
정치권력의 분포

산업화 세대의 리더들이 권위주의 체제를 통해 소수만이 권력을 독점하고 향유하며 불균등하고 불공정한 원리에 의해 경제적 부를 축적하고 분배해왔다면, 386세대의 리더들은 어떻게 권력을 분배하고 있는가? 달리 표현하면, 산업화 세대에서 386세대로 세대의 헤게모니가 교체되면서, 권력의 분포는 연령대별로 어떻게 재구성되었는가? 이러한 권력 분배의 문제는 한국 사회의 모든 거대 조직에 해당되지만, 일단 자료 접근이 용이한 최상위 권력 조직이자 선출직 기관인 국회만 훑어보자. 〈그림1-7〉은 1996년부터 2016년에 이르는 기간 동안, 국회의원 선거에서 세대별 후보자 분포를 보여준다.* 이 그림은 지난 20년 동안 386세대가 어떻게 산업화 세대를 대체했고, 그 주변 세대를 압도하며 정치권력을 장악해왔는지를 간명하게 드러낸다.

1996년 총선에서 산업화 세대를 대표하는 1930년대 후반~1940년대 중반 출생 세대(당시 50대)는 660여 명의 입후보자를 선거에 내보낸다. 전체의 43퍼센트에 달하는 압도적인 수다. 하지

---

* 입후보자 분포는 (투표자의 선호에 따라 걸러지는) 당선자 분포에 비해 정당 조직 내부의 이해관계와 세력 관계를 더 분명히 나타내기 때문에, 세대 간 권력 자원의 차이를 더 분명히 보여줄 수 있다.

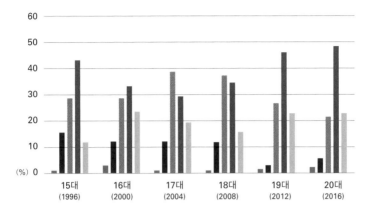

그림1-7 연령별 국회의원 입후보자 수 1996~2016
※ 자료: www.nec.go.kr

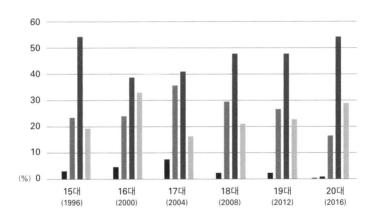

그림1-8 연령별 국회의원 당선자 수 1996~2016
※ 자료: www.nec.go.kr

만 이것이 산업화 코어 세대가 절정기를 누린 마지막 선거다. 386세대는 90년대를 기점으로 급속히 정치권력을 향해 줄달음친다. 90년대에 이미 어떤 30대들보다 더 많은 입후보자를 선거판에 진입시키더니, 이들이 486이 된 2004년에는 526명의 입후보자를 내며 40퍼센트에 근접한다. 앞서 기술한 대로 20대와 30대를 시민사회를 조직화하는 데 헌신했던 386세대가 (노무현 대통령의 탄핵 직후 치러졌던) 2004년 선거를 기점으로 대거 정치권으로 진입하기 시작한 것이다. 2016년에 이르면, (50대가 된) 386세대는 사실상 산업화 세대를 몰아내고 그들이 1996년 누렸던 자리로 올라선다. 수적으로 524명의 입후보자를 내고, 역사상 가장 높은 입후보자 점유율(48퍼센트)을 자랑하며 정치권력을 장악하게 된다.

무엇보다 충격적인 현상은, 386세대가 산업화 세대를 대체한 2010년대에 30대에서 40대에 이르는 386세대 권력의 하부 지지층은 가장 낮은 입후보자 점유율을 기록하고 있다는 것이다. 40대는 27퍼센트(2012년)와 21퍼센트(2016년)를 기록하며, 386세대가 40대였을 당시의 39퍼센트(2004년)와 37퍼센트(2008년)에 비해 10~18퍼센트 낮은 점유율을 나타내고 있다. 2016년에 이르면, 오히려 그 점유율이 이전 선거보다 더 낮아졌음을 보라. 30대의 입후보자 점유율은 더욱 처참하다. 현 40대가 30대였던 2000년대에는 그나마 10퍼센트대를 유지했건만, 이들 30대는 2010년대에 한 자릿수에 머물고 있다. 심지어 산업화 세대가 헤게모니를 쥐고 있던 90년대에 당시 30대였던 386세대가 16퍼센트를 기록했던 것에 비하면, 30대는 2010년대 정치판에서 거의 사라져버렸다고 해도 과언이 아니다.

이러한 입후보자 분포의 변화는 당선자 분포에 그대로 반복된다. 〈그림1-8〉을 보면, 2016년 총선에서 50대와 60대 당선자 구성비는 무려 83퍼센트다. 산업화 세대가 전성기를 구가했던 1996년의 73퍼센트를 10퍼센트나 추월했다. 산업화 세대의 세대 독점 이후 20년 만에 '세대 독점' 현상이 더 노골적인 모습으로 재귀한 것이다. 2016년 총선에서 30대 당선자는 단 두 명이다(1퍼센트 미만으로 그래프상에서 거의 보이지 않는다). 불과 20년 만에 30대 정치인이 한국 정치에서 사실상 거세된 것이다. 40대의 당선자 점유율 또한 17퍼센트로 역대 최하위다. 문제는 이러한 한 세대의 과대 대표가 정치권에서만 벌어지고 있는 현상이 아니라, 한국 사회의 상층 노동시장을 구성하는 조직 어디에서든 흔히 볼 수 있는 현상이라는 데 있다(다음 장의 100대 기업 이사진 세대별 구성을 보라).

나가며

이 충격적인 세대별, 세대 간 권력 교체와 재생산 과정은 어떤 의미를 갖는가? 첫째는 민주화가 반드시 권력의 균등한 분배를 보장하지 않는다는 점이다. 386세대의 리더들에 의해 주도된 민주화는 한국 사회에 선거를 통한 권력의 (주기적) 교체와 그 과정의 공정성을 확보하며, (대만과 함께) 동아시아에서 가장 높은 수준의 민주정치제도를 정착시켰다. 하지만 아이러니하게도 이들은 권력을 자신들 세대의 네트워크 안으로 빨아들였고, 그 집중도는 사상 최고 수준에 근접하고 있다. 그렇다면 386세대의 '민주화'는 무엇을 의미하는가? 절차적 민주주의의 제도화는 한 세대(세력)를 다른 세대(세력)로 교체한 것 이외에 어떤 실질적 의미를 갖는가? 이들이 다른 세대, 특히 오늘날 노동시장에서 고통받고 있는 청년 세대(20대와 30대)와 자신들의 권력 쟁취를 위해 바로 아래에서 희생한 후배 세대인 40대, 그리고 권력의 사다리에서 원천적으로 배제당하는 한국형 위계 구조의 최대 희생자 집단인 여성과 비정규직을 대표하지 못한다면, (50~60대 대구·경북 남성들의 권력 독점체였던) 산업화 세대의 정치권력과 무엇이 다른가? 이들 세대의 권력 독점은 자신들의 권력욕과 세대 네트워크의 이익 증진을 위한 것인가, 아니면 이들이 내걸었던 가치들인 평화, 분배 정의, 통일, 격차 축소, 사람 사는 세상을 위한 것인가? 이들은 자신들이 이 모든 가치와 세력을 가장 잘 대변할 수 있다고 믿는 듯하다. 과연 그럴까?

둘째는 한국 시민사회를 형성하고 그 발전을 주도했던 386세대가 국가권력을 점유하면서, 시민사회가 급속도로 쇠퇴했다는 점이다. 서구적 의미의 혁명과 대의민주주의 그리고 시민운동을 바닥부터 일구었던 이 세대가 권력에 진입하며 남겨놓은 빈자리는 영원히 채워지지 않을 듯싶다. 정치권력에서 그러했듯이, 이 세대는 시민사회에서도 세대를 뛰어넘는 인적 자원과 가치를 재생산하는 구조까지는 구축하지 못했다. 한국의 시민사회 운동과 민주화 프로젝트는 이런 면에서 한 세대에 의해 일구어졌지만, 그 세대에 의해 문이 닫힌 한시적 프로젝트일 가능성이 크다. 그렇다면 한 세대가 스스로를 '제도의 일부'로 만들고 국가를 장악함으로써 비어버린 시민사회는 누가, 어떤 이슈로, 어떤 조직으로 채우고 있는가? 시민사회는 비어버린 것인가, 아니면 새로운 이슈와 주제, 세력이 형성되고 있는 와중인가?*

이 질문은 또 다른 책을 필요로 하지만, 나는 이 책의 말미에서 이 질문으로 잠시 돌아갈 것이다. 하지만 여기에 답하기 전에, 산업화 세대와 386세대가 일구어온 오늘의 정치·사회 구조에 대한 해부 작업을 조금 더 진전시키려고 한다. 세대 간 정치와 분배의 문제는, 자본주의 사회의 '시장'을 들여다보기 전에는 그 깊은 구조를 온전히 파악할 수 없기 때문이다. 386세대는 시장에서, 그들이 부르짖었던 '분배의 정의'를 얼마나 이루었고 얼마나 이룰 수 있을 것인가?

---

* 2010년대 들어 청년·비정규직·여성을 중심으로 새로운 이슈 메이킹을 주도하는 젊은 리더들이 시민사회의 주요한 플레이어로 떠오르기 시작했다. 최근의 페미니즘-리부트reboot 운동이 그 예다.

2장

세대와 불평등
'네트워크 위계'의 탄생

Q.

386세대는
어떻게 '새로운 불평등 구조'를
탄생시켰는가?

산업화 세대가 '자유민주주의'의 이름으로 파시즘적 통치와 통제를 일삼았다면, 386세대는 실질적·절차적 의미의 '자유민주주의'를 이 땅에 도입한 첫 세대다. 자유주의는 비로소 민주주의를 만난 것이다. 자유주의가 파시즘과 결별하고 민주주의를 만나게 되기까지, 이 세대가 흘린 피와 눈물에 대해 다른 모든 세대는 '경의'를 표할 만하다.

하지만 이제 평가의 시간이다. 책의 서두에서 던졌던 물음에 일부라도 답할 때다. 왜 우리는 386세대와 함께, 그들의 리더들을 따라 30여 년에 이르는 민주화 여정을 거쳤음에도, 우리의 아이들과 청년들은 더 끔찍한 입시 지옥과 취업 전쟁에서 살아남으려 발버둥 치고 있는가? 왜 민주주의는 공고화되었는데, 우리 사회의 위계 구조는 더 '잔인한 계층화와 착취의 기제'들을 발달시켜 왔는가? 왜 여성들은 여전히 입직과 승진, 임금에서 차별받는가? 왜 소수자들에 대한 배려와 관용의 문화 및 정책이 뒤따르지 못하는가?

한 가지 답은 '시장'에 있다. 386세대의 리더들은 '정치적 민주주의'를 직접 일궈냈을 뿐만 아니라 '시장자유주의'가 제도화되는 한복판에 서 있었다. 기업에 진출한 이 세대의 다수는 '시장'에서의 격화된 경쟁과 두 번의 금융 위기를 겪으며 세대 내부에서 엄청난 분화를 경험했다. 이들 중 경쟁에서 승리한 자는 '세계적 수준의 글로벌 기업'과 함께 '정보화와 과학기술 혁명'의 파도에 몸을 실을 수 있었다. 지역적으로는 글로벌 자본주의가 동아시아를 중심으로 재구축되던 시기, 동아시아 기업 간·사회 간 네트워크가 중국을 중심으로 성장하는 새로운 시대의 수혜 또한 이들의 몫이었다.

이 시장에서 벌어진 세대 간, 세대 내의 정치를 좀더 구체화해보자. 386세대는 산업화 세대와 대결하면서 자신들만의 네트워크를 구축했다. 국가의 외부, 기존 조직의 외부에. 앞서 이야기했듯이, 이 네트워크는 그들만의 독특한 역사적 경험에서 비롯된 것이다. 이들은 그 아랫세대들을 자신들의 네트워크 안으로 초대했다. 그런데 이 '초대'가 평등하고 공정한 것이 아니었다는 데 역설과 아이러니가 존재한다. 정치권 및 국가과의 대결에서는 시민사회를 위로부터 형성하며 그에 대항하는 '시민군'을 사회 분야마다 지역마다 구석구석에 건설하면서, 그 아랫세대들을 설득하여 하위 조직원으로 편입시켰다. 이 편입은 앞서 이야기한 세 원칙, 세 경로를 통해 이루어졌다. 이념, 학연 그리고 지연.

시장과 기업에서는 산업화 세대의 지연 및 학연 네트워크와 대결하면서 자신들이 주축이 된 '전문가' 네트워크를 새로 떠오르는 산업과 지역 위주로 구축하기 시작했다. 그 아랫세대들은 이들이 이끄는 대항 네트워크의 하위 구성원으로 편입되었음은 물론이다. 이들은 국민의정부가 추진한 벤처 창업 붐에 올라탔고, 전 세계적인 IT혁명에서 한국의 지분을 챙기는 데 기여했다. 문화 부문에서 이 세대의 선구적인 실험들은 더욱 빛났다. 영화, 드라마, 아이돌 그룹을 통해 이 세대는 전 세계에 한류라는 상품을 확

불평등의 세대

실하게 각인시켰고, 산업화 세대의 투박한 범용 상품들과 대별되는, 세계시장의 상층 소비자들의 문화적 취향에 어필하는 '작품'들을 만들어냈다.

세계화와 민주화는 산업화 세대의 '정당성'을 뿌리부터 뒤흔들었다. '세계화'가 산업화 세대의 성장주의와 연공에 바탕을 둔 위계 구조에 균열을 일으켰다면, '민주화'는 산업화 세대가 구축해온 국가와 기업 간의 유착 관계(협력·부패)를 해체하기 시작했다. 1997~1998년의 금융 위기는 이 균열이 폭발하는 계기를 제공했고, 386세대의 선두 주자들은 2000년대 중반을 기점으로 기업과 정당에서 수뇌부로 부상했다. 이들이 30대 후반부터 기업의 임원진으로 등극한 경향은, 김대중-노무현 정권기 정치권과 국가 부문에서 386세대가 약진한 것과 궤를 같이한다. 한국의 기업들은 정치권 및 국가 부문의 세대교체에 맞춰 국가권력에 '연줄이 닿는 동기'들을 이사진으로 배치하는 경향을 띤다. 따라서 정치권과 국가 부문에서 386세대가 장기 집권할 경우, 기업의 386세대가 조기 등판하여 장기 생존할 수 있는 환경이 조성된다. 이 또한 '세대 네트워크'의 힘이라고 볼 수 있다.

동시에 이 세대가 1997년 금융 위기의 칼날을 피해 2000년대 기업 내부에서 최대 다수가 되었을 때, 자본은 세계화된 시장에서 생존하기 위해 생산과 판매 현장에 '유연화된 위계 구조'를 구축했다. 기업 내부와 외부에 하청 및 자회사 구조를 확립하는 한편, 기업과 학계, 공공기관 내에 파견직과 비정규직을 도입한 것이 그 예들이다. 전자(원·하청 구조, 윤성민 외 2000; 조성재 외 2004)의 경우, 산업화 세대가 구축하기 시작한 생산에서의 위계적 분업 구조가 2000년대에 이르러 완성된 것이라면, 후자(파견직 및 비정규직 도입을 통한 고용 형태의 유연화, 조성재 2009)는 산업화 세대 집권기에는 거의 존재하지 않던 제도가 기업 및 노동시장의 상층으로 386세대가 등극하는 과정에서 급속하게 일반화된 것이다.

여기서 386세대의 '운'은, 이 '유연화된 위계 구조'가 도입되어 확산되던 시기, 이들의 다수가 '정규직'의 지위에 '이미' 진입해 있었다는 것이다. 따라서 1997년 금융 위기 이후 20년에 걸쳐 상층은 보호되고 하층은 유연화된 '이중화' 경제 구조가 기업과 관료 조직 깊숙한 곳까지 뿌리내리는 동안, 이들은 내부자의 지위를 가장 대규모로, 오래 누린 세대가 될 수밖에 없었다. 이 기간 동안 정치적 민주주의의 확대와 시장의 위계화가 동시에 진행된 것이다. 좀더 단순화시켜 이야기하면 정치적 민주주의의 확대와 세계화의 결과는 윗세대인 산업화 세대의 퇴장이었으며, 시장의 위계화로 인한 결과는 386세대가 상층을 점유하고 있는 위계 구조로의 아랫세대의 편입 및 복속이었다.

왜, 어떻게 민주화와 세계화, 즉 정치적 자유주의와 경제적 (신)자유주의가 확산되던 '자유주의의 시기'에 자유주의 원리와 어긋나고 충돌하는 '위계화'가 더 극심하게 진행된 것일까? 조금 일찍 결론을 이야기하면, 이들은 정치적 민주화 프로젝트를 통해

'평등의 가치'를 한국 사회에 전파한 (해방 후) 첫 세대지만, 그 자신은 동아시아적 위계 문화를 여전히 체내화하고 있는 마지막 세대다. 한 세대 안에 존재하던 이 두 가치의 충돌은 '세계화'를 거치며 더욱 '극대화'되었다. 이 세대는 동아시아 위계 구조와 자신들의 세대 네트워크를 결합시켜 시장자유주의에 적응한, 보다 진화한 형태의 — 내가 '네트워크 위계'라 부르는 — 위계 구조를 발전시켰다. 이 모순적 결합과 접합을 주도한 이들이 바로 386세대다. 이 복잡한 구조화 과정을 좀더 자세히 들여다보자.

위계, 연공, 세대교체의 정치학

동아시아적 맥락에서 1987~1997년의 정치는 '세대교체의 정치학'이다. 유교 사회는 나이와 연공으로 명령 계통상의 위계 구조를 만든다. 10대에서 30대까지는 조직의 바닥과 중간 사이에서 '헤매는' 시기다. 여기서 눈에 띄는 능력을 발휘한 40대에게 자신의 팀을 이끌 기회가 주어지고, 살아남은 자들에게는 50대에 이르러서야 참모의 기회를, 50대 후반에서 60대 초반에는 조직의 수장이 될 기회를 준다. 마지막으로, 조직 최상부의 지도자급 인사들은 '때 되면' 물러나준다. 이 피라미드는 위로 올라갈수록 자리 수가 줄어들지만, 위로 올라갈 '기회'가 공평하다면 아래의 다수는 이 지배 구조를 받아들인다. 나에게도 매번, 매 단계 기회가 주어지기 때문에. 그 확률이 맨 아래와 맨 위를 비교하면 대단히 작지만, 매 단계별로는 꽤 크다. 우리는 다음 단계로의 승진만을 생각하지, 인생 전체에 걸친 확률을 생각하지 않는다(뇌의 착각이라고 볼 수도 있다). 1,000명의 신입사원 중 단둘이 이사가 되는 경쟁이면, 그 경쟁의 결과를 단 한 번의 시험으로 결정지으면, 아마 상당수는 처음부터 참여하지 않을 가능성이 크다. 500대 1의 경쟁이고 내가 그 둘이 될 확률은 너무나 작기 때문이다. 하지만 이 1,000명이 둘이 되는 과정을 잘게 쪼개는 것이 관료제의 원리다. 둘 중 하나가 승진한다면, 해볼 만한 경쟁이다. 바로 한 단계 올라가는 경쟁이지만, 섬길 사람은 줄어들고 보상은 커지고 부릴 사람은 많아지니 권력의 맛은 달콤하다. 고대부터 지금까지, 동서양을 막론하고 이 피라미드 구조 자체가 바뀐 적은 없다.

다만 (앞 장에서 논의했듯이) 다른 사회와 달리, 유교 사회는 '나이 순'의 룰을 '대체로' 지키려고 노력한다. 이 '나이 순'이라는 유교 사회의 기본 원리는 시장 원리와 충돌한다. 가장 능력이 뛰어난 사람이 팀을 리드해야 하건만, 가장 나이가 많은 사람이 리드하는 구조이기 때문이다. 축구를 예로 들면, 메시가 리드해야 하는 자리에 50~60대의 마라도나나 펠레가 주장 자리를 꿰차고 앉아 명령만 내리고 있는 구조인 것이다. 따라서 능력 있고 야망으로 가득 찬, 개인주의를 체득한 젊은이에게 유교 사회는 '헬조선'일 수밖에 없다. 개인의 능력과 아이디어를 찾아내 보상하려는 자유주의적 시장 기제는 이 유교 사회의 연공 문화를 깨뜨리고자 한다.

하지만 동아시아 위계 구조가 그렇게 호락호락하지는 않다. 근대를 관통하며 그것에 기반을 둔 조직 문화가 살아남은 것은 우연이 아니다. 유교식 연공 구조는 '다수의 합의'를 도출해내고, 조직을 안정시키며, 개인들을 '집단적 목표'로 이끄는 데 다른 어떤 조직 구조보다 탁월한 역할을 한다. '개인'은 매몰되지만 '집단'이 사는 구조인 것이다. 한국·일본·대만의 잘 조직된 야구팀이 개개인의 기량이 훨씬 우수한 메이저리거들이 모인 미국 팀을 종종 이기는 것은, 바로 개인을 희생시켜 집단의 승리를 견인해내는 동아시아 협업 시스템의 산물이다. '개인'은 숨이 막힐지언정 '집단'은 생존하는 집단주의 구조, 그것이 벼농사 생산 체제에서 진화하여 20세기 산업자본주의까지 수천 년에 걸쳐 이어져온 동아시아 특유의 협업 양식이다. 산업화 세대가 이 집단주의 위계의 문화를 경제 발전을 위해 기업과 관료 조직에 적용했다면, 386세대는 이를 민주주의 쟁취를 위해 학생운동과 시민단체에 적용했다고 볼 수 있다.

그런데 연공에 기반한 위계 구조가 항상 안정적인 것만은 아니다. 유교 사회 자체에 내장된 이 '나이 순'의 룰을 어느 한 세대가 지키지 않는다고 가정해보자. 예를 들어, 맨 위에 있는 최고령 지배 세대가 '좀더 오래' 그 자리에 남아 있고 싶어 할 때다. 나가

줘야 하는데 나가지 않는 경우다. 어쩌면 모든 권력에, 모든 권력자와 지배층에게 나타나는 공통 현상이라고 볼 수 있다. 좀더 오래 해먹고 싶은 욕망, 인간이라면 어찌 없겠는가. 그런데 맨 위에 있는 최고령 지배 세대가 좀더 오래 남아서 권력을 더 많이 행사할수록(따라서 더 많은 자원을 점유하고 아랫세대의 노동을 착취할수록), 그 아랫세대의 인내심은 점점 임계치에 이르게 된다. 순환은 적체되고, 기회는 공유되지 않으며, 승진의 확률은 점점 낮아진다. 40대에 부장(대령)을 달았는데, 임원이 못 되고(별을 못 달고) 한 세대 전체가 그대로 은퇴하는 상황이 오는 것이다. 승진 명단은 점점 짧아지고, 인사 발표일은 실망으로 가득 차게 된다. 40대 차장·부장들이 켜켜이 쌓이면 30대 대리들은 무슨 생각을 할까? 이 상황이 아주 오래 지속되면 어떤 일이 벌어질까? 이 조직에 있어봐야 위로 올라갈 가능성은 없고, 착취는 계속될 것이고, 내게 돌아올 현재의 몫뿐 아니라 미래의 몫도 별 볼 일 없다면, 인간은 미래를 할인한다. 남은 선택은 도박이다. 떠나거나, 아니면 저항하거나(Hirschman 1970).

한국 현대사에서 40대에 상승 사다리가 끊기자 조직을 뒤엎는 도박을 감행한 이들이 산업화 세대의 리더들이다. 박정희는 쿠데타로, 김대중·김영삼은 40대기수론으로 '연공의 법칙'을 깨버렸다. 박정희의 쿠데타로 육사 8기 위 기수들은 군 조직과 행정부에서 사라졌으며, 김대중·김영삼의 40대기수론으로 한민당 시절부터 생존했던 민주당의 신구파 경쟁 구도는 무너졌다. 아이러니

불평등의 세대

하게도, 이 세 지도자들은 유교식 연공 구조를 뒤엎었지만, 일단 자신들이 리더가 된 다음에는 '측근에 의해 암살당하거나'(박정희), '경제 위기의 주범으로 낙인찍히거나'(김영삼), '자연 수명에 의해'(김대중) 물러날 때까지, 우두머리 권력을 놓지 않았다. 386세대 또한 1987년 민주화와 1997년 금융 위기를 통해 '권력의 세대교체'를 이루었지만, 그다음 세대가 권력의 사다리에서 위로 올라갈 수 있는 통로와 가능성을 확보하는 데는 마찬가지로 실패했다. 왜 1987년의 민주화 효과는 다음 세대(포스트 386세대라고 하자)로 그 '과실'을 넘겨주지 못했는가?

몇 가지 가설을 세워보자. 첫째는 산업화 후기 세대(1945~1955년생)를 몰아낸 386세대는 앞선 세대가 보여준 '장기 집권욕'을 그대로 이어받았다고 가정하는 것이다. 이들은 '민주주의'를 활용하여 권력에 등극했지만, '민주주의'를 활용하여 권력에 더 오래 남기로 작정했다. 포스트 386세대로서는, 마오를 몰아냈더니 푸틴 혹은 시진핑이 나타난 형국이다. 386세대는 이전 세대와 달리 '민주주의의 게임 원리'를 받아들였으나, 이들의 권력욕은 이전 세대와 다를 바 없다고 보는 것이다.

둘째는, (386세대가 흔히 이야기하는) 포스트 386세대의 '약체론'이다. 386세대가 민주화와 세계화를 주도하는 동안, 아랫세대는 이들을 '후배' 혹은 '부하'로서 추종하며 따랐을 뿐 '리더십'을 직접 경험해볼 기회가 없었다. 386세대는 20대부터 '학생회 및 학회,' 노동 현장의 '노동조합,' 시민사회 단체의 '연합' 조직들을 자체적으로 동원하고 조직화하며, 스스로 '리더'를 세우고 그 리더십의 자질을 배양하는 과정을 경험했다. 기업의 386세대 또한, 90년대 세계화의 물결 속에서 해외 지사와 공장을 일구며 스스로를 불모지의 '리더'로 세우는 경험을 했다. 30대부터는 정치권 및 국가와 대결하며 교섭과 협상, 설득의 과정을 몸소 겪으면서 리더십의 정의를 계속 (민주주의 제도에 맞춰) 업데이트해왔다. 이와 달리, 포스트 386세대는 그 경험이 일천하다. 심지어 40대가 되도록 386세대가 장악한 권력 네트워크의 주변부에 머물러 있을 뿐, 그 중심에 진입해본 적이 없다. 386세대가 40대부터 권력의 기예를 습득하며 이를 공고화하고 재창출하는 기술을 익힐 동안, 그 아랫세대는 '허드렛일'을 하고 있었던 것이다. 해본 자가 계속하는 게 더 효율적이라며 쥐고 놔주지 않으니, 아랫사람으로서는 경험할 기회가 없다. 정치권뿐만 아니라 기업 조직 내부에서도 이러한 '경험과 노하우의 세대 독점'이 일어났다.

386세대가 국가, 기업, 시민사회를 가로질러 건설한 인적 네트워크는 한국 현대사에서 유례없는 견고한 것이 되었다. 왜 그렇게 되었을까? 왜 1987년 민주화는 또 다른 '세대권력'을 허용했을까? 이 세대권력은 그 이전의 것과 어떻게 다른가? 그들은 유교 관료제의 원칙을 따를 것인가, 민주주의의 원칙을 따를 것인가? 아니면 둘 다 따르지 않을 것인가?

이 질문들에 답하려면, 1987년부터 시작된 정치적 민주주의만 봐서는 부족하다. 정치는 결국 '분배'의 문제로 귀착된다. '세대의 문제'는 '세대 간 분배의 문제'인 것이다.

Q.

**386세대는 어떻게
시장을 장악했는가?**

1997년과 위계의 그물
네트워크 권력의 심화, 확장

학계에서는 1997년부터 시작된 '세계화의 충격'을 구별하기 위해 ('87년 체제'와 구별되는) '97년 체제'라는 표현을 쓴다. 세계화와 더불어 신자유주의가 한국 사회를 재구조화하기 시작했다고 보고, 그에 따른 기업의 인사 및 생산 시스템과 노동시장 제도의 변화, 분배 구조의 악화 현상 등을 '자본과 노동의 대결'이라는 구도에서 파악한다. 나는 조금 시각을 달리한다. '97년 체제'라는 것이 존재한다면, '신자유주의적 제도의 일반화'라기보다는 '네트워크 위계의 완성'이 그 근본적인 특징이라고 본다. 자유주의적 제도가 깔린 것이 아니라, 자유주의적 경쟁에 맞서기 위해 더 강고한 위계 구조를 구축한 것이 97년 체제의 특징인 것이다.

'세계화'는 밖으로부터의 충격으로 볼 수도 있지만, '안으로부터의 전략이자 응전'으로 볼 수도 있다. 실제로 한국의 대기업들은 90년대에 들어서부터 (일본 모델을 따라) 생산 및 판매 시스템을 전 지구화하는 노력을 기울이기 시작했다. 세대론은 세계화와 이 지점에서 만난다. 이 노력을, 이 시도를 기업에서 주도한 세대가 다름 아닌 386세대의 리더들이기 때문이다. 20대를 대학에서 (혁명주의적) 민주화 투쟁으로 보낸 세대가, 90년대에는 기업의 세계화 전도사이자 전위병이 된 것이다.

1997~1998년 금융 위기는 기업 내에서 이들의 권력을 극적으로 강화했다. 시민사회와 정치권의 386세대가 유교적 관료제와 결합한 권위주의에 '반체제 운동'으로 저항하며 '재야'에서부터 대항권력을 구축한 반면, 기업의 386세대는 1997년 금융 위기로 인해 '저절로' 권력을 강화할 수 있었다. 먼저, 1997년 금융 위기의 폭탄은 산업화 세대의 머리 위에서 폭발했다. 당시 이들(1930년대 후반~1940년대 후반 출생 세대)은 추풍낙엽처럼 노동시장에서 퇴출됐다. 대기업들은 금융 위기를 적체된 인력을 구조 조정하는 기회로 삼았고, 이 세대는 아무런 사회적 안전망 없이 '구조 조정'의 칼날에 몸을 맡겨야 했다. 반면, 30대로 기업 조직의 밑바닥부터 중간 허리를 구성하고 있던 386세대는 이 칼날을 무사히 비켜나며 대부분 생존했다. 그런데 이들이 의도하지 않은, 권력을 강화할 수 있었던 또 다른 요인은 그다음 세대의 '전멸'로부터 비롯됐다. 1997년 금융 위기에 닥쳐 기업들은 짧게는 3~4년, 길게는 10년 가까이 '정규직' 사원을 채용하지 않는다. 채용하더라도 80년대 중반부터 90년대 중반까지 이어진 장기 호황에 입사한 386세대에 비해 훨씬 작은 규모로, 정규직과 비정규직으로 차별화된 채 입사한다. 386세대는 졸지에 아래위가 모두 잘려나가면서 기업 조직에 사실상 홀로 남겨진 '거대한 세대의 네트워크 블록'이 되어버린 것이다.

당대에는 이 '의도하지 않은' 금융 위기의 효과가 눈에 띄지 않았다. 386세대는 세계화·금융화·정보화 물결이 전 세계를 휩

쓸기 시작한 90년대에 기업 조직의 밑바닥에서부터 이 흐름에 올라탔다. 이들은 생산 시스템이 전 세계를 거쳐 체인화·블록화되며 유기적으로 구성되는 과정을 목도했으며, 이 시스템을 자신들의 손과 발로 장착하는 한편, 돈이 어떻게 경제에 흘러들어 몸집을 불리고 어떻게 투자 수익을 올리는지를 몸소 경험했다. 이들은 산업화 세대와 달리 대학에서부터 컴퓨터 정보통신의 기본 원리를 체득했고, 대학을 졸업한 다음에는 정보혁명의 언어와 논리를 최초로 이해한 세대였다. 시장에는 이들을 대체할 인력이 없고, 이들의 경쟁 상대는 세대 내부에 혹은 다른 대륙과 나라에 있었을 뿐이다. 2000년대 초반의 닷컴 붐과 중반의 부동산 시장 폭등은 이 세대에게 부족했던 '자본'을 공급해주었다. 2000년대 중반에 이르러 자본, 노동, 토지, 경영의 네 요소 중 앞의 세 요소가 이들 손에 주어진 것이다. 2000년대 중·후반부터 이 세대는 대기업의 최상층 경영진으로 진입하거나 닷컴 붐과 함께 새로운 기업을 일구어낸다(뒤의 〈그림2-3〉 참조). 금융 위기 와중에 살아남은 '산업화 후기' 세대(1945~1955년생)는 2000년대 이후 가속화된 정보화 물결 앞에서 손쉽게 퇴출되었다. 그로부터 10년에 걸쳐 386세대가 산업화 후기 세대를 경영 전면에서 몰아내고, 한국의 재벌들은 (임원진의) 세대교체를 완료한다.

그렇다면, 왜, 어떻게 금융 위기 이후에 한국의 노동시장에서 자유주의 원리와 어긋나는 '신분적 위계화'가 더 급속하게 진행된 것인가? 결론을 조금 일찍 이야기하면, 나는 이를 자본과

386세대 (대기업) 노동조합 리더들 간의 '의도하지 않은 공모'라고 해석한다. 금융 위기 이후 자본은 사내 하청과 파견직 및 비정규직, 아웃소싱을 급속히 도입한다. 노조의 강력한 저항으로 인해 정리해고에 드는 비용이 치솟자, 노조에 힘이 실리고 비용이 높게 드는 정규직을 뽑는 대신 글로벌 경제의 환경 변화에 유연하게 대처할 수 있는 유연한 노동 관리 기제들을 들여오기 시작한 것이다.

IMF 금융 위기 직후의 정리해고에서 살아남은 386세대 (대기업 및 공기업) 노조의 리더들은 90년대의 '사회연대' 및 '사회개혁 투쟁'과 절연하는 대신, 세계화와 함께 승승장구하기 시작한 대기업들로부터 자신들의 몫을 챙기기 위해 '전투적 경제주의'에 입각한 기업 단위 교섭에 더욱 몰입했다(이철승 2018). 자본은 정규직 노조의 전투주의로 인해 상승한 노동비용의 압박에 두 가지 방식으로 대처했다. 첫째는 생산 시설의 해외 이전이다(이철승 2016). 둘째는 사내 하청 및 파견직과 비정규직을 확대하여, 하청업체에 단가 후려치기를 하거나 기존 비정규직의 임금을 억제하는 것이다(이병훈 2003; 정승국 2017; 조성재 2013). 이를 통해 자본은 정규직에게 글로벌 기준보다 높은 임금상승률을 보전해주는 동시에 사내유보이윤*은 증가시킬 수 있게 된다. "정규직 노동

---

* 총 이윤 중 임금과 배당으로 지급되지 않고, 미래를 대비하기 위해 기업 조직 내부에 남겨놓은 부분을 이른다.

과 자본이 중하층 하청 및 비정규직을 함께 착취하는"* 구조가 정착된 것이다. 이 분할통치(Jessop et al. 1984; Rogers 1990; Weingast 1997) 전략의 최대 수혜자는 자본뿐 아니라, 이미 대기업 위주의 상층 노동시장에 내부자로 진입해 있으면서 연공제로 인해 최대 임금상승률을 보전받게 된 386세대 리더들의 동기들과 주변 세대(현 50대와 40대 중·후반)의 상층 노동자 집단 전체이기도 했다.

2000년대부터 새로이 유연화된 노동시장에 진입하는 세대에게 적용된 '차별적 질서'는 이런 것이다.

■ 비정규직 중 태도와 능력이 탁월한(내부자와의 연줄이 닿는) 자만 정규직으로 전환시킨다.

■ 386세대의 정년은 50대 중반에서 60세로 (더 나아가 65세로) 연장한다.

■ 임금 피크제와 같은, 386세대의 이익을 직접적으로 침해하는 다른 방식의 '임금 유연화'는 거부한다.

■ 386세대의 기득권을 인정할 뿐 아니라 그 기득권에 진입한 자들의 자식들의 기득권도 인정한다(현대와 기아 자동차 단체협상을 참조하라).

■ 성과에 기반한 보상 체계를 만들고 수량화한다. 그 '성과'의 기준은 386세대가 만들되, 내부적으로 합의가 안 되면 자

---

* 금속노조 전직 간부와의 인터뷰 중 발췌.

신들이 선호하는 (그것이 정확히 무엇인지는 모르지만) 국제적 가이드라인을 따른다.

■ 위의 모든 성과 체계와 관련된 기준은 386세대에게는 적용하지 않고, 그 아랫세대부터 적용한다.

386세대의 리더들이 자본과 합의한 '위계 구조'는 두 층위로 요약할 수 있다. 하나는 상층에 이미 진입해 있는 386세대의 지위와 이익을 보호하기 위한 '방패막 구축'이다. 다른 하나는 중하층 세대를 조직 내·외부에서 더 효율적으로 관리하고 조직화할 수 있는 '유연화 기제의 정착'이다.

새로운 노동시장 기제의 기획과 조율, 이것이 현장에서 작동되는 데 결정적 역할을 한 세대가 2000년대 중·후반 기업에서 팀장 및 이사급으로 등극하기 시작한 386세대의 선두 주자들(학번으로는 70년대 후반~80년대 초반 학번)이다. 이 새로운 노동시장 기제가 한국의 시장을 재구조화하는 과정과 그 결과를 확인하려면 기존의 접근과는 약간 다른 방식을 필요로 한다. 이 위계 구조의 구축 과정과 불평등에의 영향을 살펴보기 위해 (내가 다른 논문에서 개발한) '결합노동시장 지위'(이철승 2017b)라는, 노동시장을 상층-중층-하층으로 나누는 분절 구조를 이용한다.

노동시장 지위에 따른
임금 불평등의 확대*

    지난 20년 동안 한국의 노동시장은 급격한 구조 변동을 겪었다. 첫번째로 대기업들이 세계화의 물결을 타고 '다국적 기업'으로 성장하면서 상층 임금노동자들에 대한 지불 능력이 극적으로 신장되었다. 최상위 대기업과 금융권의 CEO 및 핵심 노동자들의 연봉은 억 단위를 넘어선 지 오래며, 이로 인한 불평등의 증대는 더 이상 뉴스거리조차 되지 못한다. 두번째는 세계화와 더불어 시장이 급속도로 통합되면서, 이에 적응하고자 기업들이 도입해온 '노동 유연화' 기제가 일반화되었다는 점이다. 이러한 유연화 기제는 기업의 생산공정 및 인사 제도를 포함해 노동법 및 노동시장 제도 일반을 유연화했다. 특히 1997~1998년부터 2005~2006년 노사정 협의를 통해 도입·정착된 정리해고제와 파견제는 비정규직을 극적으로 확대시키며 노동시장의 규준과 관행을 일거에 바꿔놓았다. 마지막으로, 80년대와 90년대를 관통하며 한국 사회의 주요 이해관계자로 등장했던 대기업 위주 '노동운

---

* 이 절은 나의 논문 「결합노동시장 지위와 임금 불평등의 확대」(2017)에서 발췌·요약한 것이다. '결합노동시장 지위'를 최초로 개념화한 논문이기에 그 개념 틀만을 이 책에 옮겨 싣는다. 다음 절부터는 이 장의 주제 ─ 세대 간 불평등의 형성과 386세대의 부상 ─ 에 맞춰 새로 데이터를 분석했다.

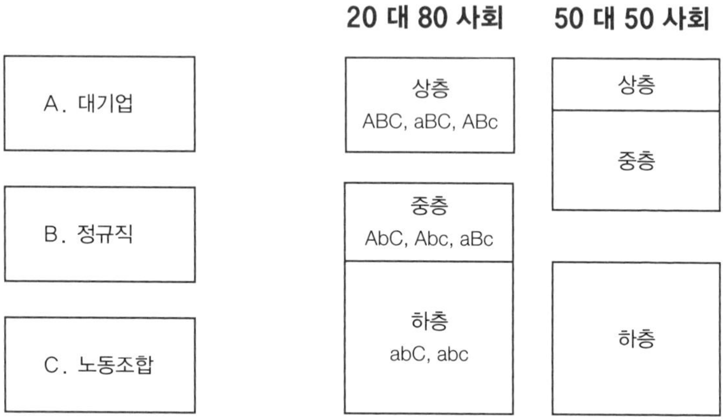

	20 대 80 사회	50 대 50 사회
A. 대기업	상층 ABC, aBC, ABc	상층
		중층
B. 정규직	중층 AbC, Abc, aBc	
C. 노동조합	하층 abC, abc	하층

그림2-1 **결합노동시장 지위와 내부자 및 외부자 정치**

각 계층 안의 알파벳 대문자는 A, B, C 각각의 노동시장 지위를 보유하는지 여부를 나타낸다. 보유할 경우 대문자, 보유하지 못할 경우 소문자로 표시된다. 예를 들면, 상층의 ABC는 대기업의 노동조합이 존재하는 사업장의 정규직 노동자를, 중층의 Abc는 대기업의 노동조합이 없는 사업장의 비정규직을, 하층의 abC는 중소기업의 노동조합이 존재하는 사업장의 비정규직을 나타낸다.

동'이 시민사회 연대로부터 후퇴하고 내부자화되었다는 점이다.

　　노동시장에서 임금 불평등이 나타나는 세 요인은, 첫째 개별 노동자가 속해 있는 **기업 조직이 대규모인가 아닌가**(기업 규모 혹은 사업체 규모), 둘째 **고용 지위가 정규직인가 비정규직인가**(고용 형태), 셋째 사업장에 **노조가 존재하는가 여부**다. 이 세 가지 인과적 변수들을 하나씩 따로 살피기보다는, (〈그림2-1〉과 같이) 하나의 총체로서 분석해보자.

　　〈그림2-1〉은 세 가지 변수의 조합으로 만들어진 여덟 개 노동시장 지위 그룹이 어떻게 구성되는지를 보여준다. 책의 서두에서 이야기했던 대기업 정규직이며 노동조합에 가입되어 있는 김 씨는 ABC 그룹에 속할 것이고, 파견직으로 같은 생산라인에서 동일한 작업을 해온, 노조가 있는 중소기업 비정규직 박 씨는 abC 그룹에 속할 것이다. 〈그림 2-2〉는 2004년부터 2015년까지 이들 여덟 개 결합노동시장 지위 그룹의 실질임금 평균의 경향적 추이를 나타낸다. 여덟 개 그룹의 임금격차는 12년에 걸쳐 극적으로 확대되는 동시에, 각 그룹의 임금 추이가 대략 세 개의 계층으로 나뉘는 경향성을 띤다.

　　첫번째 계층은 가장 밑에 위치한 두 그룹인 중소기업-비정규직-유노조와 중소기업-비정규직-무노조로, 이들의 합계는 거의 절반(46퍼센트)에 이른다. 이 두 그룹은 지난 10여 년간 실질임금이 사실상 감소했다. 중소기업-비정규직-유노조는 2004년

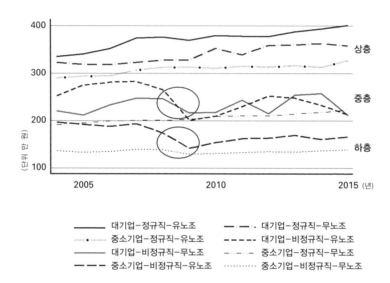

그림2-2 **결합노동시장 지위별 월평균 실질임금 추이**
  ※ 자료: 경제활동인구 부가조사 2004~2015

만 해도 중간층에 가까웠으나, 2차 금융 위기를 겪으며 중소기업-비정규직-무노조에 거의 근접할 정도로 임금이 떨어졌다.

두번째 계층은 중간에 위치한 세 그룹으로, 중소기업-정규직-무노조, 대기업-비정규직-무노조 그리고 대기업-비정규직-유노조가 그들이다. 이 세 그룹은 2004년에 각기 다른 위치에서 출발하여 2009년 금융 위기 직후 수렴한 후 다시 차이가 벌어지다가, 최근 2015년 재차 수렴하는 경향을 보인다. 중소기업-정규직-무노조는 임금노동자의 4분의 1을 차지하며 조사 기간 내내 실질임금이 꾸준히 상승하는 경향을 보이나, 나머지 두 그룹은 실질임금이 사실상 정체 혹은 하락했다. 이 나머지 두 그룹은 불경기나 경제 위기 시마다 소득수준이 급격히 하락하는 집단으로, 각기 대기업 정규직의 불경기용 버팀막으로 기능하고 있다고 볼 수도 있다. 대기업-비정규직-유노조 그룹은 2차 금융 위기를 기점으로 상층에서 중층으로 급격히 지위가 하락한다. 이 두번째 계층은 전체 임금노동자의 30퍼센트가량을 차지한다.

마지막 계층은 그래프들 중 맨 위에 위치한 세 그룹이다. 이 세 그룹은 상대적으로 규모가 큰 두 그룹인 대기업-정규직-유노조(전체의 6.8퍼센트)와 중소기업-정규직-유노조(11퍼센트), 그리고 상대적으로 규모가 작은 대기업-정규직-무노조(2.9퍼센트)로 구성되어 있다. 이 상층 그룹들은 내부의 두 주요 그룹인 대기업-정규직-유노조와 중소기업-정규직-유노조 간(기업 규모 차이로 인한) 임금격차가 무시할 수 없이 크게 증가했으나, 이 상층 계층과 나머지 계층들 사이에서 증대한 임금격차가 더욱 심각하다. 다시 말해서, 사업체 규모로 인한 계층 내부(대기업 정규직과 중소기업 정규직 간)의 임금격차보다, 고용 형태로 인한 상층과 중층 계층 간(대기업 정규직과 대기업 비정규직 간)의 임금격차 혹은 노조 존재 여부로 인한 계층 간(중소기업-정규직-유노조와 중소기업-정규직-무노조 간)의 격차가 더 큰 것이다. 이 상층 계층은 전체 임금노동자의 약 20퍼센트를 차지한다.

그렇다면, 이러한 네트워크 위계에 기반을 둔 불평등이 실제로 노동시장에서 '자리'와 '보상'을 통해 확인되는가? 과연 386세대는 다른 세대에 비해 이 분화와 계층화 과정에서 더 많은 자리와 보상을 향유했는가? 나는 결합노동시장 지위가 세 그룹으로 분절되는 과정이 386세대의 위계 구조 수립 과정과 긴밀하게 연결되어 있다고 본다. 특히, 이 세대가 상층 노동시장의 다수를 점유하며 중하층 노동시장 지위 그룹들과 스스로를 차별화하는 과정 자체가 '네트워크 위계'의 출현 과정이며, 한국 사회 불평등 구조의 심화 과정이라고 주장한다.

Q.

386세대는
얼마나 오래,
얼마나 많은 부와 자리를
차지하고 있는가?

노동시장 지위와
세대 간 불평등

앞의 물음에 답하기 위해 나는 세 가지 테스트를 시행해본다. 첫번째 테스트는, 상층 노동시장에 386세대가 얼마큼 '자리'를 차지하고 있는지를 보는 것이다. 이들은 과연 다른 세대에 비해 과대 대표되어 있는가? 내가 기술한 대로 윗세대와 아랫세대가 금융 위기 와중 조직에서 퇴출되고 혹은 입직에 실패하는 동안, 이들은 조직 내·외부에 구축해놓은 강고한 네트워크와 함께 더 '많이' 생존했는가?

두번째 테스트는, 이들이 각 노동시장 지위 안에서 다른 세대에 비해 더 '오래' 생존했는지를 보는 것이다. 이들의 조직 내 근속(생존)연수는 다른 출생 세대들에 비해 평균적으로 더 '긴'가? 이에 기반하여 이들은 상대적으로 '연공제'의 혜택을 더 받고 있는가?

세번째 테스트는, 이들이 여타 세대에 비해 더 '높은' 소득을 벌어들이고 있는지를 보는 것이다. 386세대는 임금, 판매 수익, 이자, 임대료, 금융 소득 등을 합한 총소득에서 여타 세대에 비해 더 많이 벌고 있는가? 소득 상승의 정도 또한 더 높은가? 386세대가 더 높은 소득을 향유하고 있고, 그 소득의 향유 기간 또한 다른 세대보다 길며, 그 증가율이 더 높다면, 그리고 그 세대의 수가 다른 세대보다 상층에 더 많고, 더 오래 남아 있었음을 확인한다면, 이 세대와 다른 세대 간에 불평등이 존재하는지의 여부는 주장에서 현실로 격상될 수 있을 것이다.

386세대의
자리 독점

〈그림2-3〉은 1998년부터 2017년까지, 국내 100대 기업의 임원 총연인원 9만 3,000여 명(20년으로 나누면 대략 4,600명가량)의 출생 세대별 분포와 시기별 변화를 나타낸다.* 1장에서 확인한 바 있는 정치권력(정당과 의회) 부문에서의 세대 독점 현상이 시장에서도 벌어지고 있는지를 확인하기 위한 자료다. 다음에 확인할 〈그림2-4〉가 상위 20퍼센트에 속하는 임금노동자의 세대별 분포 변화를 보여준다면, 이 그림은 상위 0.02퍼센트에 속하는 국내 최대 기업 이사진의 세대별 분포를 보여준다. 결과는 앞 장의 국회의원 분포에 못지않게 충격적이다.

2000년대 초반 1960년대 출생 세대는 100대 기업 이사진의

---

* 100대 기업의 연인원 합이 9만 3,700명에 달하는 임원들의 기본적인 인구학 정보를 분석 가능한 파일로 정리해준 서강대 사회학과 대학원생들(고태경, 김한결, 임현지, 최다은)에게 고마움을 표한다.

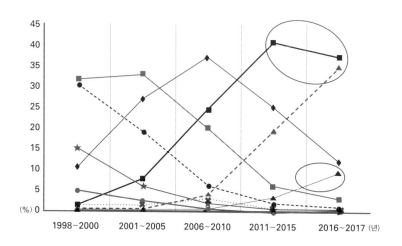

그림2-3 100대 기업 이사진 시기별-세대별 분포

※ 자료: dart.fss.or.kr

9퍼센트에 불과했다. 하지만 다음 10년이 지나면, 이 세대의 비율은 60퍼센트로 뛰어오른다. 2000년대 초반 1950년대 출생 세대의 비율이 60퍼센트였으며, 그로부터 5년 전(90년대 후반)에 1945~1955년 출생 세대의 비율이 62퍼센트였음을 고려하면, 50대의 60퍼센트 이사진 점유율은 일종의 황금률이었다. 그런데 가장 최근인 2017년 자료를 보면, 한 세대가 그다음 세대에게 자리를 물려주는 연공제 패턴이 무너지기 시작한다. 그 이전 세대들이 50대 초·중반에 최대 점유율을 찍고 50대 후반부터 급속히 뒤로 물러나는 데 비해 1960~1964년 출생 세대는 2010년대 초·중반 최초로 40퍼센트를 돌파하더니, 2010년대 후반에도 수위(37퍼센트)에서 내려올 줄을 모른다. 그사이 이사진에 진입하기 시작한 386 후기 세대(1965~1969년 출생) 또한 35퍼센트를 기록하며, 386세대의 이사진 점유율은 70퍼센트를 넘어선다. 50대와 60대의 이사진 비율은 정치권에서 동일 세대들이 국회를 장악한 비율(83퍼센트)과 비슷하면서 더 높은 86퍼센트에 이른다.

한 세대가 권력을 독점하면, 그만큼 밀려난 세대가 있기 마련이다. 정치권과 마찬가지로, 희생된 세대는 바로 아랫세대인 40대다. 1960~1964년 출생 세대가 30대 중·후반(1990년대 후반)에 최초로 임원에 진입(2퍼센트)해 40대 중·후반(2000년대 후반)에 25퍼센트에 이르며 확실한 주류로 자리매김했고, 1965~1969년 출생 세대가 1퍼센트(2000년대 초반)에서 20퍼센트(2010년대 초반)로 그 뒤를 따랐다. 반면 1970~1974년 출생 세대는 2000년대

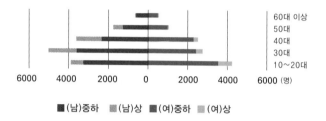

2004년

■(남)중하 ■(남)상 ■(여)중하 ■(여)상

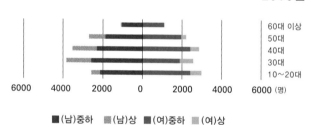

2015년

■(남)중하 ■(남)상 ■(여)중하 ■(여)상

그림2-4 결합노동시장 지위 상층과 중하층의 규모(2004년 및 2015년)
　※ 자료: 경제활동인구 부가조사(가중치 고려)

후반 0.3퍼센트로 진입해, 10년 후 오늘날 386세대의 절반에도 못 미치는 9.4퍼센트를 기록 중이다(성장의 기울기를 비교해보라). 50대가 임원직을 틀어쥐고 놓지 않으니, 40대가 승진을 하지 못하고 적체되어 있는 것이다. 이 데이터의 결과와 1장의 정치권 데이터를 합산하면, 386세대는 근 20년에 걸쳐 한국의 국가와 시장의 수뇌부를 완벽하게 장악했고, 아랫세대의 성장을 억압하며 정치권과 노동시장에서 최고위직을 장기 독점하고 있다고 볼 수 있다.

〈그림2-4〉는 2004년과 2015년 결합노동시장 지위 상층과 중하층의 연령별 분포다. 계산한 샘플의 연령별 구성은 충격적이다. 2004년에 비해 2015년 상층 노동시장에서 50대의 비중이 폭발적으로 증가했다. 2015년 그래프의 남성 부분은 상층에 남아 있는 386세대의 수가 2004년 50대(현재 60대)와 비교하여 확연히 증가했음을 보여준다.*

〈그림2-5〉에서 상층만을 따로 떼어보면, 2004년 당시 40대의 상층 점유율은 28.8퍼센트였고 이들이 2015년 50대일 때는 19.3퍼센트였다. 반면, 2004년 50대의 상층 점유율은 10.7퍼센트에 불과했다. 386세대는 그 윗세대가 50대였을 때보다 두 배 가까이 높은 생존율을 보여주는 것이다. 이들은 2004년 자신들이 40대였을 때 이미 조직에서 앞뒤 세대를 압도하는 최대 다수를 점

---

* 〈그림2-4〉의 왼편과 오른편을 비교해보면 상층 노동시장의 50~60대 점유율이 증가한 것은 남성에게만 해당되는 이야기임을 알 수 있다. 노동시장 지위에 따른 성별 비교는 5장에서 더 자세히 다룰 것이다.

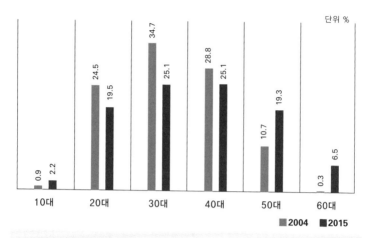

단위 %

10대: 2004 0.9, 2015 2.2
20대: 2004 24.5, 2015 19.5
30대: 2004 34.7, 2015 25.1
40대: 2004 28.8, 2015 25.1
50대: 2004 10.7, 2015 19.3
60대: 2004 0.3, 2015 6.5

■ 2004 ■ 2015

그림2-5 노동시장 지위 상층 세대별 분포
※ 자료: 경제활동인구 부가조사 2004~2015

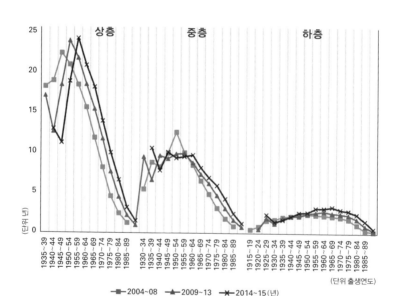

상층　　　　중층　　　　하층

(단위 년)

1935~39 1940~44 1945~49 1950~54 1955~59 1960~64 1965~69 1970~74 1975~79 1980~84 1985~89 1930~34 1935~39 1940~44 1945~49 1950~54 1955~59 1960~64 1965~69 1970~74 1975~79 1980~84 1985~89 1915~19 1920~24 1925~29 1930~34 1935~39 1940~44 1945~49 1950~54 1955~59 1960~64 1965~69 1970~74 1975~79 1980~84 1985~89

(단위 출생연도)

■ 2004~08　▲ 2009~13　✕ 2014~15 (년)

그림2-6 결합노동시장 지위별 평균 근속연수
※ 자료: 경제활동인구 부가조사 2004~2015

유하고 있었다. 1997년 금융 위기를 거치며, 바로 윗세대와 아랫세대가 왜소해진 탓이다. 이로 인해 10년 후, 50대에 이르렀어도 이들 중 다수가 생존한 것이다. 앞으로 이들의 과대 대표, 과대 생존은 얼마나, 어떤 규모로 지속될 것인가?

386세대의
장기 생존

다음으로, 386세대는 조직에서 더 오래 생존하고 있는가? 〈그림2-6〉은 경제활동인구 부가조사에 포함된 임금노동자들에 한해 '현직에서의 근속연수'를 세대별 평균값으로 계산하여 제시한 것이다. 같은 연령대별로 서로 다른 출생 세대 간의 비교값을 직접적으로 제시하지 않았기 때문에, 그래프 안에서 그 답을 찾아야 한다. 한 가지 방법은, 2000년대 중반의 1960년대 출생 세대와 2010년대 중반의 1970년대 출생 세대의 근속연수를 비교하는 것이다. 혹은 2000년대 중반의 1950년대 출생 세대와 2010년대 중반의 1960년대 출생 세대의 근속연수를 비교하는 것이다. 〈그림2-6〉의 결합노동시장 지위 상층 그룹의 경우, 1950년대 초반 출생 세대(1950~1954년)가 50대에 진입하던 2000년대 중반, 이들의 근속연수는 평균 20.4년이었다. 1960년대 초반 출생 세대

(1960~1964년생)가 50대에 진입한 2010년대 중반에 이들의 근속연수는 평균 20.3년이었다. 사실상 같다고 봐도 무방한 차이다.

반면, 1970년대 초반 출생 세대(1970~1974년)가 40대에 진입한 2010년대 중반의 근속연수를 보자. 13.6년으로, 2000년대 중반에 40대였던 1960년대 초반 출생 세대의 15.2년에 비해 1.6년이 더 짧다. 1960년대 후반 출생 세대의 2000년대 중반과 1970년대 후반 출생 세대의 2010년대 중반 근속연수를 비교하면 차이는 더 벌어진다. 11.6년 대 9.7년으로 2년 가까이 차이가 난다. 1970년대 출생 세대에게 무슨 일이 벌어진 것인가? 이 근속연수에서 (통계적으로도) 유의미한 차이는 어디서 오는가?

첫째는 앞서 기술한 대로, 1997년 금융 위기의 여파일 것이다. 1970년대 초·중반 출생 세대는 취업 시장에 진출하기 시작한 90년대 말, 초유의 경제 위기로 인해 입직이 수년 늦어졌다. 다만, 대기업과 중소기업의 (노조로 조직화된) 정규직만 대상으로 한 비교이기 때문에, 고용 형태의 차이가 아님에도 불구하고 세대별로 근속연수에 유의미한 차이가 나는 것은 늦어진 입직으로 인한 차이일 수도, 아니면 세대 간 이직률의 차이일 수도 있다. 중요한 점은, 이 386세대가 '조직에 붙어 있기만 하면' 퇴직 직전까지 (상층 노동시장 기준) 근속연수가 25년에 육박하는 마지막 세대가 될 가능성이 크다는 것이다. 그다음 세대부터는 금융 위기의 여파와 노동 시장에 '유연화 기제'가 도입됨에 따라 또는 잦은 이직 성향으로 인해 연공 시스템이 부여하는 '편한, 안정적인 임금 상승'을 누

불평등의 세대

리기 힘들어지고 있는 것이다.*

학벌 네트워크와
소득 격차

이제 불평등의 가장 대중적인 지표인 '소득'을 이야기해보자. '386세대는 다른 세대보다 더 빨리, 더 높은 소득 상승을 기록해왔는가?' 〈그림2-7〉은 '통계청 가계동향조사 1990~2016년 통합 샘플'로서, 가구주의 출생 세대에 따른 가구 소득의 변동을 시

---

* 〈그림2-6〉의 노동시장 지위 간(상층 대 중층, 중층 대 하층) 비교를 할 경우, 노년일수록 상층은 (다른 세대에 비해) 더 높은 근속연수를, 하층은 더 낮은 근속연수를 나타낸다는 것을 알 수 있다. 이것은 무엇을 의미하는가? 바로, 노동시장 지위에 따른 세대 내부의 불평등이 가속화한다는 점이다. 노년이 될수록, 성공한 자의 과실은 더 커지고 실패한 자의 과실은 더 작아지는 것이다. 같은 세대 내에서 대기업 정규직은 나이가 듦에 따라 무난하게 근속연수가 쌓이며 연공에 의해 급여가 높아지고 조직 내 권력을 향유하며 얻게 되는 유무형의 간접 소득benefits을 누릴 수 있게 되는 반면에, 중소기업이나 비정규직은 근속연수가 쌓여 생기는 '동아시아 연공 시스템'의 수혜를 즐길 수 없는, 직무급에 가까운 고정급여 시스템 아래 계약 기간에 따라 연명할 수밖에 없다(정이환 2013). 그 격차는 점점 더 벌어지다가, 은퇴를 앞둔 50대 후반에 최고점에 이른다. 조직에서 살아남은 자와 조직에서 탈락한 자 혹은 조직에 진입하지 못한 자 사이의 간극이다. 바로 '네트워크 위계'의 정점에 오른 자와 거기에 속하지 못한 자 사이의 격차인 것이다. 386세대는 다른 어느 세대보다도 평균 근속연수가 높지만, 그 내부의 (노동시장 지위의 차이로 인한) 근속연수 격차도 최대인 세대다.

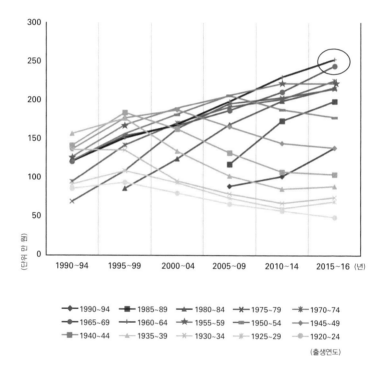

300

250

200

150

100

50

0

(단위 만 원)

1990~94   1995~99   2000~04   2005~09   2010~14   2015~16 (년)

◆ 1990~94   ■ 1985~89   ▲ 1980~84   ✕ 1975~79   ✳ 1970~74
● 1965~69   ✚ 1960~64   ★ 1955~59   ■ 1950~54   ◆ 1945~49
■ 1940~44   ▲ 1935~39   ✕ 1930~34   ✳ 1925~29   ● 1920~24

(출생연도)

그림2-7   월평균 가구 소득(균등화) 시기별 - 세대별 분포
   ※ 자료: 통계청 가계동향조사 가구 소득 1990~2016

기별로 모아 (가공하여) 제시한 것이다. 그림을 보면, 1960~1964
년생 세대가 2010년대 초반 1955~1959년생 세대를 따돌리며 최
상위 소득세대로 올라선다. 바로 밑에 1965~1969년생 세대가 따
라붙고 있다. 50대 중·후반에 이른 386세대가 모든 조직의 상층
부를 장악하며 연공과 직급에 따라 늘어난 소득을 누리고 있다.
물론, 이는 386세대만의 과실은 아니다. 어느 세대건 한국 사회에
서 50대 중·후반에 이르면 최고 소득을 찍어왔고, 60대에 들어서
면서 다음 세대에게 그 자리를 내주어왔다. 이는 연공 사회의 특
징이며, 나이가 차면 자리에서 물러나게 되고 소득은 급격히 줄어
든다(〈그림2-7〉의 하단을 보라). 따라서 386세대가 소득의 정점에
이른 것은 한국형 연공 시스템의 당연한 보상이지, 이 세대에게
국한된 현상은 아닐 수도 있다. 또한, 이 그래프만으로는 386세대
의 소득상승률이 다른 세대들보다 '더 높고 빠른지' 확인하기도
쉽지 않다.

  이 질문에 더 구체적이고 정확한 대답을 하기 위해서는 '세
대'뿐만 아니라 '학벌'(교육) 이야기를 함께해야 한다. 사실, 세대
에 따른 '네트워크 위계'의 형성, 그로부터 수혜를 받는 과정은
'상층' 노동시장에 한정된 이야기다. '386세대'라는 담론도 80년
대에 '대학'을 다닌 이들을 지칭하여 만들어진 사회적 '집단화'의
일환일 뿐이다. 한국인들의 유난스러운 '학벌'에 대한 집착, 학연
을 따라 네트워크를 구성해 선후배를 챙기며 조직 내부와 외부에
서 그 학연을 가장 중요한 사회적 자산으로 활용하는 행태를 고

려할 때, 세대라는 큰 정체성은 사실 그 내부에서 잘게 쪼개진 형태로 분석될 필요가 있다.

한국 사회에서 '세대'가 아니면서, '세대'와 함께 각 개인들의 일상 네트워크를 구성하는 기준, 즉 개인들이 정보와 자원을 동원하고 협력을 통해 개인 삶의 복지를 높이기 위해 의지하는 네트워크는 어떤 것일까? 아마도, 이 질문에 대한 답은 독자의 다수가 같을 것이다. 그것은 '학연 혹은 학벌'이다. 산업화 세대도, 386세대도, 포스트 386세대도 이 원칙에는 큰 변화가 없고 앞으로도 크게 다를 것 같지 않아 보인다. 앞서도 이야기했듯, 학벌은 한국의 '네트워크 위계'를 구성하는 중요한 원리 가운데 하나다. 한국인이 학벌을 매개로 네트워크를 구성하고, 그를 통해 차별적 신분질서를 확립하는 경향이 가장 강한 민족임은 굳이 별도의 설명을 필요로 하지 않을 것이다.

그렇다면 학벌을 고려하여 세대 간 불평등을 측정할 경우, 어떤 분포를 보일 것인가?* 〈그림2-8〉은 〈그림2-7〉과 같은 자료를 대학 졸업자와 비非졸업자로 나눠 시기별-세대별로 비교한 것이다. 첫번째 그룹의 역-U자 모양 그래프들은 1990년부터

---

* 물론 '학벌'을 측정하기 위해서는 대학 간 서열과 같은 정보가 필요하다. 현재로서는, 이 정보와 소득의 장기 시계열을 결합한 데이터는 존재하지 않는다. 따라서 (가계동향조사에 존재하는) 가구주 기준 대졸자와 비대졸자 응답 항목을 이용하여 '학력'으로 인한 소득 격차를 확인하는 정도로 '학벌 효과'의 분석을 대신한다.

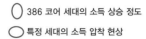

○ 386 코어 세대의 소득 상승 정도

○ 특정 세대의 소득 압착 현상

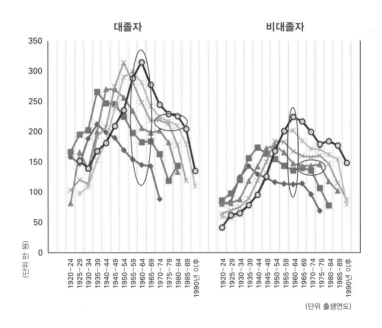

그림2-8 대졸자와 비대졸자의 월평균 가구 소득(균등화) 시기별-세대별 분포
※ 자료: 가계동향조사 가구 소득 1990~2016. 물가지수(인플레이션)를
   고려하여 보정한 값

5년 단위로 끊고, 또한 5년마다 출생 단위로 끊은 각 출생 세대를 교차하는 평균값의 집합들이다. 예를 들어, 진한 회색의 마름모 박스들을 연결한 선은 1990~1994년에 걸친 각 출생 세대들의 가구 소득 평균을 연결한 것이다. 1995~1999년에는 출생 세대들의 평균값이 조금 위편, 그리고 조금 오른편으로 이동한 정사각형 박스들을 연결한 선으로 표시된다. 이렇게 그래프는 우상향 방향으로 5년 단위씩 이동하며 세대 간 소득분포를 시간의 추이에 따라 보여준다. X축에 나열된 세대군 중 하나를 따라 12시 방향(직각)으로 올라가면, 특정 세대의 소득이 지난 27년간 어떻게 변했는지를 추적할 수 있다. 예를 들면 386 코어 세대인 (긴 타원에 잡힌) 1960~1964년 출생 세대는 1990~1994년 145만 원에서 출발해 183만 원(1995~1999년), 206만 원(2000~2004년), 249만 원(2005~2009년), 281만 원(2010~2014년), 마지막으로 2015~2016년에는 315만 원의 월평균 소득을 기록하며 세대들 중 가장 높은 소득을 기록하고 있다.

오른쪽의 그래프들은 비대졸자들만 따로 분류한 시기별-세대별 가구 소득의 분포를 나타낸다. (역시 긴 타원 안에 잡힌) 1960~1964년 출생 세대의 비대졸자 가구주들은 90년대 초반 월 113만 원의 소득을 올리고 있었다. 이들은 136만 원(1995~1999년), 147만 원(2000~2004년), 167만 원(2005~2009년), 202만 원(2010~2014년), 225만 원(2015~2016년)으로 소득이 증가한다. 처음에는 대졸자들에 비해 30만 원 정도였던 소득 격차가 30년

이 지난 후 90만 원 차이로 벌어졌다. 〈그림2-8〉은 학력이 가져온 '불비례적 인상' 효과를 여실히 보여준다. 특히 IMF 금융 위기의 여파가 이 세대의 대졸자에 비해 비대졸자의 소득에 악영향을 끼쳤다는 것은, 기업이 관리직보다 생산직 노동자의 임금을 더 억제했거나 금융 위기 시 홀로 시장의 사이클에 적응해야 했던 영세 자영업자에게 더 큰 충격을 안겼음을 의미한다. 하지만 같은 세대 안에서 학력에 따른 소득 차이가 발생하는 것은, 한국만이 아닌 전 세계적인 현상이다. 세계화로 인한 급속한 기술 발전이 보다 많은 교육을 받고, 더 높은 기술을 보유한 개인들에게 더 많은 수혜를 안기기 때문이다(Acemoglu 2002).

그렇다면 1960년대 초반 출생이면서 대학 졸업장이 있는 이들, 오늘날 50대 중·후반에 이른 386세대를 기준점으로 다른 대학 졸업자 가구주들의 소득 상승 정도를 비교해보자. 앞서 이야기했듯이 동아시아는, 그중에서도 한국은 연공의 효과가 강력한 사회다. 조직에서 나이 먹다 보면 적당히 함께 승진하는 사회인 것이다. 이 효과를 그래프상에서 통제하기는 쉽지 않지만, 앞의 '근속연수'와 같이 비슷한 '연령 시기'별로 각기 다른 세대의 소득상 승률을 살펴보는 방법이 있다. 즉, 1990~2000년대 초반에 걸친 386세대의 소득상승률과 2000~2010년대 초반에 걸친 1970년대 초반 출생자들의 소득상승률을 비교해보는 것이다. 물론, 이 방법은 두 그룹이 각기 다른 시기를 살고 있다는 다른 전제가 깔린다. 1960년대 출생 그룹은 3저 호황기에 입직하여 대리·과장 시절 금융 위기를 겪은 후, 2차 금융 위기(2008년) 전후에 (산업화 후기 세대를 밀어내고) 대거 이사급으로 승진한다. 1970년대 초반 출생 그룹의 다수는 금융 위기 직후부터 입직을 시작해 대리·과장 시절 2차 금융 위기를 겪는다. 2010년대 후반이면 40대 중·후반으로, 웬만한 기업의 팀장급이며 빠르면 이사를 달기 시작할 나이다. 하지만 앞의 〈그림 2-3〉에서 보이듯 이 세대는 소수를 제외하고는 40대 후반에도 임원 승진에 실패한다.

물론, 각각의 세대별로 각기 다른 경험의 차이가 내재한다. 앞서 이야기했듯이, 1970년대 초반 출생 세대가 금융 위기로 인해 입직이 늦어지고 그 규모가 작아진 것은 이들의 '운bad luck'이다. 마찬가지로 1960년대 출생 세대가 젊은 시절을 호황 속에서 편하게 입직(창업)하여, 무리 없는 임금(소득) 상승을 기록한 것도 어느 정도 '운good luck'이다. 하지만 출생 시기에 기반한 세대 간 차이라는 것이, 원래 이러한 (개인들이 통제할 수 없는) 역사적 경험의 차이에서 비롯된다.

그렇다면 세대별로 유의미한 차이가 확인되는가? 〈그림2-8〉의 시기별-세대별 소득분포를 통해 확인해보자. 같은 마흔네 살이라도, 2007년에 1963년생은 (15년 전인) 1992년의 월 소득(145만 원)보다 104만 원, 즉 71.7퍼센트가 오른 249만 원을 벌었다. 이에 비해 2016년의 1972년생은 2002년(202만 원)보다 43만 원, 즉 21.3퍼센트가 오른 245만 원을 벌었다. 세 배가 넘는 상승률 차이다. 똑같은 비교를 1965~1969년과 1975~1979년 출생 세대에 적용하면, 1960년대 후반 출생 세대의 소득은 90년대 초반 대비 2000년대 후반까지 53퍼센트가 상승했지만, 1970년대 후반 출생 세대의 소득은 2000년대 초반 대비 2010년대 후반까지 26퍼센트 상승했다. 앞의 두 세대 간 차이보다는 작지만, 역시 두 배가 넘는 차이다.

지금 30대 후반에 진입한 1980년대 초반 출생 세대는 앞의 세대들과 비교하기에는 기간이 너무 짧다. 다만 이들의 소득은 2010년대 초반에서 후반에 이르는 시기, 210만 원에서 226만 원으로 (겨우) 7.6퍼센트 올랐다. 1960년대 초반 출생 세대가 90년대 초반에서 후반에만 (금융 위기에도 불구하고!) 26퍼센트의 소득 상승을 누린 데 비해, 이후 세대들은 (소득 상승의 황금기인 30대에) 예외 없이 한 자릿수 상승률을 기록한다. 이 경향은 〈그림 2-8〉의 넓은 타원으로 표시되어 있는, 소득이 정체되어 그래프와 그래프 사이의 간격이 급격히 줄어 있는 부분들을 통해 시각적으로도 확인된다. 이 상승 폭이 유난히 작은 세대가 1970년대 및 1980년대 초반 출생 세대다. 2008~2009년 금융 위기의 여파를 각기 20대 후반에서 30대 후반에 겪은 세대들이라고 볼 수 있다.

그런데 이들과 달리, 당시 40대였던 386세대와 50대였던 그 윗세대(1950년대생)는 소득 상승의 압착 현상이 그다지 심하게 일어나지 않았다. 조직의 상층을 장악하고, 금융 위기의 충격을 중하층으로 떠넘김으로써 가능했다고밖에 볼 수 없다. 이 패턴은, 앞서 〈그림2-2〉에서 금융 위기 와중에 노동시장 지위가 하락한 비정규직들을 통해 이미 확인한 바 있다. 두 그림을 합칠 경우, 비정규직들이 2008~2009년 금융 위기 동안 20대와 30대에 몰려 있었고, 이 세대의 중하층 노동시장이 소득 압착을 경험한 당사자였을 것이라고 추정할 수 있다.

　세대별로 극심하게 차이 나는 소득상승률의 경향은 비대졸자 가구주들에게서도 확인된다(〈그림2-8〉의 타원으로 표시된 부분). 1960년대생 비대졸자 가구주들은 IMF 금융 위기 이후 2000년대에 들어 (대졸자만큼은 아니어도) 상당한 규모의 소득 상승을 경험하지만, 그 아랫세대 비대졸자 가구주들의 (1960년대생들과 동일한 연령대 시기) 소득 상승 정도는 그에 미치지 못한다. 이들도 자신들의 동년배인 대학생 그룹과 마찬가지로 '동문과 선후배'를 중심으로 한 '품앗이 네트워크'를 구축한 다음, 경제 공동체로서의 느슨한 '협력 관계'를 유지했을까? 나는 대졸자 그룹 내 '학벌'의 위력에는 미치지 못했을망정, 비대졸자 그룹도 그러한 '네트워크'를 구축했다고 본다.* 특히, 이 세대가 생산직 노동 현장에 구축한 '노동조합'은 그러한 네트워크가 '위계 구조'를 이루어 더 강력한 효과를 내는 '조직적 마중물' 구실을 했다. 이 '노동조

---

*　내가 이에 대한 구체적인 경험 자료를 공식적으로 모은 바는 없다. 다만, 나의 전작인 『노동−시민 연대는 언제 작동하는가』를 위해 진행한 노동운동 지도자들을 인터뷰한 자료에서 간접적으로 확인한 내용이다. 울산·마산·창원·부산 지역의 노조 지도자들의 상당수는 고등학교 학연에 기반한 선후배 네트워크로 긴밀하게 연결되어 있었다.

합'의 '네트워크 위계' 혹은 그 대체재로서의 효과는 〈그림2-2〉의 '대기업-정규직-유노조'와 '대기업-정규직-무노조' 사이의 임금 격차를 통해 극명히 드러난다. 같은 '상층 임금노동자'로 분류되었지만, 노조의 존재 여부에 따라 임금은 다시 차별화되는 것이다. 〈그림2-2〉에서 노조 효과는 대기업에 속하지 않는 중소 규모 사업장에서 더 두드러진다. 중소기업 정규직 중 노조가 있는 곳은 상층으로 분류될 만큼, 노조가 없는 중층 그룹의 정규직에 비해 압도적으로 더 높은 임금을 받는다. 정규직이라고 다 같은 정규직이 아닌 것이다.

Q.

386세대와
다른 세대와의
소득 격차는
얼마나 큰가?

세대 간 소득 불평등이 전체 불평등에서 차지하는 비중은 어느 정도일까? 〈그림2-9〉는 전체 불평등을 세대 내 소득 불평등과 세대 간 소득 불평등으로 구분하여 각각 그 시간상의 추이를 보여준다. 세대 내 소득 불평등이 세대 간 불평등보다 월등히 높다는 것은 뉴스가 아니다. 세대는 불평등을 초래하는 수많은 요인 중 하나일 뿐이기 때문이다. 하지만 세대 간 소득 불평등이 2000년대 들어 급격히 증가하여, 2016년에 이르면 세대 내 소득 불평등의 절반을 넘는 수준까지 증가한 것은 놀라운 일이다. 특히 세대 내 소득 불평등이 전체 불평등 지니계수와 유사하게 2009년을 기점으로 줄어들고 있는 데 반해, 세대 간 소득 불평등은 가파른 비율로 증가일로에 있다. 그렇다면 386세대가 점유한 부의 양과 그 증가 속도가 세대 간 불평등의 증가에 얼마나 영향을 미쳤는가?

〈그림2-10〉을 보면, 금융 위기 와중이던 1998년을 기점으로 386세대인 1960년대생들이 전체 소득의 34퍼센트를 벌어들이며, 1950년대 출생 세대를 역전하고 있음이 드러난다. 이후 386세대는 2015년 1970년대 출생 세대에게 자리를 내어줄 때까지 장장 17년 동안 수위를 빼앗기지 않고, 전체 소득의 35~40퍼센트를 점유했다. 〈그림2-10〉은 세대별 총가계소득점유율이기 때문에 그 세대의 다른 모든 세대 대비(경제활동 중인 가구주 기반 세대별 인구의 크기를 반영하는) 경제력의 크기라고 볼 수도 있다. 386세대는 1995년 총가계소득의 27.5퍼센트를 점유했다. 반면, 1970년

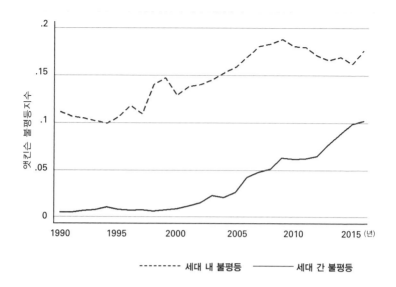

그림2-9 세대 내 불평등과 세대 간 불평등 추이
※ 자료: 가계동향조사 가구 소득 1990~2016

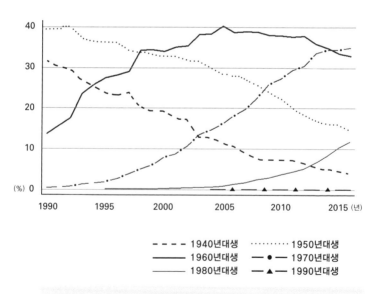

그림2-10 세대별 소득점유율 추이
※ 자료: 가계동향조사 가구 소득 1990~2016

대 출생 세대는 2005년 총가계소득의 16.2퍼센트만을, 1980년대 출생 세대는 2015년 10.2퍼센트만을 점유했다. 386세대는 동일한 삶의 시기, 소득과 인구의 크기에서 모두 다른 세대를 앞지른다. 〈그림2-11〉은 전체 소득점유율을 각 출생 세대의 인구점유율로 나눈 상대평균 소득비 추이를 보여준다. 이 그림에서 386세대의 수치가 이전 세대(1940년대생 혹은 1950년대생)에 비해 눈에 띄게 상승했음을 보여준다. 2015년 역전된 수위 또한 이들의 수가 (사망으로 인해) 감소하기 시작했기 때문임을 드러낸다. 평균 소득비는, 386세대가 1970년대생들을 비롯한 다른 세대들을 멀찌감치 따돌리며 (〈그림2-7〉과 같이) 끝없는 상승 기류를 이어가고 있다.

오늘날 세대 간 불평등을 만들어내는 중요한 요소 중 하나는 현 중장년층과 노인 세대 간의 급등하는 소득 격차다. 〈그림 2-12〉를 보면, 1995년 당시 50대의(1940년대생) 소득 대비 70대 (1920년대생) 및 80대(1910년대생) 노인 세대의 소득 비율은 각각 54퍼센트와 39퍼센트였다. 10년 후 2005년, 당시 50대(1950년대생)와 70대(1930년대생) 및 80대(1920년대생) 간의 소득 비율은 각각 50퍼센트와 30퍼센트였다. 이에 비해, 2015년 50대(1960년대생) 소득 대비 70대(1940년대생)와 80대(1930년대생)의 소득 비율은 42퍼센트와 22퍼센트로 급격히 추락했다. 386세대가 더 많은 소득을 올리고 있어서기도 하지만, 이 세대(와 다음 세대인 현 40대)가 이전 세대의 중·장년층에 비해 부모를 덜 부양하고 있

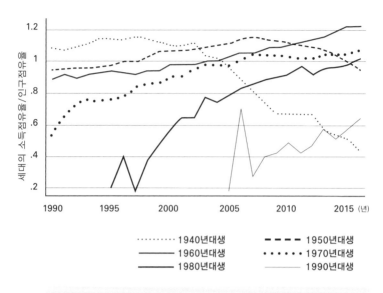

그림2-11 소득의 세대별 상대평균치(소득점유율/인구점유율) 추이

※ 자료: 가계동향조사 가구 소득 1990~2016

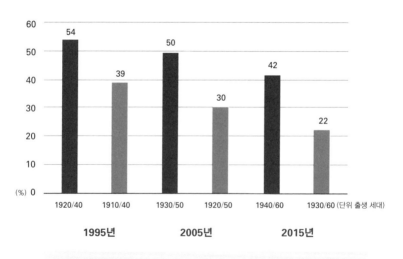

그림2-12 노인 부모-장년 자식 세대 간 평균 소득비율

※ 자료: 가계동향조사 가구 소득 1990~2016

기 때문일 가능성 또한 크다. 이는 오늘날 급등하는 노인 빈곤을 설명하는 한 요소일 것이다.

　세대 간 불평등의 또 다른 요소는 중·장년층과 청년 세대 사이의 소득 격차다. 〈그림2-13〉은 90년대의 50대 대비 20대 (1970년대생/1940년대생), 2000년대의 50대 대비 20대(1980년 대생/1950년대생), 그리고 2010년대 50대 대비 20대(1990년대 생/1960년대생)의 소득 규모와 상승률을 비교한 것이다. 각 시대별로 장년층 부모 세대와 청년 세대의 평균 소득을 비교한 결과, 2010년대 청년들의 소득 규모와 상승률이 이전 세대 청년들에 비해 현저히 낮음을 확인할 수 있다. 1970년대 출생 세대가 1990년에는 부모 세대 소득의 49퍼센트에서 1996년에는 68퍼센트를 달성했고, 1980년대 출생 세대는 2000년에 53퍼센트에서 2006년에는 72퍼센트를 달성했다. 이에 비해, 오늘의 20대인 1990년대 출생 세대는 2010년 겨우 44퍼센트를 달성했고, 2016년에 이르러서도 52퍼센트에 머물러 있다. 절댓값과 상승률 모두 부모 세대 대비 역대 최저의 기록이다. 부모 세대(386세대) 소득이 다른 시대의 부모 세대보다 높기 때문이기도 하고, 오늘날 자식 세대 소득이 다른 시대의 자식 세대보다 낮기 때문이기도 하다.*

＊　단, 이러한 가구 소득이 세대 간에 차이가 나는 원인에는 청년층 일자리 질 저하, 20대 구직난으로 인한 취업 시기의 연기, 최근 증대된 '만혼'과 '비혼' 경향을 모두 고려해야만 한다. 고학력 청년층이 20대 후반에서 30대 초반으로 취직을 연기하면서 2016년까지 1990년대 출생자들 중 가구를 구성하지 못한 (고학력 미취

다른 세대를 압도하는 고위직 장악률과 상층 노동시장 점유율, 최장의 근속연수, 최고 수준의 임금과 소득점유율, 꺾일 줄 모르는 최고의 소득상승률, 세대 간 최고의 소득 격차. 이 모든 것이 어떻게, 성장이 둔화되어가는 경제에서 가능했을까? 어떻게 파이는 작아지는데, 특정 세대의 몫은 줄지 않는가? 우리는 이제 그 답을 추론할 수 있다. 바로 386세대의 상층 리더들이 다른 세대에게 돌아가야 할 몫을 더 가져갔기 때문이다.

나가며

이 장은 지난 수십 년에 걸친 한국 사회의 불평등 구조를 '시장의 작동과 형성'을 통해 접근하고자 했다. 요약하면, 386세대의 리더들이 구축한 '네트워크 위계'는 오늘날 한국 사회의 다른 모

업자) 경우는 통계에 잡히지 않으므로, 현 20대가 가구주인 가구 소득은 저평가될 수밖에 없다. 또한 아직 분가하지 않았으나 취업 중인 20대 자녀의 소득은 50대 부모의 가구 소득에 포함되어 있을 것이다. 다만, 가구주 혹은 부부 소득만으로 한정해서 가구 소득을 계산해도 결과에는 큰 차이가 없다. 경제활동인구 부가조사를 이용해 '임금소득자'만을 따로 분석할 경우, 2005년 1980년대생/1950년대생 간 임금 비율은 57.3퍼센트, 2015년 1990년대생/1960년대생 간 임금 비율은 51퍼센트다. 부모 세대 대비 청년 세대의 소득비가 줄고 있는 경향은 동일하나, 차이는 (가구 단위 조사인 가계동향조사에 비해) 훨씬 좁혀졌다. 단, 이 결과는 (50대의 상당 부분을 차지하는) 자영업자의 소득이 제외된 값이다.

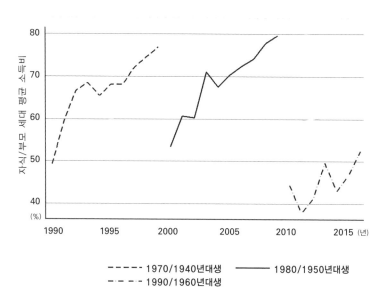

그림2-13　청년 자식 - 장년 부모 세대 간 평균 소득비율
※ 자료: 가계동향조사 가구 소득 1990~2016

든 세대를 압도하는 강력한 권력 행사의 구조다. 이 세대는 규모, 응집성, 자체 보유 자원과 동원 가능한 (다른 세대와 사회 그룹의) 자원의 모든 면에서 그 윗세대와 아랫세대를 압도한다. 그런데 이 거대 세대의 탄생은 의도된 것은 아니었다. 시민사회의 역사가 박약했던 한국 사회에서 강력한 권위주의 국가에 대항하고자 20대부터 '세대 네트워크'를 구축한 자발적 활동과 세계시장으로의 한국 경제의 도약기가 맞물린, 의도하지 않은 결과였다. 이들은 동아시아 위계 구조 위에 자신들의 네트워크를 구축했고, 30여 년이 지난 오늘날 정치·경제·사회의 모든 분야를 종과 횡으로 연결하는 '네트워크 위계'를 완성하기에 이른다. 30여 년 전과 다른 점이 있다면, 386세대의 '저항 네트워크'가 권력을 확장하고 유지하기 위한 철저한 '이익 네트워크'로 전환되었다는 점이다.

정치권과 시장에서 모두 '네트워크 위계'에 기반을 두고 아래로는 '동원, 통합과 배제의 정치'를, 위로는 '대결과 충돌의 정치'를 통해 결국은 정상에 등극한 386세대는 그들이 20대와 30대에 꿈꾸던 세상을 이루었는가? 두 번의 정치권력(2003~2007, 2017~)의 시간이 아직은 현재진행형이기 때문에 판단하기에는 너무 이른가? 나는 이르지 않다고 본다.

정치권력과 시장권력을 모두 장악한 386세대가 불평등을 악화시키고 있는가? 다시 말해, 한국 사회에서 '출생 세대'는 불평등의 중요한 요인으로 부상했는가? 데이터는 '그렇다'라고 답한다. 그간의 세대 담론은, 데이터 없는 '아우성'이었다. 이전 시대와는 다른 메커니즘이 자신들의 삶을 옥죄고 다시 설계하고 있음을 알아챈 것은 젊은이들, 오늘날의 20~30대다. 데이터는 '우리도 다 겪었으니 인내하라' '세대 갈등은 위험하다'라는 윗세대의 다독임과 우려 섞인 충고가 상당 부분 '거짓'임을 폭로한다. 그 다독임은, 그들이 겪은 젊은 시절은 오늘의 청년 세대가 겪고 있는 것과는 질적으로 다른 시대였다는 점에서, 또한 인내한다고 해서 좋은 시절이 온다는 보장이 없다는 점에서 이중의 거짓이다.

저항의 시대는 대학 졸업장을 갖지 못한 386세대에게도 그 과실을 분배했다. 이 시기 대공장에 중·고등학교 졸업장만 들고 취업했던 '대학 졸업장' 없는 386세대들은 80년대 후반에 이르면 이미 노동 현장에서 잔뼈가 굵어 있었다. 386 코어 세대의 집단적인 '하방운동'을 통해 '혁명의 이론'을 학습한 '노동자 386세대'는 민주노조 운동으로 스스로를 조직화해, 향후 한국 사회 최대(규모 면에서)의 이익집단으로 성장하게 된다. 동시대의 세대 담론에서 빠져 있는 부분이기도 한 '노동자 386세대'의 등장은, 이후 한국 사회가 불평등한 구조를 이루는 데 중요한 축을 형성한다. 이들은 지식인 386집단들과 촘촘한 '연대 네트워크'를 구축하여, 향후 30년 동안 국가와 시민사회가 격돌하는 현장에서 중추적인 '전위 집단'의 역할을 수행한다. 386세대 지식인들이 주도한 민주화 운동과 민주노조 운동이 '노동-시민 네트워크'의 '이론적 전위 그룹'이었다면, '노동자 386세대'는 야전군의 역할을 수행했다.* 이들 또한, (적어도 조직화된 대기업 노조들의 경우) 80년대의 '조직화' 덕분에 오늘날 노동시장 위계의 최상층에 자리 잡고 있다. 이 장은 그 '노동자 386세대'가 불평등 구조에서 갖는 위치와 힘을 약간이나마 보여줬다.

　시장에서 지위 상승을 위해 분투해온 386세대는 (정치권의 386세대에 비해) 균일한 이념 집단이 아니다. 화이트칼라의 세계에서 경쟁을 통해 기업 조직의 정점에 오른 386세대와, 블루칼라 생산직의 세계에서 연대를 통해 '전투적 조합주의' 노조를 건설한 386세대는 '나이만 같을 뿐' 이념적으로는 다른, 세대 내의 상호 이질적인 집단들이다. 아이러니한 점은, 두 집단 모두 '동아시아 위계 구조'를 철저히 이용하여 현재의 권력에 이르렀다는 점이다. 두 집단 모두 학맥과 인맥에 기반하여 자원·기회·정보를 동원했으며, 동아시아 위계 구조를 통해 아랫세대를 조직화했다. 이념적으로 전자는 '시장자유주의'를, 후자는 '사회주의적 민주주의'를 추구했음에도 불구하고, 아랫세대가 조우한 세계는 '헬조선'으로 귀결되는 이유다. 한국의 '시장'은 자유로운 개인들의 자유주의적 경쟁 시장이 아니라, 위계적으로 분단되고 분절되어 이념·가문·학벌·인맥으로 엮이고 통합된 '동아시아 위계 조직'들 간의 카르

＊　386세대의 정치권력 및 시장권력 장악 과정, 이 과정이 불평등 구조로 탈바꿈하는 구조를 온전히 이해하기 위해서는 이 '노동자 386집단'과 '지식인 386집단'의 연대와 분열의 동학을 분석해야 한다. 이 주제는 나의 전작인 『노동-시민 연대는 언제 작동하는가』를 참조하라. 이 책과 달리, 전작은 386세대의 지식인 그룹과 노동자들이 연대하여, 1990년대 초에서 2010년대 중·후반까지 시민사회의 대변자로서 한국의 보편복지 체제를 수립하고 방어한 역사를 분석한 것이다.

텔에 가깝다. 앞 문장의 '시장'을 '정치'로 바꿔도 진실 명제다.

이 '동아시아 위계 구조' 위에 건설된 386세대의 '네트워크 위계'는 앞으로 한국 사회를 어디로 끌고 갈 것인가? '시장자유주의'와 '사회주의적 민주주의' 중 어느 하나, 혹은 그 둘이 결합된 중간의 어느 형태일까, 아니면 내가 주장한 대로 한층 강화되고 적응된 동아시아 위계 구조의 변형태일까?

우리는 시장자유주의에서 경쟁의 승자는 더 큰 보상을 패자는 더 가혹한 고통을 받는 데 반해, 사회민주주의 체제에서는 이 승자와 패자 간의 격차가 훨씬 작고 패자를 배려하는 복지제도가 발전한다는 것을 알고 있다. 동아시아적인 한국형 위계 구조는 어느 쪽에 가까울까? 한국형 위계 구조에서 20대는 치열한 경쟁에 몰두하고, 일단 위계 구조에 진입한 후에는 승자와 패자 간의 소득 차이가 시장자유주의 못지않게 커지며, 위계 간 이동성은 경직된 노동시장으로 악명 높은 보수주의(독일) 체제에 근사하고 있다. 패자에 대한 안전망은 영미권의 시장자유주의만도 못하다.

386세대의 상층 리더들은 이 한국형 위계 구조의 완성자이자 최대 수혜자다. 그런데 이러한 위계 구조하에서 고통받고 있는 자신들의 아들딸에게는 역사상 가장 극한의 경쟁 체제를 마련해놓았다. 자신들의 자식들은 이 경쟁 체제를 뚫고 상층에 진입할 수 있다고 자신하는 것인가? 혹은, 그러한 경쟁 자체도 필요 없을 정도로 충분한 자산을 이미 축적해놓은 것인가?

이 질문에 답하려면, 386세대가 한국 자본주의의 신분제적 특성을 가장 극명하게 보여주는 '자산'의 축적과 증여·상속 과정 및 그 구조에서도 최대 수혜자인지를 판단해야 할 것이다. 이를 위해서 우리는 한국 자본주의의, 한국 자산 구조의 최초 축적 세대인 산업화 세대로 시계를 거꾸로 돌려야 한다. 386세대가 정치권력과 시장권력을 장악하는 과정에서 구축한 '네트워크 위계 구조'는 산업화 세대의 '촌락형 위계 구조' 위에 얹혀져 만들어진 것이기 때문이다. 다음 두 장은 이미 산업전장에서 은퇴하여 생물학적 사멸의 과정에 돌입한, 오늘날 386세대의 부모 세대가 구축해 놓은 불평등 구조의 '시원'을 해부한다.

3장

산업화 세대의 형성
불평등의 탄생

Q.

산업화 세대는
어떻게
만들어졌는가?

비동시성의 동시성과
동시성의 비동시성

'비동시성의 동시성'이라는 개념이 있다. 근대화가 빠르게 일어난 사회, '따라잡기 근대화'를 통해 근대화를 '속도전'으로 감행한 사회에서 전통과 근대, 탈근대의 현상이 동시적으로 관찰될 때 이를 설명하기 위해 쓰는 표현이다.* 한 회사 조직 안에 전근대 농업 사회의 '가부장적 가족주의'와 '신분제' 윤리를 온몸에 새긴 1950년대생 사장, 미국식 개인주의와 자유주의 윤리가 더 편한 1990년대생 젊은 사원들이 공존하며 일으키는 충돌과 갈등이 좋은 예다.

비동시성의 동시성은 조직에만 존재하는 것이 아니다. 개인의 마음에도 존재한다. 서구적 의미의 '정치적 자유주의자'인 1960년생 김모 씨는 회사에서는 '권위주의의 화신'이다. 대학 시절부터 단 한 번도 반공 보수 권위주의 정치 세력에 표를 준 적이 없지만, 회사에서는 엄격한 상명하복의 군대식 위계에 따라 팀을 운영하며 회사 밖에서는 향우회와 동문회 모임으로 휴대전화 스케줄 앱이 꽉 차 있다. 서구적 자유주의 정치 원리와 동양적 위계에 따른 인간관계의 윤리가 (그 비동시성으로 인해) 충돌할 만도

---

* 한국 사회에 이 개념을 선구적으로 적용한 연구로는, 압축적 근대화와 가족주의의 정치경제를 연구한 장경섭 1998; 2010을 보라.

한데, 김모 씨의 일상에서 두 원리는 '동시적으로' 공존한다.

비동시성의 동시성은 공간에도 존재한다. 서촌과 익선동의 좁은 골목길을 채운 전통 가옥과 그 사이를 비집고 생겨나는 이탈리아·스페인 레스토랑과 수제 맥줏집들은, 옛것과 새것의 이미지가 나란히 병렬되며 전통의 편안함과 이국적인 생소함을 '동시적으로' 제공한다. 비동시성의 동시성 공간은 아스라이 사라져가는 것들에 대한 향수와 생전 겪어보지 못했던 것들에 대한 기대를 한 공간에서 동시에 체험하도록 함으로써 장년과 청년이 한 공간에 머물게 해준다. 떡과 와인은 서촌에서 보완재가 되는 것이다.

이와 달리 '동시성의 비동시성'은 동일한 역사적 국면에 진입하는 상이한 주체들이 겪게 되는 '역사적 사건에 대한 상이한 체험'을 의미한다. 비동시성의 동시성이 각기 다른 속도로 생성되고 소멸되는 전근대와 근대 정체성들의 기대하지 않은 공존에서 비롯된다면, 동시성의 비동시성은 서로 다른 연령대에 있는 동시대 개인들이 (동일한) 정치경제적 격변의 사건들을 맞이하여 그 충격파를 각자 다른 기억으로 몸과 마음에 새기는 과정이다. 각기 다른 연령대의 주체들이 동시대에 생성하는 '동상이몽'인 것이다.

동시성의 비동시성을 보여주는 유명한 예는 미국의 대공황기가 각기 다른 연령 집단에게 남긴 상이한 흔적들이다. 당시 유아기를 보낸 세대는 다른 연령 집단들에 비해 건강 및 신체 발달상의 거의 모든 지표에서 뒤처졌으며, 이 차이는 평생 지속되었다. 한국전쟁기에 유아기를 보낸 한국전쟁 세대들(1940년대 후반

불평등의 세대

~1950년대 초반 출생)이 이와 동일한 통계치를 보인다는 것은 그리 놀랄 일이 아니다. 전쟁 통에 배불리 먹으며 피난 다녔겠는가. 살아남았으면 다행인 세대다. 엄동설한 부산행 기차에서 젖먹이로 살아남았던 이 세대와는 대조적으로, 한국전쟁기에 청년기를 보낸 이들은(1925~1934년생) 전장에서 전우의 시체를 넘으며 피흘린 세대다. 덧붙이면, 이 시기에 소년기를 보낸 이들은(1930년대 중반~1940년대 초반 출생) 가장 예민한 때에 바로 윗세대 젊은 이들과 장년층들이 서로 죽고 죽이는 것을 목격한 세대다 ─ 상당수는 숨어서, 다른 상당수는 직접 소년병으로 참전하면서 말이다. 한국 '산업화 세대'의 원체험은 '박정희의 영도' 이전에 전쟁을 직접 겪고 목격했다는 데 있다. 한국전쟁을 유아기에 경험하며 전쟁의 흔적이 몸에 영양실조로 새겨져 있으나 '기억에는 없는' 한국전쟁 세대들과 동시대를 살았지만, 비동시적인 경험을 한 것이다(2장에서 다룬 386세대와 그 아랫세대들 간의 '민주화'에 대한 경험의 차이 또한 동시성의 비동시성을 보여주는 또 다른 예다).

비동시성의 동시성이 사라지는 것들과 새로 생성되는 것들이 교차하는 운 좋은(혹은 운 나쁜) 스냅 샷이라면, 동시성의 비동시성은 '역사'라는 거대 격변을 우연히 공유한, 하지만 그 역사의 폭력에 속절없이 몸을 내맡긴 인간 군상들의 처절한 세대별 적응기다. 비동시성의 동시성이 근대화 이론의 철학·미학적 압축어라면, 동시성의 비동시성은 세대론의 클리셰인 것이다.

산업화 세대의
형성

누군가가 내게 비동시성의 동시성과 동시성의 비동시성 모두를 가장 극명하게 경험한 세대를 꼽으라고 한다면, 나는 1920년대 후반~1930년대 후반 출생 세대를 말할 것이다. 10대 초반에서 20대 초반에 한국전쟁을 겪었으며, 30~40대에 권위주의 발전국가에 의해 주도된 경제 도약에 참여했고 그 결실을 향유했다. 50대에는 민주화를 겪었으며 IMF 금융 위기와 함께 노동시장에서 서서히 물러난 세대다. 이 세대는 일본의 태평양전쟁 세대(1920년대생)에 비견할 만하다. 농촌에서 나서 자랐고, 이유도 모른 채 전쟁에 동원되어 직접 살육의 경험을 하거나 적어도 보고들었다. 전쟁의 상흔을 안은 채 전후 복구에 동원되었고, 극심한 가난과 배고픔 속에서 가족을 만들었다. 그런 다음 60년대(일본)와 70년대(한국)에 걸쳐 국가에 의해 '다시 동원'된다. 경제 발전이라는 공동의 목표를 향해. 이 세대는 평생을 국가의 부름에 응하며 피를 보고, 그로써 국가를 지키거나(한국의 30년대생) 팽창시키고(일본의 20년대생), 돌아와서 국가를 재건한 다음 세계적 경제 대국의 반열에 국가를 올려놓은 세대다.

한국에서 80대 초반에서 후반, 일본에서 90대 초반에서 후반에 진입한(따라서 대부분 사멸한) 이 세대는, 전쟁을 통해 삶과 죽음의 경계를 체험하며 '생존주의'를 몸과 마음에 각인시켰다. 그들이 원래 지니고 있던 농촌의 따뜻하고 결속력 높은 씨족 공동체 안에서 배양된 협력과 배려의 윤리에 더해, 전쟁을 겪으며 훈련된 냉혹한 생존주의는 한일 양국의 발전국가가 이후 세계시장을 무대로 펼쳐지는 2차 전투를 위해 동원할 '동아시아적 회사형 인간'의 모태였다. 이들만큼 '부지런하고' '협력에 능하며' '국가의 신민'으로서 충실하게 과업에 복무한 세대 집단을 찾기란 쉽지 않다. 동아시아 농촌 공동체의 넉넉한 자비로움과 전쟁으로 단련된 냉혹한 생존주의, 그리고 국가의 부름에 헌신적으로 응하는 신민의 충직함이라는 비동시적인 아비투스*들이 이토록 동시적으로 공존하는 세대는 한동안 다시 보기 힘들 것이다.

이들이 겪은 역사적 사건들은 20세기 동아시아 현대사를 그대로 웅변한다. 군국주의의 식민지 백성으로 일본어를 쓰며 초·중등 학교에서 '신민 교육'을 받은 이 세대는, 총을 들 수 있는 나이에 전쟁이 발발했기에 피를 볼 수밖에 없었고, 가족을 부양해야 하는 나이에 전쟁이 끝난 폐허에서 미군이 던져준 밀가루와 초콜릿으로 연명했으며, 30~40대에는 한국 경제의 최초 축적을 바

---

* '아비투스habitus'는 프랑스의 사회학자이자 인류학자인 피에르 부르디외가 창안한 개념이다. 단순화해 이야기하면, 아비투스는 특정 계급(계층)에서 오랫동안 축적된 문화적 행동 양식과 규범이 가정과 학교, 공동체의 교육과정을 통해 계급 구성원 개인의 몸과 정신에 각인된 것으로, 각 개인의 계급적 취향 및 전략적 행동의 틀과 방향을 결정한다(Bourdieu 1984).

닥부터 훑으며 일구었다. 한국 현대사의 '가장 비극적인 순간들'에 여러 연령 집단이 배우로 출연한다면, 이들은 매번 어쩔 수 없이 '주연'을 맡아야 하는 세대였다. 영화「국제시장」(감독 윤제균)의 '덕수'(황정민 분)가 가족 모임에서 슬며시 뒷방으로 건너가 아버지를 부르며 꺼이꺼이 우는 장면과 태극기 부대의 '어르신'들이 두 나라의 국기를 양손에 들고 목이 터져라 성토하는 장면은, 사실 '원치 않는 주연'을 어쩔 수 없이 계속, 그것도 묵묵히 맡아야만 했던 세대들의 '정체성 확인' 퍼포먼스다. 이토록 힘들게 살았으니 좀 알아달라는 '인정투쟁'(Honneth 1996)에 다름 아닌 것이다. 다만 한국 사회에서 산업화 세대의 인정투쟁은 아랫세대가 위를 향해 벌이는 것이 아닌, 사라지는 세대가 그 자식 세대에게 벌인다는 점에서 엄격한 유교적 위계 문화와 자유민주주의의 동거가 벌인 또 하나의 비동시성의 동시성일 것이다.

산업화 세대의
아비투스

1930년대생을 좀더 '역사화'해보자. 앞서 이야기한 농촌 공동체 경험에서 비롯된 '협업 네트워크'와 한국전쟁을 통해 습득한 '생존주의'만이 이들의 아비투스를 구성하는 것은 아니다. 역사가 그렇듯, 출생 세대도 '얕은 사건사'에 대비되는 심층의 '깊은 구조'로서의 경험을 구축한다. 프로이트와 발달심리학자들의 연구를 따라, 이 깊은 구조로서의 경험(원체험)은 어린 시절에 형성되어 생애 전체에 걸쳐 변하지 않는 틀로 자리 잡는다고 가정해보자. 이들이 어린 시절에 겪은, 다른 세대와 구별되는 원체험으로서의 경험은 '제국 신민' 교육을 받았다는 것이다. 이들은 오늘날 살아 있는 세대들 중 거의 유일하게 한자와 일본어를 모두 읽고 쓸 수 있는 세대다. 이들 중 '생존주의'의 촉수가 예민하게 발달한 교육받은 소수는 영어를 최초로 집단적으로 습득했다. 언어에 대한 감각이 무뎌지기 전에〔10대에 '운 좋게'(?)〕미군정이 시작되면서, 생존과 출세의 도구가 일본어에서 영어로 바뀐 탓이다. 이들 중 영어로 의사소통이 가능한 자들은 한국전쟁 이후 출세가도를 달리게 된다.

일제에 의해 도입된 보통교육이 당시의 모든 국민에게 일반화된 것은 아니었다. 일본은 만주사변에서 중일전쟁으로, 그리고 태평양전쟁으로 전선을 확대하면서 군인과 물자 부족에 시달렸다. 1937년을 기점으로 조선에 대한 일본의 교육정책은, 본토에서 이주해 온 일본인과 조선인을 제도적으로 차별하는 '두 국민 정책two-nation strategy'에서 조선인을 일본인과 '동일화'하는 '내선일체' 혹은 '황국신민화' 정책으로 바뀌었다. 조선의 젊은이들을 '황군'(천황의 군대)으로 키우려면 일본 젊은이와 동일한 말과 정신체계로 무장시켜야 했기 때문이다. 이 필요에 따라 일제는 1938

년부터 조선의 시골 면 단위까지 보통교육을 확장하며 교육 인프라 건설 및 학급 수 증대, 교사 추가 양성 및 파견 작업에 돌입한다. 집에서는 우리말을 쓰면서 학교에서는 일본말을 쓰도록 강요받으며 일본식으로 사고하고 훈련받은 세대가 길러진 것이다.

이 교육 체제는 일본의 패망과 함께 1945년 종언을 고한다. 하지만 햇수로 8년에 달하는 이 '역사적 제도'의 실험은 일제하의 초·중등 보통교육에 노출된 세대를 길러낸다. 7~9세에 초등교육을 받기 시작했음을 고려하면, 1920년대 말~1930년대 말까지의 출생자가 이 세대에 해당된다. 도회지에서는 사실상 취학 연령에 도달한 거의 전부, 농촌에서는 적어도 절반 이상의 어린이들과 소년 소녀들이 이 교육에 노출되었다. 세대의 '다수'가 '이중 언어 구사자'가 되었을뿐더러, 일제가 메이지유신 이래 천황을 정점으로 구축해온 사회유기체적 국가의 세포로서 조선의 민중이 '동원'되기 시작한 것이다. 1930년대생들의 특이성은 이 '동원과 일체화의 경험'에서 비롯된다. 이들 중 누구도 궁극적으로 '황군'이 된 사람은 없다. 실제 태평양전쟁에 동원된 것은 이전 세대인 1910년대생 및 1920년대생들이었고, 1930년대생들은 가장 나이가 많은 경우라도 중등학교를 다니며 해방을 맞이했다. 하지만 이들의 몸과 기억에는 이 일제식 보통교육의 흔적이 남았다. 이 교육의 '제도적 효과'는 무엇이었을까?

제도에는 그 설계자의 '꿈'이 각인되기 마련이다. 일본의 근대 교육제도를 설계한 후쿠자와 유키치 같은 메이지 시대 지식인들과 기타 잇키 같은 군국주의 지식인들의 꿈은 무엇이었을까? 한마디로 요약하면 '서구 따라잡기'였다. 미국의 '흑선'에 의해 강제로 개항을 맞은 후 일본 엘리트들의 '근대'는 서구를 극복하는 것이었다. 이를 위해 메이지 이후 근대 일본의 지식인들은 모든 일본인을, 정확히 말하면 일본의 '농민'들을 근대 제국의 노동자와 군인으로 재탄생시키고자 했다. 근대 교육의 목표는, 지휘관의 신호에 정확히 반응하며 한눈파는 개인에 의한 '다른 동작'과 '해태'가 발견되지 않는, 즉 모든 개개인이 거대한 유기체의 일부로서 정확히 움직이며 주어진 목표를 달성하는, 일사불란하게 똑같은 호흡과 리듬을 반복하는 '동일화된 신체'를 주조해내는 것이었다(다츠루 2018). 이들은 전쟁터에서 제대로 훈련받지 않은 혹은 급조된 중국과 조선 그리고 러시아 봉건전제 왕조의 군대들을 차례로 격파했으며, 공장에서는 불량률이 극도로 낮은 공산품들을 만들어냈다. 1930년대 후반 일제 치하 조선에 이식된 학교들도 정확하게 동일한 목표 — 일사불란하게 조직의 목표를 향해 움직이는 동일화된 신체 — 를 공유했다.

　도대체 왜 1930년대 말~1940년대 중반 일제 치하에서 유소년기를 보낸 1930년대생들이 받은 교육이, 그 경험이 문제가 되는가? 나는 이 일제의 유산이 동일한 시기에 황군의 장교였던 박정희의 수출 지향형 산업화 전략에 동원되어, 60년대 이후 한국 근대화의 초석이 되었다는 식의 '뻔한 근대화론'을 펴려는 것이 아니다(사실 초석이 되긴 했다). 나는 이 '일제식 교육에 대한 짧은 경험'이 다른 세대와 차별되는 그 세대만의 '자원resources'이자 '자본human capital'이 되었을 가능성에 주목한다. 이 세대의 독특한 '자원'은 그들만의 생존 투쟁을 위한 '자양분'이자 '자산'이 될 것이다. 그렇다면 이 '일제식 황국신민 교육'의 경험만이 이 세대의 독특한 '문화 자본cultural capital'인가? 그렇지 않다. 이 세대는, 내가 이야기할 '동아시아 벼농사 체제'에서 유래하는 농촌의 '협업 네트워크'의 자본 또한 몸에 지닌, 마지막 농촌 세대이기도 하다.

산업화 세대의 자본
협업 네트워크와 대이주

───────────────────────────────

산업화 세대, 즉 1930년대 출생 세대는 산업화를 (처음으로) 이룩했다는 의미에서 '산업화 세대'로 불리지만, 사실은 마지막 벼농사 세대라고 하는 것이 정확하다. 길게 잡으면 1950년대 초·중반 출생 세대까지도 (다수는) 농촌에서 유년을 보냈다는 점에서 농촌 세대에 포함시킬 수도 있다. 즉 세대의 다수가 농사일을 겪어봤느냐로 경험을 한정시킬 경우, '농촌 세대'이자 '산업화 세대'는 1930년대생들부터 1950년대생들에게까지 길게 드리워진다.

일제강점기 시절, 맹아 단계에 있던 산업화의 싹(인적·제도적 인프라)이 한국전쟁을 겪으며 대부분 파괴된 탓에 이를 다시 궤도에 올리는 데는 어느 정도 시간이 필요했다. 해방 및 전쟁 세대(1945년 이후 출생)와 구별되는 1930년대생들의 특징은, 이들이 20대 중반에서 30대 중반에 이른 60년대 중반부터 한국의 '자본 축적'에 기반한 자본주의화, 그리고 '장년'에 돌입하는 시기에 그로 인한 '도시화'를 겪었다는 점이다. 서구에서 200여 년에 걸쳐 일어난, 산업화로 인한 '지리적 대이주great migration between sectors'(Kuznets 1955) 시기에 1930년대생들은 막 가족을 꾸린 상태에서 한국 자본주의의 심장인 서울로, 부산으로, 인천으로 대大이주를 감행한 것이다.

왜 이 '대이주'가 문제인가? '이주'는 보통 다른 문화와 언어를 가진 다양한 인종과 민족 집단이 '섞이면서' 동질적인 사회와는 전혀 다른 시스템을 만들어내기에 한 사회에 엄청난 도전을 야기한다. '이민'이 사회의 동력인 영미권 사회에서 불평등과 계층화가 출신 대륙과 문화권의 차이를 그대로 반영하며 뿌리 깊은 '인종주의'를 만들어내는 것을 보면, '이주'는 사회구조에 '계급'이나 '성gender' 못지않은 심대한 충격과 균열을 일으킨다. 하지만 한국의 경우는 '경제 부문 간의 이주'다. 경제학자 쿠즈네츠(1955)가 불평등의 근원으로 지목한 '부문 간 이주'는 산업화로 인해 발생하는 농촌과 도시 사이의, 다시 말해 1차 산업과 2차 산업 사이의 노동력 이주를 의미한다. 이로써 모두가 가난했기에 (상대적으로) 평등했던 농촌 사회는 산업화 및 도시화와 함께 분화·축소되었고, 도시와 농촌 사이, 그리고 도시 내부의 불평등은 급격히 상승했다.

　남한이라는 좁은 땅에서 산업화·도시화로 시작된 대이주와 국제적 대이주 사이에는 차이점과 유사점이 공존한다. 차이점은 국가 간·문화권 간 이주와 국가 내 이주는 '이질성의 규모와 차이'에서 확연히 구분된다는 것이고, 유사점은 두 이주 모두 '이주자'가 이전 사회와 문화의 정체성을 고스란히 '지닌 채로' 새로운 사회의 구성원이 되고자 한다는 것이다(Portes & Rumbaut 2001). 성인이 되어 이주를 결정한 '이민자'에게 '문화 자본'이라고는 출신 지역의 말과 생활양식 (그 외에는 교육 수준 정도일 것이다) 외에는 없다. 이들은 새로운 문화와 언어를 습득하려는 노력을 기울이지만, 이 노력은 떠나온 공동체에서 습득한 문화와 습속의 바탕 위에서 조금씩 버무려진다. 영미권으로 이주한 동아시아인들이 각기 모국의 발음과 악센트 위에 영어 어휘와 문장을 하나둘씩 새겨가는 과정이라고 생각하면 된다. 중국인의 영어, 일본인의 영어, 베트남인의 영어와 한국인의 영어가 서로 다른 영어가 되는 과정인 것이다.

　개인의 입장에서 한반도 남부에서의 대이주가 문제가 되는 것은, 이들이 '농촌에서 자란 세대'이기 때문이다. 이 세대는 '논일'과 '밭일'을 경험하며 어린 시절부터 자연스레 '농촌의 협업'에 노출된 세대다. 다시 말해 도시로 이주했으되, '농민의 정체성'을 가진 세대인 것이다. 1930~1940년대생들의 다수, 그리고 1950년대생들의 상당수는 '도시에 정주하는 농민'인 셈이다. 넥타이를 매고 와이셔츠를 입고 사무실에서 일하건, 푸른색 작업복을 입고 공장에서 일하건, 작업장에서 일하고 있는 농민인 것이다. 오늘날 중국에서 지방을 떠나 도시로 이주하여 저임금 노동자가 된, 3억에 이른다고 추산되는 중국의 '농민공農民工'과 같은 거대한 농민의 기억을 가진 '노동자 집단'이, 한국에서는 60년대 말~70년대 말에 이르는 시기에 형성된 것이다. 이런 점에서 1930~1940년대 출생 세대는 1960년대 이후 출생 세대와는 질적으로 다른 집단이다. '민주화 투쟁'에 대한 요구와 기억이 형성되기 훨씬 이전에, 이들 다수는 '농사일'을 온몸과 기억에 아로새긴 집단이다. '농사일'에 대한 이 세대의 '원체험'이 한국의 산업화와 도시화에서 가장 중요한, 시민사회의 바닥을 이루는 '협업과 협력의 윤리'를 구성했다.

벼농사 문화와
산업화 세대의 정체성

이들의 협업 윤리와 협업 양식이 농민 문화에 뿌리내리고 있다고 보는 것이 왜 중요한가? 그것은 이 세대가 도시로 이주해 정착했지만, 도시에 이웃을 만들고 일터를 조직한 '방식,' 즉 사무실과 공장, 동네에서 자원을 동원하고 사업을 일구고 동료를 만들고 협업 네트워크를 조직한 방식은 '동아시아 농민'의 정체성에 기반하고 있기 때문이다.

구체적으로 '동아시아 농민의 정체성'이란 무엇인가? 첫째는 '집단주의collectivism'다. 탈헬름(Talhelm et al. 2014)은 이를 '밀 경작 문화'의 개인주의와 대비되는 '벼 경작 문화'의 집단협업주의로 개념화했다.* 동아시아에서 벼농사는 대량의 물과 단기간에 집약적인 노동력을 필요로 했고, 이는 마을 단위의 '집단주의'를 탄생시켰다는 것이다. 이러한 집단주의는 수천 년에 걸친 벼농사의 진화와 함께 동아시아 5국(대만을 포함한 중국의 황허강 이남 — 주로 양쯔강 유역, 남한 전체와 북한의 대동강 이남, 일본 그리고 베트남)의 공통된 '농민 문화'를 구성하는 핵심이다.

둘째는 내가 다른 글에서 개념화한 '협업 속의 경쟁'이다(Lee & Talhelm 2019). 역시 벼농사에서 유래하는 이 '협업 속의 경쟁 시스템'은 동아시아 소농 시스템(이영훈 2016)과 벼농사 시스템(백남운 1999)의 문화적 상부구조다. 벼농사를 위해 김 씨와 박 씨가 구축한 협업(두레 혹은 품앗이) 시스템은 김 씨와 박 씨가 서

---

* 탈헬름과 동료들은 중국의 벼농사 지대에 비해 밀농사 지대에서 이혼율이 훨씬 더 높을뿐더러 각종 '창의성'을 요구하는 '특허patent' 출현 비율 또한 훨씬 더 높다는 것을 발견했다. 중국 내 차이를 통해 사실상 동양과 서양의 차이를 설명하려는 시도다. 나와 탈헬름의 공동 연구(Lee & Talhelm 2019)에는 벼농사 지대에서 발전한 '협업과 경쟁'의 공존 시스템이 '미시적 상호 질서와 시기·경쟁의 문화'를 만들어냈으며, 이로 인해 훨씬 더 낮은 수준의 '신뢰'와 '행복'으로 이어진다는 결과도 있다.

불평등의 세대

로를 좋아하기 때문이 아니라 서로의 필요에 의해 구성된 것이다. 문제는, 함께 작업하면서 밥도 같이 먹고 술도 같이 마시다 보면 상대의 집안에 대해 속속들이 알게 된다. 아이들 성격부터 숟가락 이 몇 개인지까지 말이다. 비극은, 동아시아 소농은 협업을 하지 만 수확, 즉 수확물의 소유는 따로 한다는 데 있다(Greif & Tabellini 2010). 벼는 인간의 노동력 투하에 민감한 작물이다. 밤에 물길을 더 내고, 잡초를 하나라도 더 뽑고, 하다못해 개구리라도 한 마리 더 풀어놓아야 수확이 는다. 가을의 수확기는 누구 논이 더 많이 산출했는지 눈으로 확인하는 자리다(수확도 같이한다!). 경쟁의 승자는 부지런한 자일 것이다.

이러한 협업 속의 경쟁 시스템은, 세번째 정체성인 '비교와 질시의 문화'를 탄생시킨다. 상호 의존적인 집단협업의 문화 속 에서 경쟁과 비교, 질시가 함께 싹트는 것이다. 함께 일했건만 나 의 수확량이 더 적은 것을 확인할 때 부아가 치밀지 않는 사람이 어디 있겠는가. 문제는 이 상호 의존적인 경쟁과 질시의 문화를 벗어날 출구가 별로 없다는 데 있다.* 다음 해가 되면 모내기와 김매기, 물 대기 협업은 다시 시작되고, 협업 속의 경쟁 사이클은

---

* 씨족 공동체가 얽혀 사는 한국의 농촌에서 출구는 없다고 봐야 한다. 씨족 전 체가 만주로 이주하는 옵션도 일제강점기나 되어서야 출현했다. 기껏해야, 산으 로 올라가 화전을 일구는 것이 조선 후기 소농들의 대안이었다. 이러한 '출구 없 는 상황'을 '관계적 이동성relational mobility'이라는 개념으로 이론화한 최근의 연구로는 Thomson et al. 2018을 참조하라.

또 돌아간다. 당연히 경쟁은 격화될 것이다. '사촌이 땅을 사면 배가 아프다'라는 우리 속담에 이 모든 과정이 담겨 있다. 사촌이 땅을 사면 가서 도울 일은 늘어나는데, 그 수확물이 (반드시) 공유되지는 않기 때문이다. 이렇듯 마을 공동체의 집단적 협업의 문화와 네트워크는 벼농사를 기반으로 한 동아시아 농촌 공동체의 핵심 윤리이자 자산이었다.

마지막으로 네번째 정체성은 '협업 속의 경쟁'을 보다 효율적으로 작동하게 만든 '위계 문화'다. 나는 이 위계 문화의 기원 또한 벼농사 체제에서 찾는다.*

위계의
세대

벼는 약한 작물이다. 엄청난 양의 물과 햇빛을 필요로 하는데, 병충해와 잡초에는 극히 취약하다. 모종을 길러 심는 과정 자체가 노동 집약적일 뿐 아니라 농부들 간의 세밀하게 조율된 '협업' 또한 필수적이다. 더 나아가 벼농사는 씨앗 관리, 파종, 토질, 기후, 도구의 사용, 주변 노동력과의 협업과 관련한 수많은 경험

---

* 또 다른 위계 문화의 기원은 전쟁을 통한 관료제의 진화(Tilly 1989)다. 이는 다음 책의 과제로 돌린다.

과 지식, 사회적 기술이 요구되기에 '고난도 기술을 축적한 숙련 노동자'가 필요하다. 경제학자 베커(Becker 1993)의 표현을 따르면, 높은 기술 특정성skill specificity으로 인해 장기간에 걸쳐 현장 기술 교육을 습득해야 하는 작업이다.

10대 중·후반부터 부모의 농사일을 거들며 흙을 만지기 시작한 장정은 30대 중·후반에야 벼농사를 성공시키기 위해 필요한 모든 지식, 즉 벼의 특성, 기후 조건에의 적응과 방비, 노동력의 동원과 협업 시스템의 작동을 이해하게 된다. 이 모든 과정을 수없이 반복하여 '빅 데이터'를 축적한 연장자들은 벼농사와 관련한 주요 의사 결정의 핵심에 자리하고 있다. 언제 모를 이앙해야 할지에 대한 결정은 한 해 농사의 분수령이다. 이 시기를 잘못 정하면, 마을 전체의 수확량이 줄고 다음 해 보릿고개에서 기아에 시달려야 한다. 따라서 수렵 채취나 목축 위주의 사회에 비해, '벼농사 기술과 지식을 축적한' 나이 든 자의 사회적 역할이 클 수밖에 없다. 다른 조건들이 같다면(개인별로 기술 축적의 속도가 크게 차이 나지 않는다면), '나이'는 벼농사 체제에서 기술 숙련도를 측정하는 가장 손쉬운 지표였을 것이고, 동일한 나이의 연령 집단 중 가장 수확량이 많고 진전된 노하우를 가진 자가 마을 공동체의 우두머리로 부상했을 것이다. 결국 벼농사가 필요로 하는 대규모의 협업은 마을의 '세대별 결속 집단'을 창출하는 한편, 한 세대는 그다음 세대로 집단적으로 기술을 전수하고 전수받으며 농사 기술 위주의 '또래 결속 집단'을 만들었을 것이다. 마지막으로 50대 혹은 그 이후 연령 집단은 점차적으로 노동력을 통해 공동체에 기여하는 대신, 가문과 공동체의 운영에 관한 의사 결정을 도맡아 하게 되었을 것이다.

유교의 연장자 우대 및 지배 시스템은 유교(공자와 맹자)가 어느 날 만들어 세상에 반포한 것이 아니라, 그 이전부터 벼농사 체제가 진화해오면서 자연스럽게 생성된 '노동의 사회적 분업' 과정인 것이다. 공자와 맹자의 후예들은 이미 사회 규범으로 정착한 노동의 역할 분담 시스템을 '국가 윤리'로 삼도록 각국의 제후들을 설득했을 뿐이다. "이 규범을 국가의 윤리로 삼아야 민초들이 뭉쳐서 함께 일할 수 있고, 그래야 국가의 힘이 (아래로부터) 강해질 것입니다"라고 말이다.

벼농사 체제의 특성상 '나이와 연공'을 바탕으로 위계 구조가 만들어진 것은 자연스러운 일이었다. 이는 효율적으로 벼농사를 짓기 위한 사회적 분업 시스템이며, 마을 혹은 씨족 단위의 조직적인 협업 시스템이었다. 이 위계 구조의 가장 밑에 '가족' 혹은 동아시아적 '소농'이 존재한다. 유교 윤리의 핵은 가부장 남성을 중심으로 그와 자식들, 그와 아내의 관계를 세우고, 나아가 이 위계 구조를 마을과 국가로 확장하는 것이다. 삼강오륜 중 '삼강'의 역할이 이 위계 구조를 공고히 하는 데 있다. '부위자강'과 '부위부강'을 통해 가족 단위의 위계 구조를 확립한 후, 이를 '군위신강'을 통해 군신의 관계로 확장한다. 이 위계와 협업의 윤리는 한국과 일본의 농촌에 지금까지도 존재하는, 마을(무라) 공동체 규

불평등의 세대

약(혹은 공동체성, 세켄)의 핵 중의 핵이다. 그 핵은 바로 소농 가부장의 권리와 나이에 기반한 협업의 위계를 확립함으로써 '위계 구조'를 명확히 하고, 상명하복의 복종 관계를 통해 사회질서를 확립하고, 협업 구조에서 이탈하거나 무임승차하는 자들을 징벌함으로써 농촌의 생산 시스템을 유지하는 기능이다.

동아시아 정주민들은 이 가족 단위 위계 구조를 마을 단위 생산 시스템의 핵심으로 발전시켰으며, 더 나아가 마을을 넘어선 시스템을 구축하기에 이른다. 이런 점에서 유교는 — 적어도 그 탄생은 — (서구의 모든 종교가 그러하듯) 어느 현자가 불현듯 하늘의 계시를 받아 탄생한 것도 아니고, 권력 집중과 연장에 심취한 왕이 만들어낸 지배 이데올로기도 아니다. 유교는 동아시아 벼농사 체제가 진화하는 과정에서 만들어진 생산 시스템의(Hall & Soskice 2001) 일부를 구성하는 '지식 전수 시스템'이자 '공동체 구성 시스템'이다. 이렇게 볼 때, 동아시아에서 연장자를 우대하는 유교의 윤리는 서유럽(특히 독일)의 숙련공 우대 문화와 동일한 기능을 한다. 벼농사 위주의 농경 사회에서 가족과 마을 공동체를 기본 단위로 구축되어 기술 축적과 전수를 용이하게 하는 이념적 윤활유이자 정당화 기제가 바로 유교였던 것이다.

1930년대생들은 이 동아시아 벼농사 체제에서 유래하는 유교적 위계 구조를 몸과 마음에 새긴 채 도시로 상경한 첫 세대이면서, 농촌의 기억과 윤리를 몸에 지닌 마지막 세대였다.

Q.

산업화 세대는
어떻게 불평등 구조를
싹 틔웠는가?

세대 정체성과
도시화, 새마을운동

홍수처럼 도시로 몰려든 한국 농민공의 물결은 '비동시성의 동시성'을 각 농민공의 내면에, 그리고 농민공과 토박이를 뒤섞으면서 도시의 생태계 전체에 스며들게 했다. 한반도 각지에서 모여든 다른 말씨를 쓰는 농민공들은, 똑같이 명동을 쇼핑하고 종로에서 해장국을 먹고 있다고 해서 종로나 명동 토박이의 정체성을 공유하지는 않는다. 이들의 기억은 유소년기를 보낸 고향 들녘에 고정되어 있으며, 논과 밭에서 체득한 협업과 경쟁의 '버릇'은 온몸에 고스란히 각인되어 있다.

갑자기 서울과 부산, 인천 도시민의 다수가 되어버린 이 한국의 '농민공'들은 도시로 이주하자마자 '뿌리가 뽑힌' 경험을 한다. 농촌의 씨족 공동체에서 친척과 이웃이 한데 어울려 서로 도와가며 농사일을 해온 이 세대는, '대이주'가 가져온 '고향의 상실'과 '낯선 도시의 환경이 강제하는 개별화·개인화·파편화'라는 이중의 고통을 겪게 된다. 한 사회학자는 이러한 농촌 출신 도시 이주민의 정체성 형성 과정을 '도시민으로서의 타자화'라 칭한다(박해광 2004). 농촌 정체성으로의 회귀를 꿈꾸면서, 동시에 도시민으로서의 자부심과 경제적 성취에 대한 의지가 혼돈스럽게 공존하는 '경계인'의 위치라는 것이다. 하지만 이 세대의 다수는 이러한 '혼돈과 경계'의 삶을 극복하고 도시의 정주민으로 변신한다.

이들은 직장에서는 '협력과 협업'을 통해 조직을 건설하고, 동네에서는 가족·친지·친구·이웃과 교류하며 생존을 위한 정보 및 자원 동원 네트워크를 건설했다. 도시의 교회들은 이들이 비공식적 인간관계를 구축하고 자원을 동원하는 네트워크로서 핵심적인 역할을 수행했다. 서울의 인구가 1960년 200만 명가량에서 80년대에 800만 명 그리고 90년대에 1000만 명을 돌파하며 급증하는 동안, 기독교가 주장하는 교인의 수는 500만 명, 천주교가 주장하는 교인의 수는 350만 명 가까이 증가했다(Suh 2019). 두 종교 간 이동, 냉담 교인의 수, 교세 과시를 위한 과장 등을 고려하더라도, 서울 인구 가운데 둘 중 하나는 교회에 발을 들여놓은 적이 있다고 볼 수 있다. 함께 이주한 씨족 네트워크, 동향 이웃과 농촌의 동창 네트워크가 이들의 1차적 사회 연결망이었다면, 교회와 반상회, 경로당은 이들의 2차적 사회 연결망이었다. 1930년대 출생 세대가 농촌에서 가져와 옮겨 심은 두레와 품앗이 네트워크는, 도시에서도 강력하게 작동하고 있었다고 봐야 한다.

벼농사에서 기원하는 1930년대생들의 '협업 문화'가 꽃을 피운 것은 아이러니하게도 사무실과 공장에서였다. 이들은 논두렁과 밭두렁에서 협력하듯 '긴밀하게' 작업 조직을 꾸렸다. 내가 다른 책*을 위해 취재했던 한 저명한 노동조합 지도자는 인터뷰 말미에 다음과 같은 이야기를 했다.

"(공장) 새마을운동이 (경제 발전의) 결정적 역할을 했어요. (작업장 내) 단위마다 소그룹 토의조가 있었지요. 우리는 생산성을 향상시키기 위해 각자 의견을 내고 발언할 기회를 가졌어요. 우리 스스로 어떻게 하면 공정을 더 효율적으로 만들지 고민하고, 비판하면서 협력했어요."

귀를 의심했다. 한국 민주노조 운동, 특히 그 전위 조직 중 하나였던 전노협(전국노동조합협의회)을 일군, 노동 해방 투사 가운데 손가락 안에 드는 지도자의 입에서 노동자들의 계급의식과 문화가 아닌, 공장 새마을운동 이야기가 나오고 있었다. 그 이야기를 하는 지도자는 어느덧 회상에 잠겨 있었다. 저임금과 착취에 저항하기 위해 노조를 조직하며 쫓겨 다니던 이야기가 작업 조직에 대한 회상으로 바뀌어 있었다. 당시 나는 비타협적·전투적 노동조합주의자 안에 숨어 있는 작은 자부심을 보았다. 비록 유신 정권의 노동 탄압에 맞서 싸웠지만, 공장 안에서의 협력과 협업의 경험 자체는 다른 차원의 것, 즉 함께 어울려 일하며 조직과 공동체의 목표를 완수했다는 '세대의 의무 완수'에 대한 자부심일 수도 있는 것이다.

이 지도자의 회상은 한국의 고도성장과 관련한 또 다른 중요

---

* Lee 2016b.

한 단서를 내포하고 있다. 박정희가 주도한 새마을운동 덕분에 이들이 효율적으로 '협업'할 수 있었는가, 아니면 효율적으로 '협업'할 줄을 이미 알고 있었기에 새마을운동이 성과를 거둔 것인가? 전자는 기존의 발전국가론 및 위대한 영도자론의 설명이고, 후자는 '벼농사 체제'론의 설명이다. 전자는 뛰어난 지도자의 영도력과 정책 덕에 가난과 무기력을 벗어던질 수 있었다는 것이고, 후자는 그럴 저력과 능력이 있던 사람들이 때가 되어(적당한 계기로 인해) 가난과 무기력에서 벗어났다는 것이다. 박정희와 박근혜의 새마을운동이 공장 노동자들에게 작업 공정을 더 효율적으로 만드는 방법을 가르쳐주진 않았다. 노동자들 스스로, 밤새 협업하며 구르다 보니 '깨우친' 것이다. 이들은 인천에서, 울산에서, 창원에서 서구와 일본이 각각 200년, 100년에 걸쳐 조금씩 축적해온 기술들을 한 세대 안에 응축시켜 이해했고, 이식했으며, 개선했다. 어디서 이런 능력이 나왔는가? 박정희가 불어넣어준 '새마을 정신'이 만들었는가, 아니면 박정희 정부 관료들이 창안했다는 '선별적 금융지원책'이 만들어냈는가?

1930년대생들이 집단적으로 참여했던 농촌과 공장의 새마을운동은 불과 7년 만에 괄목할 만한 성과를 내고, 1979년 그 창안자와 함께 역사로 사라졌다. 여러 보수 계열의 연구자들은 이를 박정희의 탁월한 영도력 덕분으로 기록한다. 특히 정부가 마을에 차별적인 등급을 부여함으로써(좌승희 2006) "한국인들의 사회적 신분과 정치적 위신"에 대한 문화적 DNA를 자극했고, 그를 통해 전국의 모든 마을과 사업장이 새로운 규범과 공공성(공공재)을 획득하고 창안하는 단계로 올라설 수 있었다는 것이다(이영훈 2016).

유신의 교과서로 초등교육을 받은 나로서는 이 새마을운동의 위상과 역할에 대해 의문을 제기할 때가 되었다. 어떻게 그토록 "친족 집단 간의 불화, 반상班常의 갈등, 남녀 차별, 도박과 음주로 무기력하게 찌들어 있었던"(이영훈 2016) 비자립적이고 무정형적이던 사회가 7년 만에 모범적인 자립 자조형 마을과 공장으로 변신할 수 있는가?『한국경제사』(2016)라는 기념비적인 저작을 남긴 이영훈 교수는 핸더슨의 '소용돌이 정치'라는 은유를 조금 변형시켜 '나선 사회'라는 개념으로 이 퍼즐을 설명하려고 한다. "고도성장을 지휘한 박정희 대통령은 마치 잘 알고 있었던 양 능숙하게 나선 사회의 짜임새와 친화적인 개발 정책을 추구하였다"(2016). 이는 한국 '사회'를 중앙집권 체제에 순응적이며 자체 동력과 자발성이 없는 비루한 신분 사회로 격하시킨 후, 능력 있는 지도자와 테크노크라트technocrat의 영도력을 격상시키는 설명이다. 내가 보기에 1930년대 혹은 그 직후 출생 세대 학자들은 이 퍼즐을 풀 수 없었다. 동아시아 사회에 깊숙이 뿌리박혀 있는 벼농사 체제와 그로부터 유래하는 사회적 협업의 하부구조를 저평가했기 때문이다.

세대의 축복,
세대의 불안

1930년대 출생 세대는 '생존의 세대'라고 이름 붙일 만하다. 이는 근래 사회과학계와 언론에서 청년 세대의 신자유주의적(혹은 신자유주의에 의해 추동된) 경쟁 문화를 개념화하기 위해 사용하는 '생존주의'(김홍중 2015)와는 —— 당연히 —— 다른 것이다. 나는 1930년대생들에게 '생존'은 (이데올로기로서의) '주의'와 접합될 수 있는 것이 아닌, 그야말로 '종의 보존 본능'에 가까운 생태학적인 것이었다고 본다.

극한 굶주림의 상황에서 생존과 더 나은 삶의 조건을 추구하는 이 세대의 전략적 사고와 단호함은 수백 수천 년 익숙하게 뿌리내렸던 농촌의 삶과 자산(벼농사 체제의 땅과 기술)을 버리고, 산업화의 물결을 타고 도시로의 대이주를 감행하도록 이끌었다. 이들은 60년대와 70년대에 걸쳐 전기, 상하수도, 홍수 방제와 같은 기본적인 도시 정비도 제대로 되어 있지 않던 서울과 인천, 부산의 산동네와 공단을 점유하면서 급속한 산업화의 물결에 올라탔다. 상업과 공업 분야 종사자를 '천직賤職'이라 여겼던 조선 사회가 일제에 의해 정리된 지 겨우 반세기 후, 한국의 기업에서는 어떻게 물건을 만들고, 팔고, 계약서를 쓰고, 대차대조표를 작성할지를 '마치 이미 알고 있었던 듯이' 수행하는 산업화 세대가 만들어졌다. 일본어를 할 줄 아는 자는 일본어 교본을 보고, 영어를 할 줄 아는 자는 영어 원서를 해독하며 공장을 설계하고, 재무 재표를 만들고, 물건을 팔기 위해 중동과 동아시아, 미국과 유럽의 시장을 뚫었다.

벼농사 체제에서 씨족 공동체의 제한된 네트워크와 제한된 토지에 투하되었던 협업 노동과 기술 축적은 자본주의적 근대화 프로젝트에 완벽하게 이식되었고, 1930년대생들은 극적으로 이 전환을 이룬 '농민공' 세대였다. 이들이 감행한 도시로의 '대이주,' 이들이 산업화의 물결에 올라타 기업을 키워내며 쌓은 소득, 연이어 강남과 경부 라인을 중심으로 이루어진 주택 개발이 거대한 중산층과 자산계급을 만들어냈음은, 동시대 모든 한국인이 알고 있는 '산업화 세대'의 성공담이다.

다음 4장에서 보다 자세히 분석할, 1930년대 출생 세대가 이룬 '자산의 최초 축적'은 이렇게 시작되었다. 이들은 기존의 농지를 대체할 도시의 토지를 필요로 했다. 조선 후기에 화전을 일궈 개간지를 늘렸듯이, 자신의 거주지를 마련한 다음에는 여윳돈과 빚을 내어 전국의 집과 토지를 빠르게 사들였다. 급속한 산업화로 인해 기업이 팽창하는 속도만큼 가계의 소득도 증가했고, 이들의 자산 투자는 대를 이어 상속될 가문의 '자산'과 '안전망'을 마련하기 위함이었다. 이들은 자본주의적 근대화의 첫 세대답게, 자산이 자산을 낳는 자본주의의 법칙을 빠르게 익히고 실행했고, 그 수혜 또한 온전히 그들(과 그 자식들)의 것이었다. 발전국가의 모든 구성원이 ─ 국가 관료제 내부의 엘리트들을 포함한 ─ '협업 속의 경쟁'을 내면화하고 있었으며, 그 과실은 씨족 공동체, 더 좁게는 소농 경제의 직계가족 내부에서만 공유되었다.

1930년대 출생 세대의 축복은 자산 축적의 '기회'로만 끝나지 않았다. 이들이 집단적으로 은퇴를 눈앞에 둔 90년대 말, 한국 사회는 미증유의 경제 위기를 겪는다. 40년 가까이 지속되던 보수 정권이 무너졌으며, 정권 교체와 함께 금융 위기를 극복하기 위한 노사정 대타협이 추진됐다. 민주노총과 한국노총 지도부는 정리 해고 및 근로자파견법과, 전교조 합법화 및 건강보험 통합을 교환하는 합의서에 서명했다. 이로써 한국 사회의 노동시장을 근본적으로 뒤흔들 '파견법'이 통과되었지만, 전 국민은 값싸고 질 좋은 의료 서비스의 혜택을 누릴 수 있게 되었다.

세대론의 관점에서 이 건강보험 통합의 최대 수혜자는 1930년대생들이다. 이들은 이제 막 노동시장에서 퇴출되거나 은퇴를 앞두고 있었으며, 전통 사회의 기준에서 '노인'으로 분류되는 60대에 진입하고 있었다. 이후 20년간 이 세대의 다수는 '살아남았다.' 의료 지식이 광범위하게 보급되어 담배, 술, 육류와 같이 '몸에 해로운' 것들을 자제하는 생활습관을 몸에 익힌 탓도 있지만, 가장 직접적인 '장수'의 원인은 사회보험으로 지탱되는 값싸고 질 좋은 의료 서비스가 이들을 돌보았기 때문이다. 1930년대생의 다수는 이전 세대에게 '예외'로 여겨졌던 80대에 진입했으며, 이 세대의 상당수가 90대까지 살 수 있을 것으로 보인다.

불평등의 세대

장수는 모든 인류와 생명체의 꿈이자 본능이다. 1930년대 출생 세대는 전쟁의 참화를 견뎌내며 근대화와 경제 번영이라는 과업을 집단적으로 달성했을 뿐만 아니라, 노년 진입과 함께 도입된 보편적 의료보장제도 덕분에 극적으로 수명을 연장시킬 수 있었던 첫번째 '장수 세대'다. 이 세대(예를 들어 중위값인 1935년생)가 70대 초·중반에 접어든 2008년에는 장기요양보험제도가 실시되어 수발과 간병이 필요한 노인 세대를 위한 안전망이 확보되었다. 2013년에는 4대중증질환의 보장성이 강화되어 의료비를 대폭 줄여주었으며, 이 세대가 80대에 진입한 2017년에는 치매국가책임제가 도입되었다. 마치 한국의 건강보험제도는 이 세대가 그 제도를 가장 필요로 하는 시점에 맞추어 설계되었다고 해도 과언이 아니다. 산업화와 자산 폭발이라는 '세대의 기회'*를 40~50대에 맞이하며 '최초로 자산 축적'을 이룬 이들은, '장수'의 꿈까지 이룬 드문 세대인 것이다.

　　문제는 이 세대가 '연금' 혜택에서 소외된 '마지막 세대'라는

---

*　나는 '부동산 폭등'이라는 '사건'과 그로 인한 경제적 이익을 집단적으로 향유하며 다른 세대와 구별되는 자산 형성 및 축적에 성공 혹은 실패한 기억을 공유하는 1930년대생들 또한 '부동산 세대'라 칭할 수 있다고 본다. '부동산 폭등'이라는 사건의 긍정적 결과를 이 세대 구성원 전체가 향유한 것은 아니지만, 그 기회를 다른 세대에 비해 동시에 누렸다는 점에서 나는 이를 '세대의 기회'라고 명명한다. '세대' 개념을 구성하는 가장 중요한 요소는 특정 사회에서 특정 연령대의 사람들이 특정한 주요 사건(자연적 격변, 경제적 위기, 정치적 혁명이나 민주화) 및 그와 연관된 사회화 과정을 동시에 겪음으로써 형성되는 '각인된 기억'과 그에 기반하여 형성된 네트워크이기 때문이다.

점이다. 1930년대 출생 세대는 2007년 기초노령연금이 도입되기 이전까지는 경로수당 몇만 원 외에 국가로부터 아무런 복지수당을 받지 못했다. 공적 연금을 갖고 있지 못한 이 세대는 90년대 후반부터 노동시장에서 퇴출됨과 동시에 소득이 전혀 없는 상황에 직면했다. 자녀로부터 부양을 받는 경우는 그나마 다행이지만, 이 세대의 자녀들(386세대와 1970년대 출생 세대)은 (불행히도) 노인 부모에 대한 생활비를 줄이기 시작한 첫 세대다. 따라서 이들은 한국뿐 아니라 세계 역사에서 전무후무한 노인 빈곤율(45퍼센트)을 경험하고 있는 세대이기도 하다. 부동산 투자로 재미를 보지 못한 이 세대 농민공들의 상당수는 벌어놓은 돈이 떨어지고 나면 자식과 국가밖에 의지할 곳이 없는 것이다.

세대의 분화와
불평등의 출현

이제까지 1930년대 출생 세대를 마치 하나의 정체성을 공유한 집단처럼 묘사해왔다. 모든 세대가 그렇고 모든 세대론이 그렇듯이, '세대'라는 표현을 쓰는 순간 당연하게도 그 내부의 변이는 가려진다. 이것이 (계급론자들이 이야기하는, 계급의 중요성을 가리는) '착시'는 아니지만, 그렇다고 해서 세대가 가장 강력한 정체성인 것도 아니다. 세대는 정체성을 분류하는 중요한 기준 가운데 하나일 뿐이다.

산업화 세대 내부에는 엄청난 불평등이 존재한다. 벼농사 체제의 기억과 기술을 몸과 마음에 각인한 채 상경한 첫 세대라고 했을 때 이야기되지 않은 것은, 이들이 농촌의 신분적 위계 또한 지닌 채로 상경했다는 점이다. 이들이 농촌 사회에서 몸과 마음에 품고 상경한 신분적 위계 표시는 두 가지다. 하나는 반상제의 기억이고, 다른 하나는 학벌이다.

반상제의 흔적은 씨족 공동체가 남아 있는 농촌에서 80년대까지도 잔존했다는 연구 결과들이 있다(강성복 1992). 해방 시기에도 농촌에는 머슴을 부리던 양반 가문들이 꽤 많이 남아 있었음을 볼 때 놀랄 일은 아니다. 하지만 도시에서 누가 양반이고 누가 상민인지 알 도리가 없다. 반상제의 기억을 갖고 인구의 다수가 양반임을 자부하는 (마찬가지 논리로 양반이 아니었음을 숨겨야 하는) 이 세대에게 그 유일한 지표는 교육이었다. 일제가 확장시킨 보통교육의 수혜는 〈그림3-1〉과 〈그림3-2〉를 보면 명확히 드러난다.* 1993년 당시 임금노동자들 중(〈그림3-1〉), 1925~1929년생에 비해 1935~1939년생들의 중등 및 고등학교 졸업 비율은

---

* 이 그림들은 1990년대 초반 자료이기 때문에 1930년대생들의 경우 이미 60대에 진입하기 시작했다. 교육 수준이 높을수록 소득과 기대 수명 또한 높은 것을 고려할 때, 교육 수준이 낮은 응답자가 과소 대표되었을 가능성이 높다. 80대까지 살아남는 비율 또한 교육 수준이 높을수록 더 높다.

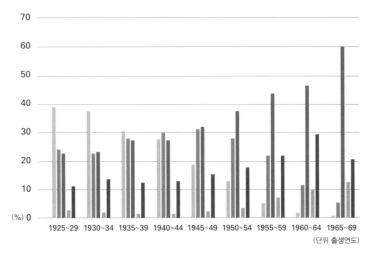

국졸 ■ 중졸 ■ 고졸 ■ 전문대졸 ■대졸

그림3-1 임금노동자 세대별 교육 수준
※자료: 임금구조 기본조사 1993

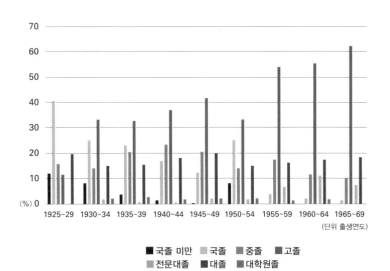

■ 국졸 미만 ■ 국졸 ■ 중졸 ■ 고졸
■ 전문대졸 ■ 대졸 ■ 대학원졸

그림3-2 가구주 세대별 교육 수준
※ 자료: 가계동향조사 1990

10퍼센트 가까이 더 높다. 1990년 당시 가구주들 중(〈그림3-2〉) 1925~1929년생들의 40퍼센트 이상이 국졸이었지만, 1935~1939년생의 경우 그 비율이 22퍼센트로 줄어들었다. 1935~1939년생 가구주의 50퍼센트는 고졸(33퍼센트) 혹은 전문대 이상 대졸자(17퍼센트)였다. 일제 말기 초등교육의 수혜를 입은 세대가 해방과 함께 중등 및 고등 교육이 확장되면서 그대로 상급학교에 진학했기 때문이다.*

1930년대 출생 세대는 이 학위를 세대 내의 신분이자 자격증으로 취급했다. 양로원이나 경로당에서조차 학벌을 기준으로 무리를 짓는 이들의 행위 양식은 바로 이러한 연유에서 비롯된다. 반상제의 유산을 몸에 지닌 채로 상경한 이 세대가 도시에서 신분을 과시하는 유일한 수단이 학벌이었던 것이다. 이 세대 내에서 (가구주 기준) 10여 퍼센트가 넘는 수의 대학 학위 소지자들은 기업과 관료 조직의 상층부에서 고급 정보를 나누고, 고소득을 누리며, 은퇴 시기까지 높은 수준의 자산을 축적했다. 이들이 도시로 진출해 사무실과 공장에 직장을 잡던 시기, 한국 사회의 불평등은 폭발한다. 조세희가 『난장이가 쏘아 올린 작은 공』에서 그려낸 70년대 도시의 불평등이 확대되는 경향은 〈그림3-3〉(타원 부분)을 보면 명확히 드러난다. 비슷한 시기에 공업화의 시동을 걸었던 대만과 달리, 한국은 몇몇 재벌과 대기업 위주의 공업화를 통해 불

---

* 〈그림3-1〉의 임금구조 기본조사의 경우, 임금노동자만을 대상으로 했기 때문에 이미 은퇴한 후 자영업에 들어선 인구는 포함되지 않았다.

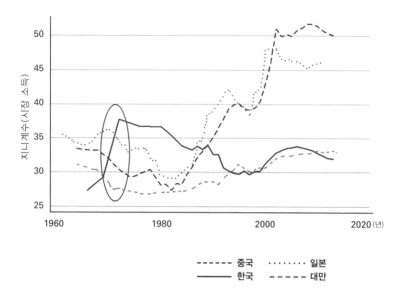

60~70년대 대기업 위주 발전 및
급속한 도시화로 인한 불평등 상승

중국
한국
일본
대만

그림3-3 동아시아 4국의 근대화 과정에서의 불평등 추이

나의 출간 예정 논문, "Inequality, Democracy, and the Welfare States in East Asia: Towards a new theoretical proposal to analyse the politics of redistribution." *In Park and Uslaner eds. Inequality and Democratic Politics in East Asia.* forthcoming in 2019. London: Routledge.

※ 자료: Solt 2016

평등을 '조장하는' 산업화의 길을 걸었고, 그 여파로 70년대에 불평등은 수직에 가깝게 치솟는다. 단기간에 치솟은 불평등으로는 중국과 일본이 80년대 말과 2000년대에 비슷한 길을 걸을 때까지 한국의 불평등은 동아시아 최고 수준을 유지했다. 이 시기 급속한 산업화로 인해 팽창한 경제 성장의 수혜는 대기업 종사자, 대기업 위주의 산업화와 각종 부동산 개발 정보를 미리 알고 이를 공유한 관료, 정치인, 언론 종사자 그리고 이들과 학연·지연·혈연으로 연결된 자들에게 돌아갔다.

학위에 따른 세대 내부의 소득 격차는 〈그림3-4〉에서 확연히 드러난다. 산업화 코어 세대인 1930년대생들과 바로 그 앞뒤 세대들(1925~1929, 1940~1944년 출생)의 대학 학위 소지자들과 비소지자들의 은퇴 시기 소득(가구원 수로 균등화된) 추이는 학위를 갖고 있느냐의 여부에 따라 상층과 하층이 확연히 갈린다. 1990년 당시의 대학 학위 소지자들은 (이미 은퇴 연령이 지난 1925~1929년생을 제외하고는) 평균 200만 원 정도의 월 소득을 올리며 은퇴를 준비하고 있었다. 반면, 학위 비소지자들은 80만 원(1925~1929년생)에서 140만 원(1935~1939년생) 정도의 월 소득으로 노후 준비를 하고 있었다. 1925~1929년 출생 세대는 같은 수준의 학위를 가지고도 1930년대생들과 그 이후 세대들에 비해 소득수준이 확연히 낮다. 이미 은퇴 연령이 지나 퇴직금과 약간의 자산 외에는 소득을 창출할 방도가 없는 탓에 계속해서 소득이 줄어들 수밖에 없기 때문이다. 은퇴 후 70대에 들어서면서

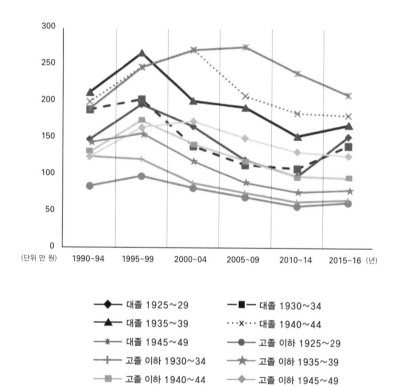

300

250

200

150

100

50

0

(단위 만 원) 1990~94   1995~99   2000~04   2005~09   2010~14   2015~16 (년)

◆ 대졸 1925~29   ■ 대졸 1930~34

▲ 대졸 1935~39   ···x··· 대졸 1940~44

─*─ 대졸 1945~49   ● 고졸 이하 1925~29

─┼─ 고졸 이하 1930~34   ─★─ 고졸 이하 1935~39

─■─ 고졸 이하 1940~44   ─◆─ 고졸 이하 1945~49

그림3-4 산업화 세대 출생 시기별 은퇴 시점 소득 추이
4년제 대학 학위 기준
※ 자료: 가계동향조사 가구 소득 1990~2016

부터 소득이 줄어드는 경향은 다른 세대들에서도 마찬가지로 되풀이된다. 오늘날, 연금이 전혀 쌓이지 않은 이 세대 내부의 자산 불평등(자산 지니계수)은 0.7에 가까우며, 20대를 제외하고는 다른 어느 세대보다도 높다(4장 참조). 엄청나게 많은 자산을 축적하여 상속과 절세를 고민해야 하는 상위 10퍼센트와, 자산을 쪼개 소비로 사용하고 몇 푼 안 되는 기초연금에 의지해 연명해야 하는 90퍼센트의 하위 은퇴 세대 사이에서 발생하는 자산 불평등은 (다음 4장에서 더 논의하겠지만) 70~80년대 폭발적 경제성장기에 태동된 것이다.

그렇다면, 이 세대 내부의 자산 불평등은 그 세대만의 문제로 끝날 것인가? 그 대답은 오늘을 살고 있는 한국인이라면 누구든 알고 있을 것이다. 한국 사회에서 최초로 자산을 축적한 1930년대 세대의 불평등은 다음 세대, 그다음 세대로 계속 대물림될 것이다.

나가며
불평등의 시원 축적 세대

다시 세대론으로 돌아와보자. 1930년대생들은 동아시아 벼농사 체제에 기반한 '협업의 네트워크'를 직접 경험한 마지막 세대였다. 이들의 도시 이주와 함께 산업화가 시작되었고, 이들의 주거지를 마련하고자 도시 개발이 진행되자 부동산 투기 붐이 일었다. 이들은 동네에서는 마을 네트워크를, 직장에서는 협업 네트워크를 건설했는데, 그것은 농촌 공동체의 것과 크게 다르지 않았다. 일제와 미군정기의 보통(보편)교육 체제를 통해 근대의 지식을 습득한 이 세대에게 일본과 미국의 매뉴얼들을 가져와 읽고 필요한 기술을 습득하는 것은 그리 어려운 일이 아니었다. 식민지 시기와 전쟁을 겪으며 강한 민족주의와 반공주의로 무장한 이 세대에게, 반공과 극일을 부르짖으며 '반공 규율 사회'(조희연 1998)를 건설하여 '잘 살아보자'라고 외치는 지도자를 세우는 것은 자연스러운 일이었을 것이다. 이 세대에게 중요한 것은 자기 손으로 지도자를 뽑는 '민주주의'의 제도적 절차성이 아니라, '제대로 국가와 회사(마을)'를 운영하는 믿을 만한 지도력을 가진 '어른'이었다. 이들은 발전국가를 오랫동안 목마르게 기다렸던 것이다.

1930년대 출생 세대의 근대화 과업에서 '민주주의'는 상대적으로 부차적인 것이었다. '광주'에 분노한 그 자식 세대가 이들을 계도·설득하고 저항할 때까지도 이들 상당수는 민주주의의 회복에 그리 열정적이지 않았다. 민주화가 진행되고 있을 때에도, 상당수의 마음속에는 광주에서 학살을 자행한 신군부에 대한 분노와 총탄에 가버린 발전국가의 입안자에 대한 향수가 뒤얽혀 있었다. 〈그림3-5〉와 〈그림3-6〉은 이들의 절반에 가까운 수가 60대에 맞이한 민주화와 정권 교체기(1996~2001년)에 여전히 '강한 지도자'를 그리워하고 있고, 민주주의는 우유부단하고 쓸데없는 갈등을 유발하는 경향이 있다고 믿고 있었음을 보여준다.

이 세대는 불평등에 익숙한 세대다. 벼농사 체제는 신분제 질서에서 벗어난 것이 아니었다. 이들은 신분제에 대한 경험과 기억을 그대로 지닌 채 상경했다. 도시에서의 성공을 향한 경쟁과 질주는 이전의 신분을 유지·회복하거나, 도시에서의 성공으로 만회하려는 노력에 다름 아니었다. 이들이 다음 세대에게 전수한 교육과 자산 투자, 그로부터의 결실이 거시 구조 수준에서는 신분제의 도시적 재생산이었으며, 개인 수준에서는 신분제의 상층을 점유하기 위한 게임이었던 것이다. 농촌의 기억을 가지고 있는 소농 출신 1세대 도시인은 그렇게 땅뙈기를 늘리듯 아파트를 사들였고, 과거에 급제자를 낼 목적으로 자식들을 입시 경쟁으로 밀어넣었다. 전자는 가문의 생존보장책이었으며, 후자는 다음 세대의 입신양명책이었다. 이들은 전자를 '개간'이라, 후자를 '자식 농사'라고 명명했다. 이 세대는 다른 어떤 세대보다 일하지 않는 자는 게으르다고 믿는 비율이 높고, 열심히 일하면 성공할 수 있다는 믿음이 높았으며, 불평등을 당연시하는 인구 비율이 높은 세대였다.* 부지런한 자가 가을에 더 많은 수확을 거두는 것이 당연하다

---

* 근거는 동일한 자료인 World Values Surveys다(그래프는 생략한다). 예를 들어 1990년 당시 다른 세대의 경우, 열심히 일하면 성공할 수 있다고 믿는 비율이 70~75퍼센트에 머물렀지만, 이 세대는 85퍼센트에 이르는 응답자기 근면=성공이라는 공식을 믿고 있었다.

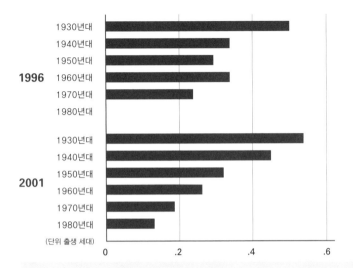

그림3-5　세대별 강한 지도자 희구 정도의 차이
　"의회와 선거에 신경 쓰지 않는 정치적으로 강한 지도자를 갖는 것"에 대하여
　'강한 찬성'과 '찬성'을 1, '강한 반대'와 '반대'를 0으로 입력하여 계산한 세대별
　평균값 ※ 자료: World Values Surveys 1996, 2001

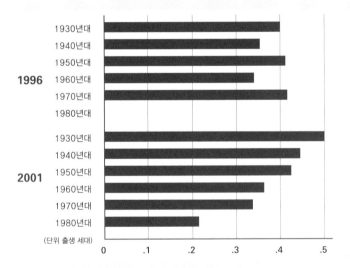

그림3-6　세대별 민주주의의 우유부단함에 대한 동의 차이
　"민주주의는 우유부단하며 쓸데없는 갈등을 유발한다"라는 진술에 대하여 '강
　한 찬성'과 '찬성'을 1, '강한 반대'와 '반대'를 0으로 입력하여 계산한 세대별
　평균값 ※ 자료: World Values Surveys 1996, 2001

는 자연의 섭리를 몸속 깊숙이 각인한 소농 세대니, 더 부지런히 일한 자가 더 많은 보상을 받는 냉혹한 시장 경쟁의 원리 또한 받아들이기 쉬웠던 세대다. 따라서 이들에게 시장에 의한 불평등한 보상은 개인별로 불균등하게 투여된 노동량의 정당한 대가일 뿐인 것이다. 어찌 보면, 이 세대에게는 평등이 아니라 불평등이 더 정의로운 것이었다.

이 세대는 앞으로 10여 년간 자신들의 소명 ── 가문과 씨족의 번영 ── 을 다하고 생물학적으로 이 땅에서 퇴장할 것이다. 이 세대의 다수가 땅에 묻히면 그 '유산'도 함께 사라질 것인가? 물론 아니다. 한 세대는 그 이전 세대로부터 받은 것들을 최대한 활용하여 생존하고, 남은 것들을 자신들의 생존의 기술과 함께 다음 세대로 이전시키고 사라진다. 인류는 그렇게 생존해왔다. 1930년대에 태어나 대한민국을 생존시키고 스스로를 생존시킨 이 생존의 세대는 우리에게, 오늘의 청장년 세대에게 무엇을 남기고 가는가? 많은 답이 있지만, 그중 하나는 '자산 불평등'이다.

4장

세대 간 자산 이전과 세대 내 불평등의 확대

자산 불평등*

* 이 장은 이철승·정준호(2018)의 「세대 간 자산 이전과 세대 내 불평등의 증대, 1990~2016」의 일부(서론 및 경향 분석)를 이 책의 주제에 맞게 수정·보완한 것이다. 사용된 자산 관련 자료들의 가능성과 한계에 대한 자세한 설명은 논문을 참조하라.

Q.

한국 사회에서 '세대 간
자산의 불균등한 형성'은
어떤 불평등 구조를
만들었는가?

자산의 대물림과 소득의 대물림 중 어느 것이 더 쉬울까? 혹은 자산의 대물림과 교육의 대물림 중 어느 것이 더 쉬울까? 둘다 우문이다. 자산의 대물림이 훨씬 쉽다. 부모가 자식에게 그냥 주면 된다. 자산은 어느 정도 쌓이고 그 운용 방법을 터득한 자에게 안정적인 소득도 보장한다. 자산의 대물림은 학위를 취득하여 교육 자본을 축적하는 번거로운 과정을 거치지 않아도 된다. 물론 한국 사회의 엘리트는 이 둘 다를 추구한다. 이 둘을 모두 추구하는 엘리트들이 모여 살며 자산과 교육 자본을 증식하기 위한 기예를 배우고 전수하는 곳이 서울의 강남이다. 오늘도 한국인들은 그 기예를 습득하고자, 자식들에게 그 기예를 전수하고자 강남을 바라본다. 교육 자본의 습득은 복제가 가능하다. 목동과 상계동이 대치동의 대체재로 부상하는 이유다. 하지만 강남 3구라는 성곽은 대체재가 없다 — 적어도 한국 사회에서는. 진입하는 자와 진입하지 못하는 자로 나뉠 뿐이다. '부동산'이 계급을 가르는 가장 확실한 표식이 되는 것이다. 진입하지 못한 자에게 자산 불평등만큼 속을 긁는 주제는 없다. 하지만 진입한 자 입장에서는 자산 불평등만큼 자존심을 고양시키는 주제도 없다.

　　1997년 이후 소득 불평등의 증가와 관련한 토론과 연구는 어느 때보다 활발하다. 소득 불평등의 원인으로는 IMF 금융 위기와 더불어 한국 사회에 상륙한 신자유주의적 노동 유연화의 물결, 기술 발전, 세계화된 시장에서 승승장구하는 대기업 부문과 여타 부문 간의 격차, 고령화와 일인 가구의 폭증, 여성의 노동시장 참여, 복지 체제의 저발전 등 수많은 요인이 제시되었다. 하지만 한 세대의 '자산'이 어떻게 축적되었고, 그 자산이 증여와 상속을 통해 아랫세대로 '이전'되어 발생하는 '자산 불평등'에 관한 연구는 찾아보기 힘들다. 젊은이들의 SNS와 일상 담론에서 '금수저' 대 '흙수저'에 대한 푸념이 차고 넘치는데 경제적 불평등의 핵중의 핵인 자산 불평등이 어떻게 형성되고, 그것이 아랫세대로 어떻게 이전되는지, 그리고 그 이전으로 인해 한국 사회의 불평등 구조가 어떻게 변화하는지에 대해 우리는 아는 바가 별로 없다.

언제, 어떻게, 왜 자산 불평등이 증가하고 있는가? 어느 사회 집단이 자산 증식의 수혜자인가? 자산의 불평등한 축적과 다음 세대로의 이전은 세대 간 불평등과 세대 내 불평등에 어떤 영향을 끼쳐왔는가? 산업화 세대와 386세대는 자산 축적과 자산의 불평등 구조에 어떤 역할을 담당했는가? 급증하는 자산 불평등은 여타 불평등과 노동시장, 복지 체제에 어떤 영향을 끼칠 것인가? 정치권력과 시장권력을 접수한 386세대는 자산 축적에서까지 성공할 것인가? 놀랍게도 우리는 이 질문들에 대한 답을 모른다. 묻지 않았으니 답이 존재할 리 없다. 이제 그 답들을 찾아 나서보자.

소득 불평등과
자산 불평등

한국의 자산 불평등은 미국, 일본을 비롯한 여타 선진국에 비해 높은 수준은 아니다(전병유·정준호 2014; Davies et al. 2011).[*] 자산이 축적되어온 시간이 아직은 여타 선진국에 비해 짧은 탓이다. 하지만 한국인들은 급속한 경제성장과 그 과정에서 짧은 기간 동안 형성된 '자산 불평등'에 대해 다른 어느 나라보다 민감하게 반응한다. 급속도로 형성된 만큼, 한 세대 내에 자산 증식에 성공한 자들과 그렇지 못한 자들이 나뉜다. 똑같은 노동을 했음에도 집을 어디에 장만했는지에 따라 자산 보유량이 억대 이상 차이가 나니, 자산 가격의 불균등한 상승에 민감하지 않을 사람은 없다. 앞서 이야기한 벼농사 체제에서 기원하는, 네트워크 내부와 외부를 가로지르는 '비교'의 문화는 자산 축적의 성공담을 빠르게 실어 나르며 추격전을 부추긴다. 한집안 안에서도, 친구 집단 안에서도, 직장 안에서도 10년치, 아니 20년치 월급만큼 집값 상승 혜택을 받는 자들과 그렇지 못한 자들이 나뉘니 후자는 분노할 수밖에 없는 것이다. 이는 '질시'의 문제를 넘어 '공정성'과 '형평성'

---

[*] 2016년 자산 지니계수는 0.59다(장영은 외 2017). 미국의 자산 불평등 수준은 매우 높으며(0.801), 우리와 비슷한 배경을 가진 일본은 우리보다 약간 낮은 수준이다(0.547).

의 문제이기 때문이다. 수억씩 뛰는 친구 친지의 아파트값과 오르지 않는 내 아파트값을 비교하며 배가 아프지 않을 사람은 없다.

하지만 이처럼 '남이 하니 나도 하는' 투자가 부동산 투기 열풍을 전부 설명할 수는 없다. 보통 사람, 즉 중산층 서민의 입장에서 자산을 증식해야 할 필요성은 사회안전망의 부재(1930년대 및 그 이전 출생 세대의 경우)와 부족 때문이다. 소득의 15~20퍼센트를 공적 연금에 투여하는 다른 선진국과 달리, 산업화 코어 세대는 연금이 전무한 채로 노후를 계획해야 했다. 이들은 퇴직금과 저축을 부동산과 금융자산을 통해 운용함으로써 '알아서' 은퇴 이후를 계획해야 했던 세대다. 이 세대의 다수는 '연금'이 무엇인지 정확히 알지 못한 채 퇴직금을 싸들고 치킨 가게를 차릴지, 주식에 투자할지 전전긍긍하며 여생을 보냈다. 따라서 자산 투자는 자신들의 노후와 자식 세대의 안정적인 성장을 위해 필수적인 행위이기도 했다. 국가가 안전망 제공의 의무를 방기한 사이, 개인은 스스로를 책임져야만 했던 것이다. 고령화 사회의 노인들은 30~40년을 일한 노동 소득으로 은퇴 후 그보다 더 오랜 세월을 버텨야 한다. 자산을 쌓아놓지 않았거나 쌓아놓은 자산을 운용할 줄 모르면, 어느 순간 빈곤에 노출될 수밖에 없다. 산업화 세대에게 자산 투자와 운용은 생존의 문제였던 것이다.

자산 축적의 또 다른 동인動因은 상속 욕구다. '소득'을 아랫세대로 물려주는(소득의 재생산) 과정은 각각의 개인들에게 만만치 않은 노력과 투자를 요구한다. 교육(학벌)과 직업을 자식 세대로 대물림하기 위한 '전승' 과정이 인간 생애의 절반 혹은 그 이상에 걸쳐 일어날뿐더러, 심지어는 부모의 사회·경제적 지위를 공유하는 한집안 안에서도 부모 세대의 소득과 직업을 반복하지 않는 이상異常 사례들은 속출한다. 오빠는, 형은 명문대를 졸업하고 대기업 또는 공기업에 취직해 안정적인 삶을 누리지만 누이는, 동생은 젊은 시절부터 자영업과 비정규직을 오가며 부모보다 못한 사회·경제적 지위로 떨어지는 경우들이다.

이에 비해 자산을 아랫세대로 '이전'하는 것은 훨씬 간단하다. 증여와 상속은 국가라는 세금 부과 주체와의 쫓고 쫓기는 '게임'일 뿐이다. 증여세와 상속세를 부과해 국가가 일정 부분을 국고로 귀속시킨다고 하더라도, 자산의 상당 부분은 아랫세대로 직접 이전된다. 자산은 현 세대의 노후 보장 수단일 뿐만 아니라 다음 세대의 복지를 위한 '세대 간 안전망' 역할을 하는 것이다. 이 때문에 사회안전망이 부실한 나라들에서는 자산을 축적하고 그 것을 아랫세대로 이전하는 행위가 시민사회의 '윤리'로 등극하게 된다. 물론 복지가 발전되지 못한 나라에서는 자산이 전승되는 만큼, 빈곤도 대물림된다. 불평등과 빈곤이 자산의 세대 간 이전을 통해 '구조화'되는 것이다.

나는 70년대부터 시작된 한국 사회의 자산 축적이 지난 40년에 걸쳐 산업화 세대인 부모 세대로부터 386 및 포스트 386세대의 자식 및 손주 세대로 대물림되며, 오늘날의 자산 불평등 구조를 탄생시킨 과정에 주목한다. 산업화 세대가 경제개발과 연동된 도시화, 경부 라인 중심의 산업화, 강남 개발 등과 같은 한국 경제의 최초 축적을 이룩한 순간에 함께 열차에 동승하여 소득 향상과 자산 축적의 혜택을 누렸다면, 이 세대가 다음 세대에게 이전한 자산은 오늘날 청년 및 중년 세대 내부의 자산 불평등을 극적으로 증대시켰다.

자산을 축적하기 위해 요구되는 '정보'는 세대 내의 네트워크를 따라 움직이기 때문에 특정 시기, 특정 국면에 그 기회를 집단적으로 포착한 세대에게 혜택이 돌아가기 마련이다. 따라서 특정 시기에 일어난 부동산 시장의 폭등은 특정 세대에게 불균형적이고 불비례적인 기회를 제공한다. 예를 들어, 강남 개발의 수혜는 당시 강남으로 '이주할 수 있는 여력'은 있되 강북에 큰 자산이 '묶여 있지 않았던' 40대 산업화 세대(1930년대 혹은 그 전후 출생)에게 일확천금의 '기회'를 안겨주었다. 2005~2006년 서울과 인근 지역의 부동산 폭등은 이미 강남과 주변 신도시에 자산 투자를 완료한 산업화 세대뿐 아니라, 90년대 경제성장기에 소득을 축적한 386세대를 자산계급의 일원으로 초대하는 계기가 되었다. 반면, 이 시기를 놓친 그 주변 세대(또한 산업화 세대 내부의 하층)는 자연스럽게 자산 시장이 계층화되는 과정에서 하위 구간으로 밀려나게 된다. 예를 들어 1997~1998년 금융 위기 와중에 취업이 지연되고, 따라서 소득을 축적할 기간이 짧았던 1970년대 출생 세대의 상당수는 2006년 부동산 시장의 폭등에 올라탈 여력을 — 적어도 독자적으로는 — 가질 수 없었다.

불평등의 세대

따라서 부동산 시장의 주기적인 폭등과 폭락은 특정 세대에게 자산계급으로 등극할 보다 큰 기회를, 다른 세대에게는 상대적 박탈감을 양산하게 된다. 나는 이러한 경제의 주기적 위기와 부동산 경기의 주기적 폭등에, 각 세대가 불균등하게 노출되면서 세대 간 자산 불평등이 증가했다고 가정한다. 부동산 시장의 폭등과 폭락 국면에서 특정 세대는 그 내부의 비공식적 네트워크, 다시 말해 친구, 친지, 동문 등 연고 집단의 연결망을 통해 부동산 시장의 향배와 가치에 관한 정보를 교환하게 된다. 시장에서의 행위자는 자신들이 속해 있는 비공식적 연결망을 통해 이 정보들을 물어 나른다. 70년대 후반 서울의 강남을 중심으로 형성되었던 자산 시장과 90년대 초·중반 및 2000년대 중반 서울과 인근 수도권, 경부 라인을 따라 폭등했던 자산 시장에서, 각 세대들은 '동년배' 네트워크를 통해 정보를 교환하고 가족과 친지를 통해 자원을 동원했다. 지난 40년에 걸쳐 형성된 자산 시장의 계층화는 '가족주의'라는 씨줄과 '세대 동년배 네트워크'라는 날줄로 엮인 한국인들이 '사적 복지 체제'(윤홍식 2017)를 마련하고, 이를 다음 세대로 대물림하기 위해 쟁투하는 과정에 다름 아니었다.

　　바로 이 과정에서 세대 엘리트가 만들어진다. 세대 엘리트 네트워크는 세대의 기회를 이용해 창출한 권력 자원과 부를, 증여와 상속을 통해 자식 세대로 대물림한다. 세대 엘리트는 그것이 만들어지는 순간에는 세내 내의 불평등과 세대 간의 불평등을 증가시킨다. 더불어, 세대 엘리트가 다음 세대로 상속을 완료한 후에는 자식 세대 내부의 불평등 또한 증대시킨다. 산업화 세대 내부에서 자산 투자에 성공한 세대 엘리트들이 다음 세대에서까지 자산 불평등을 만들어내는 과정을 들여다보자.

산업화 세대의
자산 형성 및 이전 전략

　조세희의 소설 『난장이가 쏘아 올린 작은 공』에는 (영희의 입을 빌려) 까만 승용차를 몰며 재개발 지구의 아파트 입주권을 헐값에 사 모으는 '큰손' 부동산 업자가 등장한다. 입주권을 사려고 동사무소 주위를 북적이는 거간꾼도 등장하고, 어떻게든 입주권을 조금이라도 깎아 구해보려는 강남의 복부인도 등장한다. 이 소설에 등장하는 업자, 거간꾼, 복부인 들이 산업화 코어 세대인 1930년대생들 중 70~80년대 부동산 투자에 성공하여 오늘날 우리 사회의 상층 자산계급을 구성한 이들이다. 작가는 이 투기 광풍 속에서 벌어지는 부조리를 도시 빈민 노동자의 시각으로 가슴 아프게 전달한다. 70~80년대에 형성된 자산 빈곤계급이 강남에서 밀려나는 과정을 묘사한 내용을 따라가다 보면, 한국 자본주의의 승자와 패자가 갈리는 과정이 너무나 건조하게, 하지만 처절하게 펼쳐진다. 그런데 이 광풍에 참여한 세대의 승자들과 수혜자들에 대해서 우리는 얼마나 아는가? 그들은 누구고, 어떻게 자산을 형성했는가? 그들의 전략은 무엇이었고, 그로 인한 결과는 무엇인가? 산업화 세대가 축적한 자산 불평등이라는 유산이 오늘날 한국 사회를 어떻게 구조화했는지를 해명하려면, 우리는 이러한 기본적인 질문부터 다시 물어야 한다.

70년대 중·후반에 최초로 자산을 형성하기 위해 뛰어든 산업화 세대가 당시 축적한 자산이 어느 정도 규모인지, 현재 가용 가능한 자료만으로는 정확한 수치를 알기 힘들다. 하지만 정부의 통계자료에 '자산 이전'과 '자산 처분'에 대한 지난 30년간의 기록은 (당연히 과소 보고되었겠지만) 일부나마 남아 있다. 이 기록을 바탕으로 산업화 세대가 '이미' 축적한 자산을 오늘날까지 어떻게 다음 세대로 이전했는지를 파악해보자.

왜, 언제 사람들은 '자산'을 '처분'하는가? 경제학자들은 이러한 결정에 '선호preference'가 개입된다고 가정한다. 첫째, 앞서 이야기한 소비 및 부채 탕감을 위해, 다시 말해 사적 자구책 차원에서 자산을 처분(사적 복지)한다(Lennartz & Ronald 2017). 소득이 끊기면 가지고 있는 자산을 팔 수밖에 없기 때문이다. 둘째, 아랫세대로 자산을 대물림하기 위해 현금화할 필요에서 자산을 처분한다. 상속 시 발생하는 과도한 세금을 피하고자 자산을 현금화한 다음, 조금씩 분산하여 증여하고자 하는 것이다(Page 2003). 셋째, 미래에 더 높은 수익이 예상되는 자산으로 포트폴리오를 재구성하는 경우다(Suari-Andreu et al. 2018).

첫째 경우는 소규모 자산만을 보유한 채 은퇴와 동시에 소득 없는 노후에 돌입하게 되는, 다수의 산업화 세대가 직면했던 상황이다. 공적 연금과 같은 사회안전망이 제대로 갖춰지지 않았던 1930년대 출생 세대에게 약간의 퇴직금과 (부동산 투자를 통해 형성한) 약간의 자산은 자식 세대로부터 받는 부양을 제외하고는 노후 생계를 위한 유일한 버팀목이었다. 둘째와 셋째 경우로 인한 자산 처분은 은퇴 후 노후를 위해 마련해둔 자산을 제외하고도, 다음 세대로 물려줄 만큼 '충분한' 여유 자산이 있는 상층 자산계급의 상황이다. 상층 자산계급은 자산의 활용, 즉 자산을 분할하고 재투자함으로써 자산을 계속 증식시키되, 이 활동을 다음 세대에까지 걸쳐 진행한다. 이는 부모 세대에서 자식 세대로 부와 권력을 대물림하려는 인간의 근본 욕구와 절세의 전략이 결합되어 나타나는 현상이다.

둘째와 셋째 경우로만 자산 처분 활동을 한정한다면, 조세희 소설에 등장하는 투기 세력과 상층 자산계급은 얼추 일치할 것이다. 하지만 첫째 경우는, 노후 복지가 전무했던 산업화 세대의 중산층 및 하층 모두에게 해당되는 내용이다. 집값이 뛰는 곳에 집을 장만한 자는 노후를 버틸 생계 수단을 마련하고, 그렇지 못한 자는 자식과 국가가 주는 몇 푼 안 되는 용돈에 의지해야 했다. 70년대 후반에서 80년대 초반, 허허벌판 강남으로 이주할 것이냐 말 것이냐라는 이 도박에 가까운 결정은 산업화 세대 중산층 서민이라면 한 번쯤 직면해본 고민이다. 70~80년대의 부동산 시장은,

불평등의 세대

사적 복지 체제를 마련하기 위해 산업화 세대가 집단적으로 참여한, 거대한 도박판에 다름 아니었던 것이다. 이는 집 한 채로 노후 인생을 건 도박에 온 국민이 주기적으로 돌입하는, 오늘날 한국 사회의 풍경과 크게 다르지 않다.

생존 전략과
투자 전략

당시 산업화 코어 세대 중 얼마나 많은 이들이 자산 투자 전략에 몰입했는지를 정확히 계측할 자료는 존재하지 않는다. 다만, 누구누구가 부동산 투자로 일확천금을 만졌다는 소문은 가족·친지·친구 네트워크를 타고 전 국민에게 퍼졌다. 따라서 세대 전체가 자산 투자 '성공담'을 공유했다고 봐야 한다. 내가 이것을 '세대의 기회'라고 명명한 이유다. 가지고 있는 종잣돈으로 가족이 거주할 집 한 채보다 더 투자할 여력이 있는 상층 자산계급(**자산 이전계급**), 평생 집 한 채 장만하는 데 성공한 다수의 중산층(**자산 소비계급**), 그리고 『난장이가 쏘아 올린 작은 공』의 영희 가족과 같이 입주권이 있어도 입주금을 장만하지 못해 변두리로 밀려나는 도시 빈민 및 하층 노동자(**자산 빈곤계급**)의 대략 세 그룹으로 자산의 계층화가 이루어졌을 것이다.

먼저 사적 복지를 위한 자산 처분은, 70~80년대 노동시장의 주력군이었던 1930년대 혹은 그 전후 출생 세대들 중 연금 없이 은퇴에 직면한 중하층 노동자들의 보편적 생존 전략이었다. 자산을 처분하여 자영업을 시작하거나 아니면 분할하여 일부는 거주용으로, 다른 일부는 부동산에 재투자하거나 금융자산으로 변환시켜 노후 생존 전략을 수립하는 것이다. 나는 이 세대 중 중산층을 포함한 하위 90퍼센트가 이 경로를 따랐을 것으로 추정한다.

하지만 자산 가격의 폭등을 경험한 상위 10퍼센트 자산계급은 노후를 위한 최소 수준의 자산을 남겨둔 다음, 나머지는 다음 세대로 대물림하고자 한다. 이들은 자산을 처분해서 얻은 수입의 상당 부분을 현금, 주식, 부동산의 형태로 바꿔 다음 세대로 이전할 것이다. 이러한 증여를 목적으로 한 자산 처분액은, 소액으로 직접 대물림되는 형태 이외에도 자식·손주의 이름으로 부동산 및 금융자산에 재투자된다. 이 시점에 증여와 세번째 목적의 자산 처분(재투자)은 사실상 일치한다. 현재 가치는 낮지만 먼 미래의 개발이익을 기대하며 낮은 가격의 토지와 건물에 자손의 이름으로 재투자하는 것이다. 통계 수치로 잡히는 자산 처분으로 인한 수입의 상당량은 현 세대의 생활비 및 노후 대책을 위한 '소비'의 목적 이외에 증여의 형태로 재투자되어왔다고 가정할 수 있다.

한국의 70~80년대를 관통하며 '세대의 기회'를 맞았던 '산업화 세대' 가구주들이 자산 시장에서 우위를 점하고 있다는 내 추정이 맞다면, 이들의 자산 중 상당 부분은 이미 80년대 및 90년대를 거쳐 자식·손주들에게 이전되었을 것이다. 따라서 현 청년 및 중년 세대의 자산 처분으로 인한 소득은 1930년대와 그 전후 출생 세대의 자식·손주 세대에서 더 두드러질 것이다.

〈그림4-1〉은 상위 10퍼센트 자산 처분 소득자의 연도별 (자산 처분) 소득분포를 박스플롯을 통해 보여준다.* 그림에 따르면, 금융 위기가 시작되기 직전인 1995~1997년과 2차 금융 위기 이후부터 최근까지 자산 처분으로 인한 소득이 증가했다. 두 차례의 금융 위기 바로 직후인 1998년과 2008년에는 자산 처분 소득이 저점을 찍었다. 상층 자산계급을 중심으로 부동산 가격이 정점에 있다고 판단되었을 때 매각한 것으로 추정된다. 〈그림4-2〉의 A와 B는 하위 90퍼센트와 상위 10퍼센트의 자산 처분 소득을 세대별(평균값)로 추적한 결과다. X축이 (5년 단위로 구분된) 출생 세대 카테고리고, 각기 다른 기호로 표시되어 연결된 선들은 (5년 단위로 구분된) 연대기별 월 자산 처분 소득액을 나타낸다. 먼저 하위 90퍼센트의 자산 처분 소득자들은 지속적으로 그 소득이 증가했으나, 적금이나 보험금 인출과 같은 월 50만 원 미만에 불과한 소액 자산 처분(전체의 50퍼센트는 월 1만 원 미만)이기 때문에 (〈그림4-2A〉 참조), 전체 분포에서 무시할 만한 수준이다. 이들에

---

* 가계동향조사는 가장 오래된 정부 통계지만, 연소득 1억이 넘는 최상층 소득자들의 자산에 대한 정보는 빈약하다. 특히 상위 0.1퍼센트의 자산가들은 이 통계에 거의 잡히지 않기 때문에, 이 조사에 기반한 통계치는 모두 과소 추정되었다고 보아야 한다(김낙년 2018).

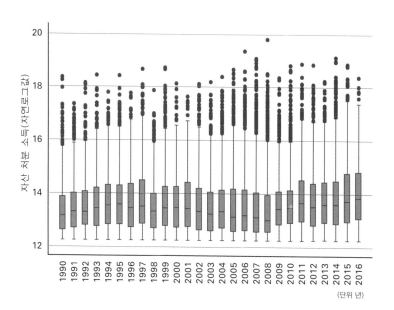

그림4-1 자산 처분 (월)소득 박스플롯 추이(상위 10퍼센트)

박스 안의 가로선이 중위값, 일정거리(IQR) 밖에 있는 케이스들outliers은
개별 점으로 표시되었음.
자연로그값 12=16만 원 14=120만 원 16=889만 원
          18=6566만 원 20=4억 8520만 원
※ 자료: 가계동향조사 가구 소득 1990~2016

게 자산 처분 소득이 증가한 시기는 2009년으로, 미국발 금융 위기 이후 중산층 및 하층을 중심으로 현금 수요가 늘어나 자산을 처분한 것으로 보인다.

반면 상위 10퍼센트의 경우, 1925~1929년 출생 세대가 2000년대 중·후반, 그리고 1930~1934년 출생 세대가 2015~2016년에 각각 평균 월 1천만 원 이상의 자산을 처분한 것이 눈에 띈다. 상층 자산계급이 집단적으로 70대 후반에서 80대 중반에 이르는 나이에 자산 가격이 정점에 이르렀다고 판단하고, 증여를 목적으로 부동산 자산을 처분한 것으로 보인다. 한국 부동산 시장의 최대 수혜 세대로 추정되는 1930년대 혹은 그 전후 출생 세대의 자산 처분 소득이 2015~2016년에 급격히 높아진 것은, 2010년대 후반까지 자산을 정리하지 못한 이들이 80대에 진입하면서 (예측되는 사망을 앞두고) 증여 혹은 소비의 목적으로 부동산 시장에 자산을 매각했다고 볼 수 있다. 이러한 산업화 세대의 자산 처분 활동을 통해 현금화된 자산은 언제, 어느 세대로 이전되었을까?

산업화 세대의 증여·상속 게임

'자산 처분 소득'이 자신이 현재 보유하고 있는 자산을 사적

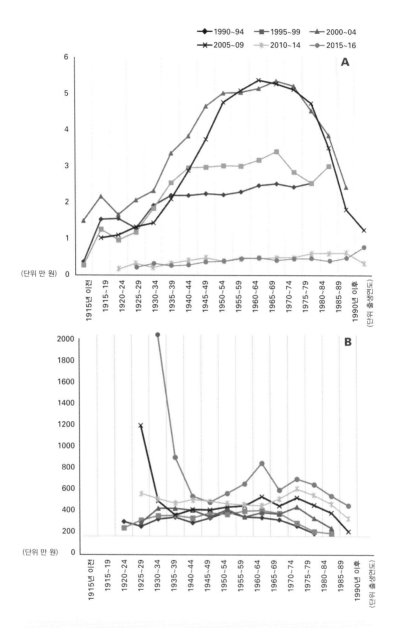

그림4-2A 하위 90퍼센트 자산 처분 소득(월수입) 시기별-세대별 추이
그림4-2B 상위 10퍼센트 자산 처분 소득(월수입) 시기별-세대별 추이
 ※ 자료: 가계동향조사 가구 소득 1990~2016

안전망 마련 및 증여의 목적으로 처분하면서 발생한다면, '자산 이전 소득'은 타인, 타 가구로부터 자산을 넘겨받아 생기는 소득 이다. 따라서 자산 이전 소득은 자산 처분 소득에 비해 부동산이 나 주식이 직접적으로 양도되며 발생한다. 또한 자산의 증여나 상 속은 자산 처분 소득과는 달리, 증여세와 상속세라는 세금의 과중 한 부담을 피하기 위해 자산 가격이 '저점'에 있다고 판단될 때 이 전이 이루어질 확률이 높다. 또한 자산의 이전은 미처 증여의 형 태로 이루어지지 못하고 그 시점을 놓침으로써, 즉 부모나 가까운 친지의 사망으로 인해 자연 상속이 발생하며 이루어지는 경우도 흔하다. 따라서 상속이 자연적으로 발생하는 경우라면, 증여는 절 세를 염두에 둔 합리적·전략적 선택에 따라 추진된다고 볼 수 있 다. 자산을 처분함으로써 발생하는 소득과 달리, 각 세대의 자산 보유자들은 부동산 자산이 저점에 있다고 판단될 때 증여를 시도 할 것이다.

한국 사회에서 부동산 가격은 언제 폭락했는가? 바로 두 차 례의 금융 위기다. 경제 위기 직후에는 자산 가격이 폭락한다. 따 라서 상층 자산계급에게 경제 위기는 새로운 자산을 구입할 기회 일뿐더러, 자산을 다음 세대로 대물림할 수 있는 절호의 기회다. 더구나 첫번째 금융 위기인 1997~1998년, 당시 정권 교체에 성 공한 국민의정부는 "1999년 고액 재산가에 대한 과세 강화를 위 해 최고세율을 종전 45퍼센트에서 50퍼센트로 높이고" "최고세 율이 적용되는 과세 구간을 50억 원에서 30억 원으로 낮추"는 개

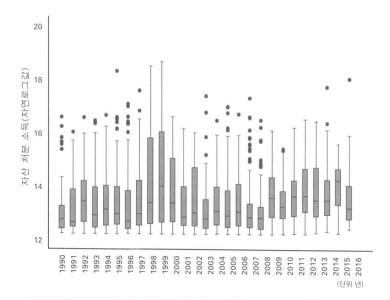

그림4-3 자산 이전 소득(월수입) 상위 1퍼센트 연도별 분포

※ 자료: 가계동향조사 가구 소득 1990~2016

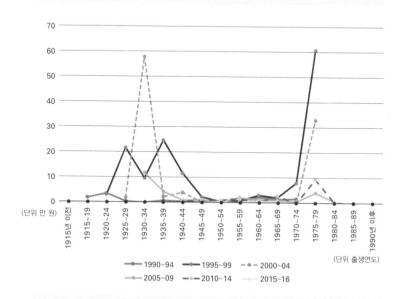

그림4-4 자산 이전 소득(월수입) 시기별-세대별 분포 가처분 소득 상위 10퍼센트

※ 자료: 가계동향조사 가구 소득 1990~2016

혁을 감행했다(김병일 2017). 따라서 70년대부터 자산을 축적해 온 1930년대 혹은 그 전후 출생 세대는 세율이 높아지고 과세 구간이 변경되어 더 높은 세율을 적용받기 직전에, 자산 가격이 저점에 있을 때, 선제적으로 증여를 시도해야 할 필요성이 커졌다. 이 세대는 아직 남아 있는 윗세대(1910년 이전 출생)의 재산을 증여받고, 자신들의 자산은 부부간에 나누거나 자식 세대 혹은 한 세대를 건너뛰어 손주 세대로 분산해 증여함으로써 세금을 줄이고자 했을 것이다. 따라서 어린 나이에 이미 건물주로 세를 받아 살고 있는 금수저 20대 가구주들이 이 시기에 양산되었을 것이라고 추정된다.

그렇다면, 정말로 경제 위기는 자산 증여의 적기인가? 〈그림 4-3〉은 상위 1퍼센트 소득자의 자산 이전 패턴을 보여준다. 이 그래프는 부동산 경기가 최저점에 있던 금융 위기 직후인 1998년과 1999년에 자산 이전이 가장 활발하게 이루어졌음을 보여준다. 자연적으로 발생한 상속 과정이라면, 이 시기에 자산 이전이 집중될 이유가 없다. 추정하건대 자산 가격이 1998년부터 폭락하자, 당시 일부 자산계급이 (적극적으로) 증여를 통해 (부모로부터 자신들로 혹은 자신들로부터 자식들에게로) 자산의 이전을 시도하는 '자산 증여 붐'이 있었던 것이다. 이러한 금융 위기 시의 자산 이전 움직임은 〈그림4-4〉에서 다시 확인된다. 1930년대 혹은 그 전후 출생 세대에서 활발한 사산 이전 움직임은, 1970년대 후반 출생 세대에서 동시에(1990년대 후반에) 관찰된다. 이를 통해, 자산

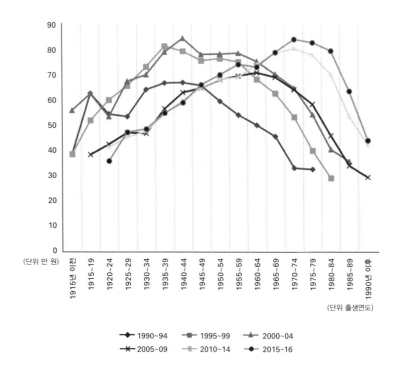

(단위 만 원)

(단위 출생연도)

◆ 1990~94　　■ 1995~99　　▲ 2000~04
✕ 2005~09　　✳ 2010~14　　● 2015~16

그림4-5 출생 세대별 귀속임대소득(월수입) 분포
　　※ 자료: 가계동향조사 가구 소득 1990~2016

이전이 단순히 한 세대에서만이 아니라 여러 세대에 걸쳐 이루어졌음이 드러난다. 2000~2004년에도 1930~1934년 출생 세대와 1970년대 후반 출생 세대의 자산 이전 활동이 가장 활발하다. 그렇다면 두 차례의 경제 위기와 서너 차례의 자산 폭등기를 거치며, 세대 간에 자산은 어느 정도로 이전되었는가?

세대 간
자산 이전의 완성

자산 이전 과정의 완성된 형태의 분포는 〈그림4-5〉의 귀속임대소득(월세평가액)*을 통해 보다 명확히 드러난다. 귀속임대소득의 최상위 출생 세대가 1995~2004년까지는 당시 50대 후반에서 60대 초반이었던 1935~1939년 및 1940~1944년 출생 세대였다. 하지만 2010년대 이후에는 최상위 출생 세대가 1970년

---

* 자가인 경우 월세평가액은 귀속임대료다. 이는 주택 자산을 소유함으로써 발생하는 자산 소득이라고 볼 수 있다(김현숙 2015). 또한 월세 이율과 주택 전세 및 매매 비율의 정보가 구득 가능하면 월세평가액으로부터 주택 가격을 환산할 수도 있다. 김현숙에 따르면, 월세평가액의 지니계수는 소득의 그것보다는 높고 주택 가격의 그것보다는 약간 낮은 수준이다. 따라서 월세평가액의 분포는 주택 자산의 그것과 거의 유사하다고 볼 수 있다. 이러한 이론적·경험적 측면에서 월세평가액은 주택 자산의 대리 지표로 사용될 수 있다.

대 및 1980년대 출생 세대로 변화한다. 불과 20년 만에 귀속임대 소득의 최상위 연령 집단이 50~60대에서 30~40대로 바뀐 것이다. 1930년대 혹은 그 전후의 산업화 세대가 자산의 상당 부분을 2010년대까지 그 자식(혹은 손주) 세대로 대물림한 것이다.

이러한 자산의 증여와 상속 과정의 저변에 흐르고 있는 구조적 움직임은 무엇인가? 70~80년대 부동산 시장이 폭등할 당시 증여와 상속에 관한 법과 제도의 시행이 시장의 움직임을 따라잡지 못하면서, 산업화 세대부터 축적된 자산이 그다음 세대(들)로 이전되었고 그 결과로 젊은 세대 내부에서 상당한 수준의 자산 불평등이 조성되기 시작했다. 한국전쟁 이전 출생 세대가 1997년 금융 위기 이전까지 축적해왔던 자산의 상당 부분은 아랫세대가 노동시장에 나오기 전에 이미 그들 명의로 구입한 것이었고, 자식 세대가 결혼과 동시에 '가구주'로 등록되기 시작한 2000년대부터 이 세대의 자산 불평등이 통계조사 데이터로 잡힌 것으로 볼 수 있다. 산업화 세대가 40~50세에 이르러서야 부동산 시장의 폭등으로 '세대의 기회'를 잡았다면, 이를 통해 자산계급으로 부상한 이들의 자식 혹은 손주 세대인 포스트 386세대(1970년대 후반~1980년대 출생)의 일부는 스스로의 노동과 노력 없이 '자산계급'으로 편입된 것이다. 2000년대 말부터 인구에 회자되기 시작한 '금수저' 대 '흙수저'라는 젊은 세대의 자조적인 표현은, 이러한 자산의 세대 간 이전을 반영하는 것이라고 볼 수 있다.

노인 세대의 불평등이
청년 세대의 불평등으로

그렇다면 이 글의 데이터에서 확인된, 30년에 걸쳐 일어난 산업화-386-포스트 386 세대 간의 증여와 상속을 통한 자산 이전 과정이 2010년대 들어 어떠한 자산 불평등 구조를 만들어냈는가? 이제 각 계층에 따른 자산의 차별적 보유와 그 자산이 아랫세대로 대물림되는 과정이 복지국가의 저발전과 맞물려 어떻게 불평등을 재생산하고 악화시키는지를 추정해보자. 나는 앞선 논의에서 부동산의 최초 축적을 이룬 산업화 코어 세대가 2010년대에 이르면, 지난 30여 년에 걸친 직·간접 증여를 통해 다음 세대로의 자산 이전을 어느 정도 완료했다고 보았다. 다시 말해, 70~80년대에 부동산 광풍을 맞아 형성된 자산의 상당량은 두 차례의 경제 위기를 거치며 산업화 세대에서 386 혹은 포스트 386세대로 (상당 부분) 이전되었다고 보는 것이다.

물론, 한국 사회의 자산이 한 세대로부터 그다음 세대로 '완전하게' 대물림된 것은 아니다. 가구별로, 자산계급별로 정도의 차이는 클 것이고, 아직 상당량의 자산이 은퇴와 사망 사이에 있는 노인 세대에게 속해 있다. 그렇다면, 이 자산의 소비·보유·이전 과정에서 계층 간 차이가 존재할까? 상층 자산계급에 비해 중층 혹은 하층 자산계급은 연금이 없는 상태에서 소득을 그나마 제한적인 자산(대개는 집 한 채)에 의지할 수밖에 없다. 따라서 일부 자산은 거주 용도로 남기되, 나머지는 생계를 위해 임대 소득을 거둘 수 있는 부동산에, 혹은 배당이나 거래 차익을 기대할 수 있는 금융자산에 투자할 것이다. 연로한 부모가 말없이 집을 처분하고 변두리로 이사하는 것은 이런 이유에서다. 자식들의 부양이 충분하지 않을 경우, 이렇게 보유 자산을 처분함으로써 생계를 유지할 수밖에 없고, 결국 이들의 자산은 은퇴 시점에서 멀어질수록 지속적으로 감소할 수밖에 없다. 저발전된 복지국가에서 연금을 제대로 축적해놓지 않은 대가이기도 하고, 노후 대책을 부동산 투자에만 의지해야 했던 산업화 코어 세대의 슬픈 자화상이기도 하다.

반면, 상층 자산계급은 자산 운용 수입, 임대 수입 및 기타 수입을 안정적으로 확보하고 자산 가치를 유지·상승시키기 위해, 현재 보유하고 있는 자산을 상당 부분 그대로 가지고 있을 것이다. 이처럼 자산계급별로 다르게 나타나는 자산량의 차이는 이 세대에게 '강제 가입'이 아니었던 사적연금제도에 대다수가 동참하지 않았기 때문이기도 하다. 70~80년대에 이들에게도 국민연금과 같은 제도를 통해 소득의 일정 부분을 강제 저축시켰다면, 오늘날 이 세대 내부의 자산 불평등은 훨씬 덜했을 것이다.

자산의 대부분을 노후의 소비로 충당해야 하는 중하층 자산계급과 달리, 상층은 자산의 일부는 자신이 소비하되 나머지는 다음 세대로 이전한다. 나는 그 결과로 인해 2000년대 이후 각 세대 내부의 자산 불평등이 급격히 증대했으며, 이 불평등의 정도는 오늘날 젊은 세대일수록 심할 것이라고 본다.

〈그림4-6〉은 2010~2017년 가계금융복지조사*에서 파악된 연령별 순자산과 가처분 소득 평균값의 분포를 보여준다. 이 그림을 보면, 가처분 소득은 50대 초·중반에 그리고 순자산은 60대 초반에 정점에 이르고 이후 연령에서는 빠르게 감소한다. 이 역-U자형 생애 주기에 따른 가처분 소득과 순자산의 분포는 이탈리아, 미국, 영국, 대만 등 다른 국가들에서도 확인되는 것이다(Jappelli & Pistaferri 2000; Deaton & Paxson 1993). 일견 50대에 이른 현 386세대가 소득에서 우위를, 1950년대 후반 출생 세대가 자산에서 우위를 점하고 있는 듯 보인다. 하지만 〈그림4-7〉에서 보이듯, 가처분 소득 상위 10퍼센트의 순자산 규모는 하위 90퍼센트와는 질적으로 다르다. 〈그림4-7〉과 같이 순자산 분포를 가처분 소득 기준 최상위 10퍼센트 그룹과 나머지 90퍼센트 그룹으로 나누고 나면, 〈그림4-6〉에서는 은퇴 세대의 자산 분포가 하위 90퍼센트 그룹의 ('사실상의 무자산 및 저자산') 효과로 인해 가려져 있었음이 드러난다. 〈그림4-7〉의 상위 10퍼센트 그룹의 경우, 65세

---

* 가계금융복지조사는 가계동향조사에 비해 자산과 소득의 최상층 그룹에 대한 비교적 정확한 데이터를 보유하고 있다. 하지만 2010년 이전 데이터는 존재하지 않는다. 국세청 행정 데이터에 기반하여 소득 및 자산 불평등의 보다 정확한 추계 작업을 해온 김낙년 교수에 따르면, 가계금융복지조사도 상위 0.1퍼센트의 소득 및 자산 보유량은 정확하게 집계하지 못하고 있으나 상위 10퍼센트 대 하위 90퍼센트 비교와 같은 전체적인 분포 파악에는 큰 문제가 없다고 본다.

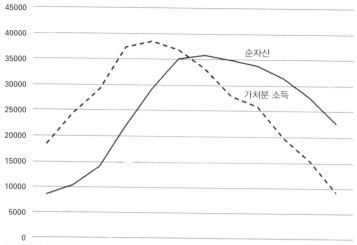

그림4-6 **연령별 평균 순자산과 가처분소득**
연간 기준임. ※ 자료: 가계금융복지조사 금융 부문 2010~2017

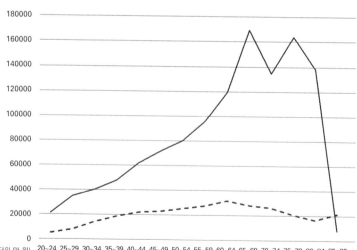

- - 순자산 규모(하위 90%) ── 순자산 규모(상위 10%)

그림4-7 **가처분 소득 하위 90퍼센트와 상위 10퍼센트의 연령별 평균 순자산 규모**
※ 자료: 가계금융복지조사 금융 부문 2010~2017

부터 84세까지 은퇴한 이 세대가 다른 모든 연령을 압도하는 자산을 보유하고 있다. 반면 하위 90퍼센트 그룹의 경우, 상위 10퍼센트의 5분의 1도 안 되는 수준의 순자산을 보유하고 있으며, 이마저도 은퇴 시기(60~64세)를 지나면 점진적으로 하락하는 추세가 완연하다. 따라서 〈그림4-6〉의 60대 초반부터 시작되는 순자산의 점진적 하락 추세는 이 하위 90퍼센트에 의해 주도된 것이라고 볼 수 있다. 하위 90퍼센트의 가구들은 은퇴와 동시에 갖고 있던 집 한 채를 줄여가며 노후를 버티는 것이다. 오늘날 장년 세대 다수의 부모들(산업화 세대)의 이야기다.

요약하면, 상위 10퍼센트와 그 아래 90퍼센트의 순자산 분포는 확연히 다르다. 내가 예측한 대로, 중산층부터 저소득층에게 자산은 노후 대비를 위한 '예비 실탄'으로서의 의미가 크다. 따라서 중하층 자산계급에게 자산은 미래의 부족한 소비를 메우는 안전판일 뿐이다. 특히 공적 연금이 거의 전무한 1930년대 및 그 이전 출생 세대들에게 자산은 (보유하고 있다면) 사실상 자식들의 부양과 국가로부터의 공적 이전(기초연금과 같은 노후복지수당)을 제외하고는 유일한 생계의 버팀목인 것이다. 반면 가처분 소득 상위 10퍼센트를 차지하는 상층 자산계급의 경우, 평균 15억 원대를 상회하는 순자산량이 소비에 의해서만 쉽게 소진될 것으로 보이지 않는다.

이렇게 세 층위로 나뉜 자산계급의 서로 다른 자산 운용 결과는 무엇인가? 〈그림4-8〉은 세대 내부의 자산 및 소득 불평등

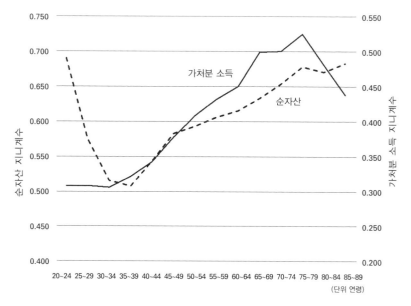

순자산 지니계수 (left axis): 0.400, 0.450, 0.500, 0.550, 0.600, 0.650, 0.700, 0.750

가처분 소득 지니계수 (right axis): 0.200, 0.250, 0.300, 0.350, 0.400, 0.450, 0.500, 0.550

가처분 소득

순자산

20~24 25~29 30~34 35~39 40~44 45~49 50~54 55~59 60~64 65~69 70~74 75~79 80~84 85~89

(단위 연령)

그림4-8 연령대별 순자산과 가처분 소득의 지니계수
※ 자료: 가계금융복지조사 금융 부문 2010~2017

지수를 연령대별로 비교해 보여준다. 그림은 그러한 불평등 패턴이 상이함을 드러낸다. 1930년대 출생 세대의 자산 소비와 다음 세대로의 자산 이전이 진행됨에 따라 은퇴한 노인 세대 내부의 자산 불평등이 극적으로 증가했다. 그와 동시에 청년 세대 내부의 자산 불평등 또한 함께 늘어났다. 노인 세대의 자산 소비가 같은 세대 내에서 자산 불평등을 증가시켰다면, 다음 세대로의 자산 이전은 청년 세대 내에 자산 불평등을 증가시켰다. 자산의 대물림이 노인 세대 내에서 일어나는 자산 불평등을 낮출 수 있으나 이는 생애 전체에 걸쳐 일어나는 반면, 자산 소비는 은퇴 이후에 집중되기 때문에 은퇴 후 자산 소비가 노인 세대 내에서 자산 불평등의 증가를 주도하는 것이다.

결국 1930~1940년대 출생 세대의 자산 소비 및 자산 이전 활동은 U자형의 자산 불평등 곡선을 만들어냈다. 이에 따르면, 순자산의 지니계수는 연령이 높을수록 상승한다. 사회안전망이 부실한 탓에 노인 세대의 소득이 급격히 줄어듦에도 불구하고, 자산의 불평등은 오히려 증가하는 것이다. 반면, 지난 30년에 걸친 상층 자산계급의 증여 활동은 순자산의 지니계수를 20대에서 극적으로 끌어올렸다. 아직 세대 구성원의 상당수가 본격적으로 경제활동을 시작하지도 않았거나 이제 막 시작한 1990년대 출생 세대(20대)에서, 노년층에 상응하는 자산 불평등이 확인되는 것이다. 이 세대는 가처분 소득의 지니계수에는 큰 변동이 없었음에도 불구하고, 높은 수준의 자산 불평등을 '이미' 경험하고 있다. 이러한

U자형 불평등 지수의 출현은, 한국 사회에서 자산 불평등이 '세대 간 자산 이전'을 매개로 아랫세대로 대물림되고 있음을 보여준다.

　요약하면, 오늘날 젊은 세대에게 나타나는 '금수저' 대 '흙수저' 논란의 근원은 그들의 할아버지 세대(1930년대 혹은 그 전후 출생)에 시작된 70~80년대 자산의 최초 축적과 그 이후 이 세대의 불균등한 자산 이전 및 자산 소비 활동에서 비롯된 것이다. 한국형 위계 구조는 국가와 기업 내 조직하의 연공에 기반한 위계 구조, 기업 간 원·하청 관계, 각종 고용 형태와 유연화 기제 등으로 작동되지만, 그 결과는 가구 세대 간 부의 이전으로 마무리된다. '역사적 세대'의 프로젝트가 '가문 세대' 프로젝트로 탈바꿈된 것이다. 촌락형 위계를 근대화 프로젝트에 이식하고 작동시킨 산업화 세대는 이렇게 자신들의 소명을 다하고 무대에서 퇴장하고 있다. 그 소명은 그들이 농촌에서 물려받은 신분제적 위계를, 도시에서 자산을 축적하고 학벌을 획득함으로써 재생산하거나 극복하는 것이었다. 벼농사 체제의 신분제적 불평등을 기억하는 산업화 세대는 그들이 목표한 대로, 근대화 프로젝트와 가문별 자산 축적을 모두 추진했다. 전자가 집합적 목표였다면, 후자는 씨족의 목표였다. 이들은, 우리가 오늘날 계측할 수 있는 거의 모든 측면에서(소득, 자산, 성별, 세대 간, 세대 내) 불평등을 극대화했고, 우리는 그 불평등을 상속한, 또 다른 불평등의 세대인 것이다.

　　　　　　　　　　　　　불평등의 세대

Q.

386세대의 자산과
소득 구조는
산업화 세대와
어떻게 다른가?

386세대의
자산 게임?

그런데 오늘날 정치권력과 시장권력을 모두 거머쥔 386세대는 자산의 증여 및 상속 게임에서 왜 보이지 않는가? 30년에 걸친 산업화 세대의 활발한 자산 이전 활동과 386세대를 건너뛰고 그 아랫세대가 받은 수혜에 비해 386세대의 활동은 왜 눈에 띄지 않는가? 놀랍게도(혹은 당연하게도) 386세대는 산업화 세대로부터 정치권력과 시장권력을 접수했지만, 그들이 생애 전체에 걸쳐 축적한 '자산'을 (아직은) 온전히 가져오지 못한 것으로 보인다.

〈그림4-6〉에서 386세대는 순자산량에서 정점에 이른 듯 보인다. 하지만 〈그림4-7〉에서와 같이 가처분 소득 상위 10퍼센트와 하위 90퍼센트로 나누어보면, 산업화 세대인 1930~1940년대 출생 세대와 1950년대생들에 비해 386세대의 자산량은 갑자기 왜소해진다. 이는 세대별 자산 분포의 극심한 비대칭과 평균화 효과 때문이다. 〈그림4-8〉을 보면 산업화 세대에 비해 386세대 내부의 자산 불평등 정도는 대단히 낮다. 적어도 집 한 채씩은 가지고 현재 경제활동을 하고 있기 때문에 일정량의 자산이 유지되는 것이다. 또한 은퇴와 동시에 나타나는 '자산의 소비로의 전환'이 아직 시작되지 않아서이기도 하다. 따라서 〈그림4-6〉에서는 이러한 균등한 분포에 대한 '평균'이 386세대의 자산 불평등을 다른

세대, 특히 (은퇴와 동시에 자산 불평등이 급증한) 산업화 세대에 비해 '낮게' 보이게끔 만드는 것이다.

386세대는 가처분 소득 상위 10퍼센트의 순자산 분포에서 산업화 세대의 상대가 되지 않는다. 몇 가지 이유를 추정하면, 이 세대의 다수는 산업화 세대와 달리 '부동산 폭등'을 2000년대 중반에 잠시 경험해보았고, 이때 집을 장만하면서 그 수혜를 제한적으로 누렸을 뿐 70년대 강남 개발과 같은 최초 축적의 경험에서 소외되어 있다. 이들이 40대에 진입하던 2000년대에 노무현 정권 시절 아파트값 폭등이 유일한 '세대의 기회'였다. 이들 중 일부가 산업화 세대가 이룬 자산 축적의 수혜를 증여 및 상속을 통해 공유하겠지만, 아직은 생존해 있는 산업화 세대로부터의 자산 이전 과정이 마무리되지 않았다. 또 다른 가능성은, 이들의 자산이 아직 '유동 자산'(저축이나 주식)으로 묶여 있고, 본격적인 부동산 투자로 전환되지 않았을 가능성이다. 〈그림4-9〉는 이러한 가능성을 탐지한다.

386세대의 가계부를 들여다보기 전에, 바로 윗세대인 1950년대생들의 세대별 소비와 저축량을 살펴보자(〈그림4-9〉). 이 세대의 소비는 2010년대 직전부터 줄어들거나(1950~1954년생), 2010년대 이후 정체된다(1955~1959년생). 그런데 두 경우 모두 저축과 (용돈과 같은 가족 간의) 사적 이전 지출은 계속해서 상승하고 있다.

소비는 줄거나 정체되는데, 저축이 늘어난다는 것은 무엇을

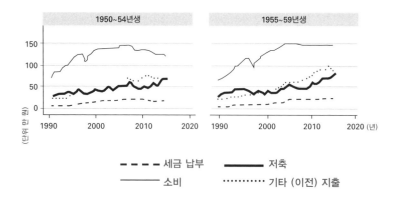

그림4-9 세대별 소비, 저축, 기타 이전 지출 패턴
　　　※ 자료: 가계동향조사 가구 소득 1990~2016

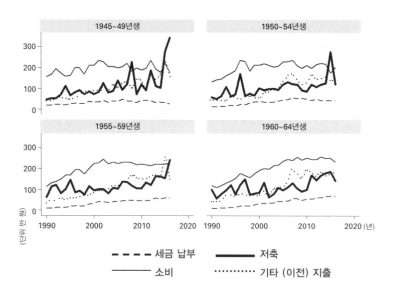

그림4-10 가처분 소득 상위 10퍼센트 산업화 후기 세대 및 386 코어 세대의 소비, 저축, 기타 이전 지출 패턴
　　　※ 자료: 가계동향조사 가구 소득 1990~2016

의미하는가? 가계별로 소비 욕구를 줄여 그만큼을 유동 자산 형태로 축적하고 있다는 이야기다. 앞의 상위 10퍼센트와 하위 90퍼센트의 질적으로 다른 자산 분포를 고려하여, 〈그림4-10〉에서 가처분 소득 상위 10퍼센트만 따로 떼어내어 저축 및 이전 성향을 추적해보자. 〈그림4-10〉의 1950년대생 그룹은 예외 없이 은퇴 시기에 맞춰 저축과 사적 이전 지출을 급속하게 늘렸다. 그런데 바로 그 이전인 1945~1949년생들 또한 은퇴 시점에 한 번, 그리고 10년 후 다시 한번 저축에서 거대한 상승의 스파이크를 만들어낸다. 앞서 1930년대생들이 보여주었던 60대 중반 은퇴기와 70대 후반 생물학적 사멸 직전에 맞춰진 자산 투자와 증여 및 상속 활동이 1950년대생들에게 되풀이되고 있는 것이다. 이 경향이 반복된다면, 1950년대생들은 이제 막 은퇴에 초점을 맞춰 '축적'을 시작했고, 증여 및 상속을 위한 다음 과정을 '계획 중'에 있을 것이다.

이제 386세대로 다시 돌아가보자. 〈그림4-11〉은 내가 '위험 대비 성향'이라고 개념화하는, '소득 대비 저축의 비율'을 세대별로 추적하여 보여준다. 1960~1964년생의 2015~2016년 저축 성향은 타의 추종을 불허한다. 이는 무엇을 의미하는가? 2010년대 말 현재 소득이 정점에 올라 있는 세대의 저축 성향이 가장 높다는 것은, 이들의 소득 대비 소비가 낮거나 생계유지를 위한 소비 외에도 남는 돈이 많다는 이야기다. 어느 쪽이건, 이 세대의 상위 소득층은 실탄은 충분히 많은데, 그 실탄을 사용할 곳이 없어

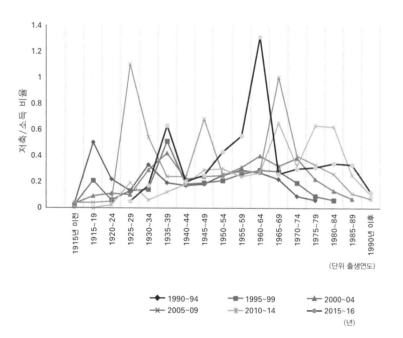

　　　　　　　　　　　　　　　　　　　　　　　　　　　　　　(단위 출생연도)

| ◆ 1990~94 | ■ 1995~99 | ▲ 2000~04 |
| ✳ 2005~09 | ✱ 2010~14 | ● 2015~16 |

　　　　　　　　　　　　　　　　　　　　　　　　　　　　　　　　(년)

그림4-11　세대별-시기별 소득 대비 저축(위험 대비 성향) 비율
　　※ 자료: 가계동향조사 가구 소득 1990~2016

켜켜이 저축으로 쌓아놓고 있다고 볼 수 있다. 오늘날 한국 사회 (2010년대 후반)의 자산 시장은, 이미 은퇴한 1950년대생들의 증여 및 상속 전략과 은퇴를 앞둔 1960년대생들의 자산 축적 및 확장 전략이 맞물려, 아마도 70~80년대의 부동산 폭발기 이후 최대의 에너지가 응축된 시장일 것이다(이 응축된 에너지는 결국 2018년에 폭발해 서울 전역의 부동산 가격을 다시금 천정부지로 치솟게 만들었다).

규모 면에서 역대 최대의 출생 세대인 386의 과다한(?) 저축 성향은 향후 한국의 자산, 특히 부동산 시장에 커다란 버블을 만들어낼 공산이 크다. 사회안전망이 불충분한 저발전된 복지국가에서 여유 소득은 노후 대비건 증여 및 상속 목적이건 자산 관리 차원에서 어디론가 투자될 것이고, 그 타깃은 산업화 세대와 마찬가지로 부동산이 될 가능성이 높다. 386세대는 산업화 세대와의 투쟁에서 마침내 점유한 정치권력과 시장권력을 '자산화'시켜, 다음 세대로 대물림하기 위한 작업에 이제 막 착수한 듯이 보인다.

나가며

그렇다면, 이러한 자산의 형성과 이전 과정은 한국의 복지 체제가 형성되는 데 어떤 영향을 미쳤고 그 향후 함의는 무엇일까? 1930년대생들은 자식 세대의 부양을 받는 가족주의적 '사적 복지'의 전통이 약화되면서, 자체적으로 노후 복지 체계를 마련해야 했으나 아직 공적 연금이 확충되지 않은 세대였다. 따라서 이들은 70~80년대에 맞은 '세대의 기회'를 통해 (세대의 상당수는) 자산의 축적에는 성공했지만, 동시에 그 자산을 스스로의 노후 복지에 써야만 했던 세대다. 이러한 이유로 자산은 65세 이후 급격히 '소비'로 사용되어야 했고, 이 세대 내부에서 세 계급이 형성되었다. 자산을 축적하지 못해 빈곤층으로 떨어진 '자산 빈곤계급,' 자산을 소비로 전환해야 하는 '자산 소비계급,' 마지막으로 소비에 목맬 필요 없이 증여 및 상속 등 이전 활동의 여유가 있는 '자산 이전계급'이 그들이다.

1930~1940년대에 태어나 70세 이상인 현 고령 노인 세대의 극심한 세대 내 자산 불평등과 빈곤은, 산업화 코어 세대가 지녔던 '세대의 아비투스'의 필연적 결과다. 이들은 한편으로 급속한 산업화의 중추 세대로서 수십 년에 걸친 부동산 투자 붐을 맞아 집단적으로 자산을 형성하는 데는 성공했지만, 다른 한편으로는 공적 복지에 대한 무관심과 저항으로 인해 복지 체제가 발전되지 못하게끔 시민사회적 기초를 제공하기도 했다. 결과적으로 이들이 형성한 사적 자산이라는 안전망은 자산 형성기부터 불평등하게 조성되었으며, 사회안전망이 미비한 상태에서 보편적 건강보험 체제의 도입과 건강 지식의 보편화로 인해 연장된 수명은, 이 세대의 다수가 '자산을 소비'함으로써 빈곤층으로 서서히 편입

불평등의 세대

되는 과정을 시간이 흐를수록 확장하는 결과를 가져왔다. 마지막 '무연금 세대'와 최초의 '장수 세대'가 한 세대 안에서 겹쳐지며 발생한 희극이자 비극이 아닐 수 없다. 복지 체제가 발전하지 못한 사회에서의 고령화는 노인 빈곤율 세계 1위로 귀결될 수밖에 없는 것이다.

이 세대는 또한 '자산의 증여 및 상속'을 통해 스스로 빈곤을 '선택'한 세대이기도 하다. 이 세대 아비투스의 핵인, 직계 씨족에게 자신의 자산을 물려주고자 하는 강한 상속 욕구와 국가의 '수취'에 대한 강한 저항의 DNA는, 자산을 이전하는 과정에서 증여세 및 상속세를 최소화했을 뿐 아니라 스스로의 자산 소비 역량도 최소화하며 국가가 제공하는, 최소한의 소득으로 노후를 연명하는 길을 택하도록 이끌었다. 이 세대의 '씨족과 가족을 통한 부, 권력 그리고 안전망으로서의 상속 욕구'는 다음 세대로 '전승'되며 한국 시민사회에 '공적 복지 안전망'이 형성되는 것을 지속적으로 제약하는 주요한 요인으로 기능하고 있다. 이 세대는 생물학적 연령의 한계로 한국 사회에서 서서히 사라지더라도, 그 문화적 유산은 강고하게 지속될 것이다.

불행히도, 공적 복지의 부재 전통과 결합된 '사적 안전 자산 형성을 통한 복지'(윤홍식 2017)의 문화적 DNA는 국민연금을 30년 이상 납부하면서 노후 복지의 기반이 형성된 386세대에게도 그 전통이 이어질 것으로 보인다. 국민연금의 낮은 소득대체율*과 공적 연금으로 걷히지 않은, 즉 소비되지 않고 남은 노동 소득이 축적된 결과, 386세대 또한 앞선 세대 못지않은 거대한 자산 투자 여력을 갖게 된 것이다. 경제 발전과 세계화에 따른 30여 년에 걸친 고소득의 축적과 낮은 사회복지세는 산업화 세대를 압도하는 여유 자산을 생성시켰다. 이 상대적으로 유동성이 높은 자산은 386세대의 은퇴와 함께 자산 시장의 불안정성과 투기성을 계속 유지시키는 한편, 노령화와 함께 자산 투자 심리를 더욱 자극할 것이다. 이 세대는 이미 은퇴기에 진입하고 있기에 국민연금의 소득대체율 향상과 납입금 증가를 통한 자산 형성 욕구의 조절은 이미 늦은 것으로 보인다. 사적 연금과 금융자산만으로는 이 세대의 축적된 자산 투자 역량을 조절하기는 미진한 듯 보이며, 향후 20년간 주기적으로 부동산 시장에 버블을 만들면서 자산 가격의 폭등과 폭락을 주도할 것으로 예상된다.

요약하면, 1930~1940년대생들의 '세대의 기회'는 포스트 386세대 내부의 자산 불평등 증가로 이어졌다. 1970년대 후반 출생 세대부터 노동시장 진입 이전에 이미 증여를 통해 '자산의 이전'을 완료한 자산계급과 무자산 계급의 격차가 급격히 증대함에 따라 현 청장년 세대 내부의 자산 불평등이 급증했고, 이 청년 세대의 '자산계급'에 의한 자산 형성 투자도 급증하고 있다. 따라서 현 386세대의 은퇴 이후에도 사적 자산 형성을 통한 노후 복지와 세대 간 이전 활동은 산업화 세대 못지않게 활발할 것으로 예상

---

* 연금의 생애 평균 소득 대비 비율(%).

된다. 이로 인해, 현 청장년 세대의 공적 복지에 대한 욕구 선호도 또한 자산의 소유 정도에 따라 극명하게 이분화될 가능성이 있다. 포스트 386세대, 특히 현 청년 세대 내부의 극심한 자산 불평등은 이 세대의 공적 복지에 대한 선호도를 양극화시킬 수 있는 것이다. 이와 관련한 최근의 연구들은 서구와 한국 사회에서 모두 자산 축적이 복지국가의 확장, 재분배, 복지를 위한 세금 인상에 대한 선호를 약화시킨다는 경험적 결과를 보여주고 있다(Ansell 2014; 김항기·권혁용 2017; 이철승 외 2018).

따라서 자산 시장의 팽창과 그에 대한 '세대의 집단적 관심과 정보의 네트워크'는 중산층 노동자로 하여금 '일확천금'의 꿈을 잉태시키고, 자산 투자 성공담에 대한 집단적 '질투와 선망'의 사회 분위기를 조성한다. 뿐만 아니라 자산 가격의 급격한 상승은 자산 시장에 관심을 기울이지 않는 중산층과 자산 투자 전쟁에 뛰어들 여력이 없는 저소득층을 의도하지 않은 '패배자'로 낙인찍으며, 자산 가격 상승에서 소외된 지역과 계층의 자산을 상대적으로 '저평가'함으로써 자산 불평등과 그에 기반한 계층 불평등을 더욱 심화시킨다. 이러한 '자산을 기반으로 한 복지 체제'의 확장이 노동 소득을 더욱더 자산 투자로 돌리려는 욕구는 증대시키고, '연금에 기반한 사회적 안전망' 구축을 위한 복지세 납부에 대한 동의는 약화시킬 것이다(이철승 외 2018).

한국 사회는 씨족·가족 단위의 가문 중심 안전망을 약화시키고 집합적 세대의 사회적 안전망으로 강화시킬 수 있을 것인가? 한국인들은 언제까지 인생 역정에서 발생하는 수많은 위험에 시민들이 공동으로 대처하는 공적 복지 동맹 프로젝트를 외면하고 사적 자산 증식 프로젝트에 목맬 것인가? 우리는 산업화 세대가 남긴 이 씨족 단위 각자도생 프로젝트의 유전자를 언제까지 전승시킬 것인가?

불평등의 세대

5장

한국형 위계 구조의 희생자들

청년, 여성

Q.

**한국형 위계 구조의
희생자는
누구인가?**

산업화 세대가 첫 삽을 뜨고, 386세대가 완성한 한국형 위계 구조인 '네트워크 위계'의 희생자는 누구인가? 청년과 여성이다. 이 교집합은 젊은 여성이다. 2010년대 후반 들어 급진화된 페미니즘이 부상한 것은 우연이 아니다. 급진화된 페미니즘이 '미러링'을 하고 있는 젊은 남성 보수의 부상 또한 우연이 아니다. 글로벌 금융 위기 이후 악화일로에 있는 청년 노동시장의 상황은 한국형 위계 구조와 그에 기반한 발전 전략 전체가 재생산 위기에 봉착했다는 한 징표다.

앞서 이야기했듯이 한국형 위계 구조는 '성장의 과실을 창출'하기 위해 동아시아 벼농사 체제 위에 산업화 세대가 구축한 '협업 머신'이다. 네트워크 위계는 이 머신 위에 386세대가 이념·자원 동원 네트워크와 노동 유연화 위계를 장착시킨, 보다 정교화된 착취 및 지배 구조다. 이 구조는 '나이와 연공에 따른 권력 사다리의 공유 및 경쟁'(조직 내의 위계 구조), '노동 유연화 기제에 따른 엄격한 신분제적 지배 체제의 확립'(조직 내·외부의 고용 형태에 기반한 위계 구조), 마지막으로 '탑-다운 방식의 낙수 효과를 통한 과실의 불평등한 분배'에 의해 작동한다.

그런데 한국형 위계 구조의 위기는 그 토대에서부터 온다. 나는 앞서 한국형 위계 구조가 '동아시아 위계 구조' 위에 구축되었다고 주장했다. '동아시아 위계 구조'의 특징은 무엇인가? 첫째는 나이에 기반한 연공형 위계로서, 조직과 사회의 권력을 연장자 그룹에 집중시킨다(Greif & Tabellini 2010). 둘째는 '수행적 정당성

perfomative legitimacy'(Zhao 2015)에 기반한 '실적주의'로서, 조직의 성과가 담보되지 않을 경우 연장자 리더십을 가차 없이 갈아치운다. 한국형 위계 구조의 위기는 약속했던 '과실의 분배'가 더 이상 효율적으로 이루어지지 않고 공정하게 집행되지도 않는다는 데서 오고 있다. 실적이 받쳐주지 않는데도 과밀화된 연장자 그룹이 물러날 기미를 보이지 않으면, 국가와 기업의 조직은 동맥경화에 걸리게 된다.

뿐만 아니라 위계 구조 맨 아래에서 장시간 노동을 '착취'로 인식하지 않고, 묵묵히 자신의 차례가 오기를 기다렸던 젊은 세대가 '갈린다'라는 착취를 의미하는 표현을 쓰기 시작했다. 영어로 'grind'에 해당하는 단어가 한국말로 직역되어 처음 쓰인 것이다. 현 청년 세대는 이전 세대가 당연하게 받아들였던 부장님과의 야근을 거부하기 시작한 첫 세대다. 가장 뛰어난 젊은이들은 외국계 회사와 창업을 선호하고, 심지어는 실리콘밸리로 직행하여 돌아오지 않는다. 수많은 젊은이들이 중소업체에서 '갈림'을 당할 바에는 '자발적 실업' 상태를 선호한다.

2010년대 후반, 젊은 페미니스트들은 가정·학교·일터에서 남성 상사의 위력에 의한 각종 폭력과 강제에 집단적으로 목소리를 내기 시작했다. 이전 세대의 여성들이, 여성으로서의 커리어를 조금 더 영위하기 쉬운 분야와 직업으로 '자기 선택'을 하며 수백 수천 년 동안 똬리를 튼 남성 위계 구조 자체를 뒤집을 엄두를 내지 못했던 반면에, 이 세대의 전투적 페미니스트들은 '여성에

불평등의 세대

게 국가는 없다'라는 구호와 함께 불평등의 근원을 저격하기 시작했다. 그들은 이미 내가 이야기해온 한국형 위계 구조의 완성체인 '네트워크 위계'와 조우한 것으로 보인다.

Q.

위계 구조의 희생자들 1
청년

이전 세대들과 오늘날 청년 세대가 마주한 경쟁의 장은 두 가지 점에서 차이를 보인다. 2010년대의 현 청년 세대는 이전 세대들과 달리, 구조적 불경기 아래 대학 진학률이 70퍼센트를 넘나드는 상황에서 줄어만 가는 일자리를 놓고 경쟁한다. 〈그림 5-1〉은 수출 지향형 한국 경제의 심장인 제조업 가동률을 보여준다. 산업화 세대가 70~80년대에 걸쳐 80퍼센트대까지 진입시켰던 수치가, (두 차례 금융 위기를 제외하고는) 2017년 사상 처음으로 70퍼센트 근방으로 떨어졌다. 문제는 금융 위기 시의 '충격파'로 인한 저하가 아니라 구조적으로 저하되는 경향을 보인다는 점이다. 2010~2011년을 기점으로, 제조업 가동률은 바닥을 모르는 채 천천히 하강하고 있다. 이명박 정권 말기부터 (제조업의 국제 경쟁력 저하로 인해) 이미 구조적 위기는 시작된 것이다. 2018년, 제조업과 서비스 산업 부문별로 가차 없이 사라져가는 일자리들은 (논쟁 중인 최저임금 영향 여부는 제쳐놓더라도) 이미 2010년대 초반부터 시작된 한국 경제의 구조적 위기를 일정 정도 반영하고 있을 가능성이 크다.

딜레마는 (20년 전 금융 위기 이후 가속화된) 저출산으로 인해 경쟁에 참여하는 노동인구 수가 줄어가는데도 불구하고, 청년 세대의 체감 경쟁의 정도는 더 극심해진다는 데 있다. 앞서 이야기했듯이 1970년대 초·중반 출생 세대가 1997년 금융 위기 당시 비슷한 상황을 경험했지만, 그 고통의 시간은 그리 길지 않았다. 반면, 오늘날 청년 세대는 끝 모를 불황의 터널 입구에서 터널을

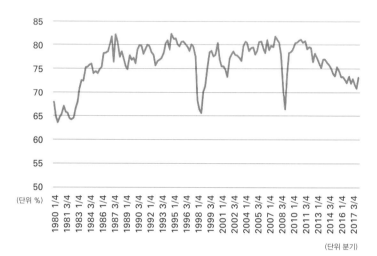

85
80
75
70
65
60
55
50
(단위 %)

1980 1/4 1981 3/4 1983 1/4 1984 3/4 1986 1/4 1987 3/4 1989 1/4 1990 3/4 1992 1/4 1993 3/4 1995 1/4 1996 3/4 1998 1/4 1999 3/4 2001 1/4 2002 3/4 2004 1/4 2005 3/4 2007 1/4 2008 3/4 2010 1/4 2011 3/4 2013 1/4 2014 3/4 2016 1/4 2017 3/4

(단위 분기)

그림5-1 제조업 가동률

※ 자료: 통계청, 산업활동동향

좀더 편하게 지나갈 수 있는 열차의 자리 몇 개를 두고 경쟁하고 있다. 구조적 불황이 몇 '세대'를 집어삼킬지도 모를 상황이니, 목숨을 건 경쟁일 수밖에 없다.

청년 세대가 마주한 또 다른 현실은, 같은 세대 내부에서 극심한 불평등이 일어남에 따라 출발선에서부터 공정한 룰이 지켜지지 않는다는 데 있다. 이른바 금수저와 흙수저가 상징하는 부모의 힘이 출발선상의 경쟁을 다르게 만들어놓았음을 실증하는 보도와 연구는 지천이다. 나 또한 앞서 산업화 및 386세대의 부상, 그 결과로 한국 사회의 위계 구조가 공고화되는 과정을 설명하면서, 오늘날 청년 세대가 처한 노동시장과 자산 시장의 불평등한 실상을 직간접적으로 언급했다. 젊은 세대일수록 근속연수는 더 짧아지고, 세대 내부의 자산 불평등은 더 심화되고 있으며, 소득 상승률은 더 낮아지고 있다. 그렇다면 지난 20여 년 동안 공고화된 노동시장의 위계 구조하에서 청년과 여성은 어떻게 불평등을 감내하고 있는가?

좁아진 진입로, 격화된 경쟁

오늘날의 (유사) 신분계급화는 과거처럼 반상제와 노비제라는 단순한 신분계급을 통해서가 아니라, 보다 복잡해진 사회구조 하의 다양한 경쟁 체제를 통해 이루어진다. 그렇다면 (유사) 신분계급화는 어디서, 어떻게 이루어지는가? 나는 2장에서 '결합노동시장 지위'라는 개념을 통해 세 가지 기준을 제시했다. 고용 형태가 정규직 혹은 비정규직인지 여부, 일터가 대기업인지 중소기업인지 여부, 그리고 작업장에 노조가 존재하느냐 아니냐의 여부였다. 이 세 가지 기준 중 대략 둘 이상을 갖고 있을 때, 노동시장 지위에서 상층을 차지한다. 대기업–정규직–유노조, 대기업–정규직–무노조, 중소기업–정규직–유노조가 그들이다. 이들은 전체 임금노동자의 약 20퍼센트로, 노동시장 지위 상층을 구성한다. 다음으로 대기업–비정규직–유노조, 중소기업–정규직–무노조, 대기업–비정규직–무노조가 노동시장 지위의 중층을 구성한다. 이 세 그룹은 임금노동자의 약 30퍼센트를 차지한다. 마지막으로, 하나도 갖고 있지 못한 중소기업–비정규직–무노조와 금융 위기 와중인 2008년 하층으로 하락한 중소기업–비정규직–유노조가 노동시장 지위의 하층 50퍼센트를 구성한다. 이 하층은 조직화되지 않은 비정규직, 특수 고용 그리고 실업 상태를 넘나들며 몇 년 단위 계약과 극도로 짧은 불안정한 계약 속에서 '연명'하는 계층이다.

만일 경제활동자의 절대 다수가 이 세 지위 중 어느 한 지위로 진입한 다음 일생토록 별다른 변화 없이 그 안에 머문다면, 우리는 그 사회의 노동시장 구조가 '신분계급화'의 초입에 진입했다고, 다시 말해 '(유사) 신분계급화'했다고 볼 수 있다. 또한 부모

　　　　　　　　　　불평등의 세대

세대의 노동시장 지위가 그 자식 세대에서도 큰 변화 없이 계승된다면, 우리는 노동시장 지위가 '세습화'되었다고 말할 수 있다. 따라서 이 세 지위가 조선 시대의 양반·중인·상민·천민과 같이 가족 세대(정확히는 모계)를 따라 '절대적으로' 세습되지는 않더라도 '높은 확률로' 유지된다면, 우리는 확률적 의미에서 신분 세습화가 진행되고 있다고 간주한다. 더구나 이러한 노동시장 지위가 경제적 불평등을 넘어 사회적 인정 체계에서 차별을 만들어내고 있다면, 이는 문화적 재생산 기제로서의 지위까지 획득한 것이다.

〈그림5-2〉는 앞의 〈그림2-3〉을 성별로 나누어 다시 작성한 것이다. 2004년 당시 남성만 놓고 볼 때, 상층 노동시장은 30대 후반~40대 초반 연령대가 최대 다수를 구성하고, 그 위와 그 아래 연령은 수가 줄어드는 항아리 모양의 '중간이 두터운' 구조였다. 젊은 청장년층이 다수를 점하며 각 조직의 허리를 구성하고, 50~60대가 리더 계층을, 20대~30대 초반이 기층을 구성하는 형태였던 것이다. 한 조직에 적당한 경험과 활력을 가진 중간층이 두터울 때, 새로운 아이디어를 사업화하고 효율적으로 시장을 개척할 추진력을 확보할 수 있게 된다. 하지만 2015년에 이르면, 이 항아리 모양의 허리를 구성했던 (386세대인) 40대가 50대에 진입하면서, 상층이 두텁고 중하층으로 갈수록 얇아지는 구조로 바뀌었다. 노동시장 지위 상층이 '노령화'되며 항아리 구조가 역삼각형 구조로 바뀐 것이다. 조직에서 새로운 아이디어를 내고 현장을 진두지휘하며 뛸 사람들이 안 보이고, 명령을 내리며 '시키는'

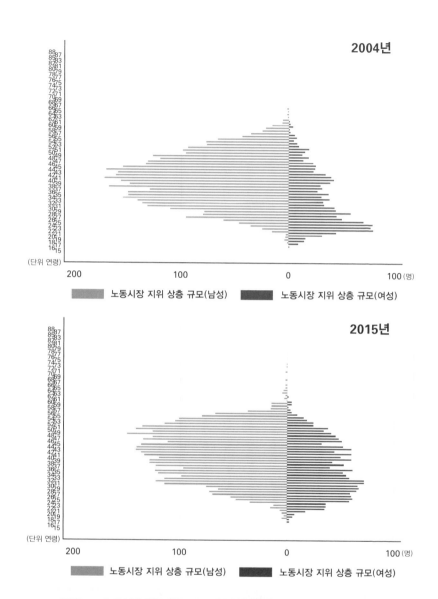

그림5-2 노동시장 지위 상층 규모 성별 - 연령별 분포

※ 자료: 경제활동인구 부가조사 2004년, 2015년

자들이 더 많아진 것이다. 앞서 보았던 정치권력과 기업 수뇌부를 장악한 386세대의 부상이 권력 조직의 최상부에만 해당되는 이야기가 아닌 것이다. 한국 사회를 거대한 하나의 단일 기업 조직이라고 가정한다면, 동일한 현상이 기업 전체에서 진행되고 있다.

이 상층의 '노령화'는 어떤 결과를 가져왔는가? 각 기업 조직이 노령화됨에 따라, 연공제를 고수하고 있는 한국의 기업들은 총 노동비용의 상승 압력에 처했다. 기업의 수뇌부와 중간 관리자까지 장악한 386세대는 어떻게 이 압력에 대처했는가? 기업이 매출과 수익을 통해 그만큼 덩치가 커졌다면 모르겠으나, 다른 조건이 같다면 총인건비를 유지하기 위해 젊은 세대에 대한 신규 채용을 줄일 것이고 실제로 그렇게 했다. 오늘날 우리가 목도하고 있는 청년 고용 위기의 한 원인이다. 50대가 늘어난 곳에 줄어든 세대는 40대, 30대 그리고 20대였다. 특히 2004년 당시 상층의 24.5퍼센트를 구성했던 20대는, 2015년에 이르면 17.3퍼센트로 줄어든다.

청년들에게 상층으로 들어가는 진입로가 좁아진 것은 틀림이 없다. 하지만 모든 청년이 중소기업에서 비정규직으로 자신들의 커리어를 시작하는 것은 아니다. 상층 노동시장의 규모는 지난 10여 년간 조금씩 증가해왔고(20퍼센트→23퍼센트), 386세대부터 시작된 출산율 저하로 인해 청년 세대의 노동인구는 오히려 감소해왔다. 따라서 상층으로 진입하는 청년 세대 전체 대비 세대 내의 상층 진출 비중은 오히려 늘어왔다(〈그림5-3〉). 그렇다면 청년 세대는 왜 갈수록 더 심한 박탈감과 경쟁, 조직 내 위계로 인

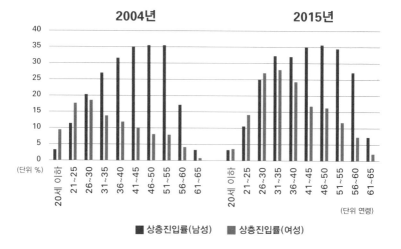

그림5-3 노동시장 지위 상층 내 성별-연령별 진입률 및 생존율

그래프 수치는 (상층 진입자 및 생존자 수)/(성별 및 연령 전체 노동시장 인구)
※ 자료: 경제활동인구 부가조사 2004년, 2015년

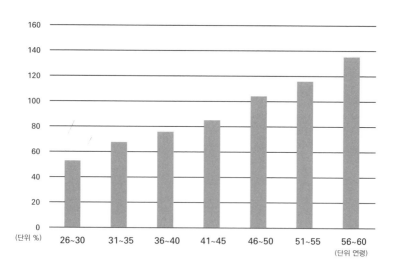

그림5-4 대학 졸업자 대비 연령별 상층 노동시장 진입률 및 생존율(2015년)

※ 자료: 경제활동인구 부가조사 2015년

한 피로감을 호소하는가?

첫번째 설명은, 이 세대의 높은 대학 진학율이 '실제 경쟁률'을 상승시켰다고 보는 것이다. 각 세대의 전체 임금노동자(혹은 경제활동인구) 대비 노동시장 지위 상층 진입률(생존율)을 계산하지 않고 대학 졸업자만을 놓고 보면, 상층으로 진입하기 위한 경쟁은 훨씬 더 치열해지지 않았을까? 〈그림5-4〉는 이 가설을 결정적으로 지지한다. 2015년 기준, 대학 졸업장을 갖고 있는 (경제활동)인구 대비 상층 진입률(생존율)을 계산하니 연령별로 상층 진입률(생존율)은 극적으로 벌어진다. 오늘날 20대 후반은 53.4퍼센트인 데 비해, 386세대의 경우 117퍼센트와 135퍼센트다. 어떻게 대학 졸업자의 생존율이 1이 넘어갈 수가 있는가? 답은 대학 졸업자보다 상층 인구가 더 많았다는 것이다. 다시 말해서 386세대의 경우, 상층 노동시장에 진입하는 데 군이 대학 졸업장이 필요하지 않았지만(비대졸자도 상층에 진입할 수 있었지만), 현 20대 후반은 대학 졸업자 가운데 둘 중 하나만 진입할 수 있는 것이다. 386세대가 산업화 세대에 비해 아이는 덜 낳으면서, 어떻게든 자식들은 대학에 보낸 결과다. 이들 세대가 자식의 수를 줄여 집중적으로 교육에 투자한 결과, 상층으로 진입하기 위한 대학 졸업자들 간의 투쟁이 한층 격화된 것이다. 이 과잉 자격 세대는, 따라서 상층에 진입해야 할 자격은 갖고 있지만, 실제로는 진입하지 못하는 다수를 만들어낼 수밖에 없다. 상층에 진입하지 못한 절반의 대학 졸업자들은 중층에 진입하거나 취업을 유예한 채, 끊임없이 상층의 문을 두드릴 것이다. 왜 수는 줄었는데 경쟁은 격화되었는 지의 답이 여기에 있다. 386세대의 상층 그룹이 자신들의 기득권 을 유지하기 위해 쌓은 성벽 아래에 그들의 자식들이 스펙 경쟁 을 하며 필사적으로 기어오르고 있는 형국이다. 세대론과 계급론 이 겹쳐지는 순간이다.

두번째 설명은, 이 세대는 공정성에 훨씬 민감하다는 것이 다. 네트워크 위계를 통해 상층 노동시장에 자리 잡고 있는 기득 권층이 품앗이 네트워크를 통해 자신들의 자식들에게 특혜를 주 어 취직시키는 일이 비일비재하자(취직자의 청탁 비율이 80퍼센트 를 넘었던 강원랜드 사건을 보라), 이 세대는 취업 문이 실제 수치 보다 더 '좁아졌다'라고 느낀다. 다시 말해서, 공정성이 담보되지 않은 경쟁의 실상에 대해 이전 세대들보다 더 심각하게 반응하는 것이다. 더구나 계급(계층) 간 사회이동성이 낮아지며 상층계급 이 스스로를 재생산하는 정도가 높아지고 있다는 수많은 연구 결 과가 여론을 통해 거듭 공유되면서, 현 청년 세대는 금수저와 흙 수저의 대비를 일찍부터 '내면화'하고 있는 세대이기도 하다. 이 미 아파트가 여러 채 있는 조부모를 뒀거나 자기 명의의 집과 건 물이 있는 친구들을 보며 자란 세대인 것이다. 상층에 진입할 수 있는 문은 좁아지고 진입하고자 하는 경쟁자들은 많아졌는데, 불 공정한 게임의 수혜자들은 점점 더 많이 (언론과 SNS의 발달로) 눈에 띄는 형국이다. 게다가 상층 노동시장에 진입하더라도 월급 쟁이 수입으로는 서울에서 집 한 채 장만하기가 요원해지면서, 집단적으로 흙수저 신세를 한탄하는 세대이기도 하다. 이들은 게임 참가자들의 수는 늘고 경쟁은 격화되었건만, 게임의 결과는 받아들이기 힘들어하는, 어쩌면 영원히 '공정한 게임'을 희구하는 세대다.

Q.

**위계 구조의 희생자들
혹은 경쟁자들** 2
여성

386세대가 상층을 장악함과 동시에 진행된 구조적 사회변동의 과정에서, 여성의 사회 진출이 확대되고 조직 내에서 여성의 생존율 또한 증가했다. 〈그림5-2〉의 A와 B는 이 과정을 가감 없이 보여준다. 적어도 수적으로는, 지난 10여 년 동안 여성의 사회 진출이 눈에 띄게 확대되고 상층 노동시장 내부에서 살아남는 확률도 확연히 증가했다. 그렇다면 여성은 위계 구조의 희생자일 뿐인가? 아니면, 지난 10여 년간 위계 구조 내부에서 자신들의 자리를 나름 확보해왔는가? 절댓값으로는, 즉 상층 노동시장 전체에서 남성 대비 여성의 비율(2004년 25.4퍼센트, 2015년 31.6퍼센트)만을 보면, 여성의 동등한 사회참여라는 페미니즘의 이상에는 아직 턱없이 모자란다. 하지만 지난 10여 년간 이미 사회에 진출했던 포스트 386세대 여성들과 새로 노동시장에 진입하고 있는 여성들은 과거에 비해 남성들과 더 동등하게 경쟁하며 한국형 위계 구조의 한구석을 허물고 있다. 한국형 위계 구조의 위기는, 남성들의 위계 문화와 네트워크에서 소외되었지만 그로 인해 오히려 상대적으로 자유로운 여성들로부터, 다시 말해 한국형 위계 구조의 중핵이 아닌, 변방에서 시작될지도 모른다.

　　〈그림5-2〉의 A와 B 오른편에 제시된, 상층 노동시장에 분포되어 있는 여성들의 비율은 노동시장에서 여성들의 확대된 역할을 명징하게 보여준다. 2004년 당시, 아직 여성들은 연공서열의 바닥, 즉 젊은 연령대에 집중되어 자리를 잡고 있다. 그 비율은 남성에 비해 아직 미미하지만, 시간이 지날수록 여성 비율이 확대되

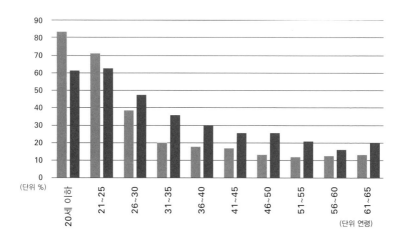

그림5-5 노동시장 지위 상층 내 연령대별 여성의 비율

※ 자료: 경제활동인구 부가조사 2004년, 2015년

는 경향은 폭발적이다. 2004년과 2015년의 성별 분포 모두, 다수의 남성들, 특히 군필 대졸 남성이 아직 노동시장에 진입하지 않은 25세 이전에는 여성들의 비율이 훨씬 높다. 대졸 남성이 본격적으로 노동시장에 진입하는 20대 후반에 이르면, 여성들의 비율은 확연히 줄어든다. 하지만 2015년이 되면, 이 연령대에서 여성들은 남성들을 거의 따라잡는다. 이 세대 여성들의 (남성 대비) 상층 노동시장 점유율은 47.5퍼센트로(〈그림5-5〉), 남성과의 차이가 사실상 없어진 것이다.* 하지만 이 세대가 10년 혹은 20년 후 상층 노동시장에서 얼마나 살아남을 수 있을까?

이처럼 젊은 세대 여성들의 분투에도 불구하고, 그 윗세대 여성들의 생존율은 그리 높지 않다. 〈그림5-3〉은 청년의 생존율뿐 아니라 성별 진입률 및 생존율** 또한 보여준다. 상층에서 활동하고 있는 임금노동자를 전체 임금노동자 수로 나눈 100분위 지표로서, 2004년 당시 여성들의 진입률 및 생존율은 남성에 비할 바가 못 된다. 그 무렵 40세에서 55세에 이르는 남성들의 35퍼센트 정도가 상층 노동시장에 속했다면(1950~1964년 출생 세대), 여성들은 8~10퍼센트 남짓만이 상층에 속해 있었다. 나머지 90퍼센트가 넘는 여성들은 중하층 노동시장에 편입되어 있었던 것이다.

---

* 1980년대 후반 출생자들인 이 세대는 오늘날 한국 사회에서 미투운동과 함께 부상한 페미니즘을 주도하는 세대이기도 하다.

** 여성의 세대별 상층 생존율은 최초 노동시장 진입 시점을 기준으로 입직 규모 대비 상층 노동시장에 남아 있는 특정 세대 여성의 수(퍼센트)로 정의될 수 있다.

386세대의 여성들은 동 세대 남성들과 달리, 애초부터 소수만 상층 노동시장에 진입했거나 진입한 자들도 장기간 생존하지 못했던 것으로 보인다. 출산과 육아 시스템이 갖춰지지 못한 상황에서 일과 육아를 병행하기가 힘들었고, 가부장 문화가 지배적인 386세대의 남성들이 육아에 동참하지 않았기에 벌어진 세대의 한계다. 이 세대의 여성들은 육아를 어느 정도 완료한 다음인 40대에 노동시장에 돌아오더라도 상층으로 재진입하지 못하고, 중하층 노동시장 ─ 비정규직이나 파트타임 ─ 으로 진입했다. 따라서 386세대가 정치권과 시장에서 구축하고 향유한 상층 권력 네트워크는, 철저히 남성 중심적인 것이었다. 386세대가 완성한 한국형 위계 구조는 견고한 남성 중심 가부장 사회인 것이다.

386세대의 소수 여성들만이 상층 노동시장에서 생존했다면, 그 바로 아랫세대(현 40대) 여성들은 2015년에 10퍼센트 후반대의 생존율을 보여준다. 두 배 가까운 상승률이다. 다시 한 세대 밑(현 30대)으로 가면, 앞에서 이야기했듯이 30퍼센트가량으로 생존율은 높아진다. 이 수치는 (교육과 취업을 위해) 출산과 육아를 뒤로 미뤘기 때문일 수도, 혼인율이 낮아졌기 때문일 수도, 아니면 이전 세대에 비해 육아 환경이 더 좋아졌기 때문일 수도 있다. 어느 쪽이건, 한국 사회는 더디긴 하지만, 상층 노동시장으로 진입하는 여성들의 비율이 높아지면서 생존율도 함께 상승하고 있는 것이다. 하지만 이 세대는 2004년(20대 후반)에 40퍼센트 가까운 비율로 노동시장에 진입했던 세대이기도 하다. 11년 후에 30퍼센트만 남아 있다는 것은, 네 명 중 한 명은 출산을 위해 노동시장에서 자발적으로 혹은 (아마도) 반강제적으로 철수했음을 의미한다. 이 수치는 오늘날 세계 1위의 저출산 국가라는 오명이 어디서 비롯되었는지를 보여준다. 높은 노동시장 생존율은 상층으로 진입하기 위한 치열한 경쟁 속에서 (합리적으로) 출산을 포기·거부하거나 뒤로 미룸으로써 가능했다. 이러한 젊은 세대의 경향은 개인 수준에서는 육아 부담으로부터의 해방이지만, 그 사회적 결과는 저출산의 재앙이다.

저출생 세대의 노동시장 진입과 함께, 여성들의 노동시장 진입은 한층 활발해질 것이다. 하지만 한국형 남성 위계 구조로 짜여 있는 노동시장과 기업 조직에서 여성들을 평등하게 대우하는 양성평등의 문화를 만들기까지는 갈 길이 멀다. 이들 청년 여성들의 양성평등 사회를 위한 투쟁의 가장 큰 장벽은, 아마도, 오늘날 각 분야에서 최상부를 장악하고 있는 386세대 남성들일 가능성이 크다. 산업화 세대의 가부장 리더들과 마찬가지로, 이들은 출산휴가를 써본 적도 줘본 적도 없다. 민주화 투쟁과 조직화의 경험에는 육아와 가사에 대한 분담의 의무 또한 없었다. 기업을 세계화하기 위한 이 세대의 장기 출장 시, 육아의 의무는 오롯이 여성들의 독박이었다. 청년 여성들로서는 이토록 극단적인 '비동시성의 동시성'이 따로 없을 것이다.*

젠더정치의 한계
임금 불평등

여성들이 겪는 조직 내 차별은 노동시장에서의 세대별 생존율 못지않게, 임금을 통해 더욱 적나라하게 드러난다. 나는 통계 모델을 이용해 앞서 구축했던 결합노동시장 변수와 성별 변수를 합하여 하층 여성부터 상층 남성에 이르는 여섯 개의 노동시장 지위 변수를 만든 다음, 지난 10여 년간의 임금 불평등을 측정해 구체적인 수치로 계량화했다.** 분석 결과, 다른 모든 데이터 안에 존재하는 인구학적 변수(나이와 교육)를 통제한 후에도, 노동시장 지위 상층 여성의 임금 수준은 중층 남성의 임금보다도 낮게 측정되었다(〈그림5-6〉). 2004년 당시 상층 여성은 하층 여성

---

* World Values Surveys(2014) 최신 모듈을 이용한 내 분석에서 "여성은 (밖에서 일하기보다는) 집에 머물며 아이 보기를 선호한다"라는 진술에 찬성하는 세대 간 차이가 동아시아 4국(한국, 일본, 대만, 중국) 중 한국이 가장 컸다. 한국의 젊은 세대는 4국의 젊은 세대들 중 이 진술에 반대하는 정도가 가장 컸으며, 한국의 (60대 이상) 노인 세대는 4국의 노인 세대들 중 이 진술에 찬성하는 정도가 가장 높았다. 동아시아에서 한국의 노인(산업화) 세대는 유교적 가부장제 이념이 가장 강하게 잔존하는 세대이고, 한국의 청년 세대는 자유민주주의의 평등주의와 개인주의가 가장 강하게 자리 잡은 세대인 것이다.

** 이 절은 나의 논문(2017)인 「결합노동시장 지위와 임금 불평등의 확대」의 결과 기술 부분을 수정·보완한 것이다. 구체적인 통계분석 결과(표)는 논문 130~35쪽을 참조하라.

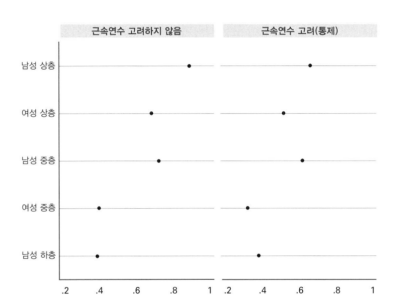

그림5-6 결합노동시장 지위별 2004년 임금 추정식의 회귀계수 크기 비교: 남성 대 여성

다섯 개의 회귀계수는 하층 여성을 기준 카테고리(절편값)로 놓았을 때 절편값보다 더 큰 정도로 측정된다.

※ 자료: 경제활동인구 부가조사 2004~2015

보다 98퍼센트 더 높은 임금을 받았지만, 중층 남성은 하층 여성보다 106퍼센트 더 높은 임금을 받은 것이다(상층 남성은 하층 여성보다 146퍼센트 더 높은 임금을 받았다). 다음으로 중층 여성의 임금은 하층 남성의 임금과 큰 차이가 없다. 다시 말해서 기존의 상층·중층·하층의 노동시장 지위 구분에 성별 변수를 도입할 경우, 각 그룹 내부의 차이가 현격하게 드러났다. 사실상 상층 남성이 한 그룹, 상층 여성과 중층 남성이 한 그룹, 중층 여성과 하층 남성이 한 그룹, 마지막으로 (그림에는 보이지 않는) 하층 여성이 한 그룹을 형성하며 네 개의 그룹이 존재하는 것과 다를 바 없다. 〈그림5-6〉의 두번째 패널은 결합노동시장 계층 내부, 즉 같은 계층의 남성과 여성 노동자 간의 임금격차를 보여준다. 여기서 보이는 격차는, 세 가지 노동시장 지위 외에도 가용 가능한 모든 (학력과 근속연수를 비롯한) 인구학적 변수들을 통제한 후 발견되는 '차별'이어서 더욱 충격적이다.

그렇다면 이러한 임금 차별이 시간의 추이에 따라 어떻게 변했는가? 〈그림5-7〉에서 이 임금 상승의 정도를 통계적으로 확인했을 때, 상층과 중층의 여성 노동자들이 남성들과는 비교할 수 없을 정도로 낮은 임금상승률을 감내해왔음을 보여준다. 상층 남성 노동자들의 임금상승률을 반영하는 회귀계수가 0.012인 데 비해 상층 여성 노동자들은 그 절반에 불과한 0.006으로, 중층 남성 노동자들의 임금상승도(0.005)보다 조금 높은 수준이다. 중층 여성 노동자들의 임금상승도(0.004) 역시 중층 남성 노동자들보

불평등의 세대

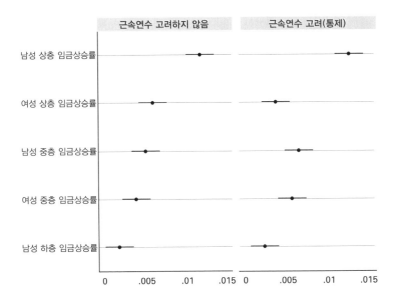

그림5-7 결합노동시장 지위별 임금상승률 추정식의 회귀계수 비교:
남성 대 여성

다섯 개의 회귀계수는 하층 여성을 기준 카테고리(절편값)로 놓았을 때 절편값
보다 더 큰 정도로 측정된다.

※ 자료: 경제활동인구 부가조사 2004~2015

다 낮다. 이 계수를 구체적 수치로 표현하면, 2015년 당시 상층 남성은 하층 여성보다 180퍼센트 더 높은 임금을 받은 데 비해, 상층 여성은 하층 여성보다 111퍼센트 더 높은 임금을 받았다. 같은 해, 중층 남성은 하층 여성보다 118퍼센트 더 높은 임금을 받으며 상층 여성보다 여전히 더 높은 임금을 받았다. 중층 여성과 하층 남성은 하층 여성보다 각각 55퍼센트와 49퍼센트 더 높은 임금을 받았다. 2004년에 확인된 네 개의 그룹이 2015년까지 그 격차를 더욱 벌리며 확연히 자리를 잡은 것이다.

이러한 임금 불평등은 근속연수, 즉 직장 경력이 같다고 상정하고 비교해도(〈그림5-6〉 두번째 패널) 마찬가지 결과를 낳는다. 근속연수를 고려(동일하게 가정)한 후에도, 남성과 여성 간의 임금 불평등은 놀라울 정도다. 우선 근속연수를 고려할 때, 상층 남성과 상층 여성의 차이가 급격히 줄어든다는 점에 주의하자(상층 남성의 회귀계수는 0.887이 0.656으로, 상층 여성은 0.679가 0.511로 감소한다). 이는 상층과 중층, 상층과 하층과의 임금격차가 사실은 근속연수에서 비롯된 것임을 보여준다. 앞 장의 노동시장 지위에 따른 엄청난 근속연수의 차이(〈그림2-3〉)를 상기해보라. 다시 말해서, 대기업 정규직이라는 안정적인 연공에 기반을 둔 임금제가 상층과 중층의 차이를 만드는 주요한 요인이라고 볼 수 있는 것이다. 직장에 오래 붙어 있으면 자동적으로 임금이 상승하도록 설계된, 연공급에 기반한 한국형 위계 구조의 한 단면이다.

불평등의 세대

하지만 〈그림5-7〉의 두번째 패널에서는 근속연수를 고려한 후에, 오히려 상층 여성과 중층 남성의 차이가 더 벌어진다. 2004년 당시 상층 여성은 하층 여성에 비해 67퍼센트, 중층 남성은 86퍼센트 더 높은 임금을 받았다. 이는 상층 여성이 중층 남성과 그나마 비슷한 임금을 받았던 것이 (더 큰 기업 규모와 정규직으로 인한) 더 안정적인 근속연수에 기반한 것이었고, 상층 여성의 임금상승률은 중층 남성보다 훨씬 낮다는 의미다. 나이, 근속연수, 교육 수준이 모두 동일하다는 가정 하에서 말이다. 2015년에 이르면, 상층 여성은 하층 여성에 비해 75퍼센트 더 높은 임금을 받지만, 중층 남성은 100퍼센트 더 높은 임금을 받았다. 지난 11년간 상층 여성이 하층 여성과의 격차를 8퍼센트 벌릴 동안, 중층 남성은 14퍼센트 더 벌린 것이다. 이 기간 동안, 상층 남성은 하층 여성과의 격차를 95퍼센트에서 125퍼센트로 30퍼센트 더 벌렸다.

성별에 따른 임금격차의 확대는 세 계층으로 나뉘는 노동시장 지위와 인적 자본(교육)과 근속연수를 모두 통제한 후 확인된 것이라는 점에서 충격과 우려의 대상이다. 같은 사업체 규모, 같은 고용 형태, 노조가 동일하게 존재 혹은 존재하지 않는 상황에서 여성의 임금은 같은 계층에 속한 남성에 비해 한참 모자랐으며, 한 단계 낮은 계층의 남성과 임금이 동일하거나 심지어 더 낮았다. 하층 여성 대비 상대적 임금상승률 또한 같은 계층의 남성의 절반에 불과했으며, 그 아래 계층의 남성과 비슷하거나 더 낮았다. 사실상, 상층과 중층 간에 확대되어온 임금격차를 향유한 주체는 상층 남성뿐이었다고 할 수 있으며, 이 차이는 근속연수를 통제한 후에도 크게 달라지지 않았다.

이러한 차이의 상당 부분은 이 연구에서 완벽히 통제되지 않은 기술 및 숙련도, 직종, 장기근속 후 승진 여부의 차이 때문일 수는 있다. 또한 세계화·정보화·기술 고도화 과정에서 여성이 소외되었기 때문에 지속적으로 격차가 확대되었을 수도 있다. 어느 경우건, 이는 기업 승진 및 보상 체계의 문제를 넘어 교육·육아 등 모든 영역에서 여성이 겪는 차별과 밀접히 관련되어 있다. 특히 상층 남성과 상층 여성 사이에서 시간이 갈수록 벌어지는 임금격차는, 교육받은 여성들이 오히려 더 큰 차별을 받고 있을 가능성을 시사한다. 바로 한국형 위계 구조의 중요한 속성은 남성과 여성 간의 성차별이며, 2010년대에 이른 노동시장에서도 해소될 기미는커녕 점점 악화되고 있다는 점이다.

세 가지 가장 중요한 노동시장 지위 변수를 통제한 상황에서 확인된 성별 임금격차의 온존 및 확대는, 한국의 노동시장이 시장 기제에만 맡겨둘 수 없는 봉건적 요소에 의해 지배되고 있을 가능성을 의미한다. 최근의 한 연구에 따르면, 여성은 출산 및 육아로 인한 경력 단절 패널티를 감수하기 이전인 대졸 직후 입직 시기부터 이미 남성에 비해 17퍼센트나 낮은 임금을 받고 있었다(김창환·오병돈 2019). 나는 성별 격차 문제의 경우, 서구와 같이 여성 차별을 금지하거나 주요 국가기관과 정당, 기업의 최상급자 지위에 여성할당제를 도입하는 것과 같은 특별한 입법 조치를 강구해야 하는 상황에 이르렀다고 판단한다. 또한 여성 노동권을 신장하고 보호하기 위한 여성 친화적 일-가정 양립 경제 수립를 수립하고, 그를 위한 노동시장 정책 및 복지 정책의 확대가 담보되어야 할 것이다.

결국, 문제는 다시 한 가지로 수렴한다. 이 결정을 내려야 할 주체가 바로, 앞서 이야기한 성별로 계층화된 노동시장 지위의 상층 남성, 그중에서도 정치권력과 시장권력을 장악한 386세대의 리더들이란 점이다. 그들은 여성 친화적 일-가정 양립 경제체제를 수립할 뜻이 있는가? 아니면, 아랫세대는 한 세대 혹은 두 세대를 더 기다려야 하는가?

Q.

나가며
청년과 여성의 미래

한국형 위계 구조하에서 광범위하게 확인되고 있는, 취업 시장에서의 청년의 고통과 이미 취업 시장에 진입해 있는 여성들의 조직 내 차별과 수모는 더 이상 숫자로 요약할 필요가 없다. 이미 수많은 연구와 언론을 통해 확인된 이야기고, 오늘날 한국인들의 일상 담화를 통해 '기정사실화'되어 있는 내용들이다. 질문은 다른 방식으로 제기되어야 한다. '왜 모두가 인지하고 있음에도 불구하고 청년과 여성의 고통은 갈수록 깊어지는가?'

이 책은 세대와 위계에 대한 지금까지의 논의를 통해 이 질문에 대한 답을 아주 간명하게 정리한다. 그것은 386세대 리더들의 약속 위반 때문이다. 어떤 약속 위반인가?

그들은 산업화 세대가 농촌에서 옮겨온 '촌락형 위계'를 타파하는 대신, 그 위계를 한층 더 교묘하고 착취적인 것으로 대체 혹은 강화하는 데 협조 혹은 방관했다. 청년 세대에게 자신들은 겪어보지도 감당하지도 않았던 노동 유연화의 기제들을 강요하고, 자신들의 고용보장책, 임금과 복리후생은 끝없이 끌어 올렸다. 노동시장의 역삼각형 피라미드 구조, 그 상층을 구성하는 386세대의 끝 모를 임금 상승, 연공 지위상 그 상층의 최상층에 올라 있는 386 코어 세대의 최고 소득과 이들의 은퇴를 앞두고 55세에서 60세, 60세에서 63세(택시 기사), 65세(2019년 6월 부총리에 의한 공론화)로 계속해서 연장(이 논의)되는 정년을 보라. 오늘날 청년 실업과 젊은 프리케리아트precariat*의 폭증은, 이러한 386세대가 달성한 지위와 소득, 정년 연장의 직접적 결과물들이다. 386세대 리더들은 여성들이 직장과 가정을 함께 영위할 수 있는 제도들을 만들기보다, 임신한 여성 직원들을 집으로 돌려보냈다. 그 결과, 오늘날 한국은 1.0에도 못 미치는 전 세계 최저라는, 처참하도록 낮은 출산율을 기록 중이다.

고임금 때문에 외국으로 탈출한 현대자동차를 다시 불러들여 청년들에게 4000만 원짜리 정규직 일자리를 제공하자는 광주형 일자리 창출 프로젝트는 임금 하락을 걱정하는 노조의 반대로 삐걱거리며 몇 번의 좌초 끝에 간신히 논의를 이어가고 있다. 이들 노조는 자신들의 자식들의 취업을 용이하게 하는 단체협상 개정안을 통과시키고, 65세로의 정년 연장을 추진하고 있다. 자본과 386세대 상층 정규직 노조가 함께 구축한 한국형 위계 구조의 부조리극이 아닐 수 없다.

교사 지망생 사범대 졸업자는 한 해 1만 명이 넘게 교원 임용 시장에 쏟아져 나온다. 그중 겨우 몇백 명이 몇 년의 준비 끝에 정규직 교원으로 임용되고, 나머지는 정규직 교사들과 교장·교감의 모욕, 차별, 연줄 관행이 횡행하는 6개월 혹은 1년짜리 비정규직 임용 시장에 머물러 있다. 매년 새로 작성한 이력서를 들고 이 학교에서 저 학교로 메뚜기처럼 뛰어다니면서. 20년, 30년에 걸쳐 쌓인 연금과 착실히 오른 연공급으로 교사 생활을 마무리하는 정

---

* preciarious와 proletariat를 합성한 용어. 불안정 고용 상태의 파견직, 특수고용직, 용역 등의 비정규직과 실업자와 같은 노동시장 외부자를 통칭한다(이승윤 외 2019).

불평등의 세대

규직 교사들은 교원 평가나 연금 조정, 연공급 조정 이야기가 나오면 머리띠를 묶고 노동 해방을 외친다. 이들의 연공급을 조금만 조정해도 젊은 정규직 교사들을 더 많이 채용할 수 있다.

앞 단락에서 교사를 교수로, 다시 여느 대기업 생산직 노동자로, 공기업 화이트칼라로 대체해도 나머지 문장에 손을 댈 필요가 없다. 그 조합이 한국 사회의 노동시장 구조 자체인 탓이다. 2019년 여름, 대학가를 강타하고 있는 강사법 시행과 시간강사들의 집단 해고 사태도 동일한 구조에서 발생한다. 최상층 정규직 교수들의 연공에 따른 상승분을 낮춰 재원을 마련하면 대량 해고를 피할 수 있다. 하지만 아무도 그들의 연공급에 손을 대자고 이야기하지 않는다. 이 상황에서 법령만 통과되고 시행령이 발표되니, 결국 비정규직 정규직화의 피해는 그 몇 자리에 끼지 못한 다수 비정규직 강사에게 돌아가는 것이다. 이제 이들, 강좌당 겨우 1백 몇십 만 원을 받는 젊은 박사들에게 4대 보험을 만들어주고 (겨우) 3년간 충분한 수의 강의를 보장해줘야 하니, 대학은 이들 중 일부만 남기고 해고하려고 한다. 자연스레 나는 질문할 수밖에 없다. 30~40대 젊은 비정규직 강사들과 50대 정교수의 강의 질의 차이가 1억 원과 1500만 원만큼이나(일곱 배) 차이가 나는가? 젊은 비정규직 강사들과 50대 정교수들이 쓰는 논문의 질과 양은 또 일곱 배만큼 차이가 나는가? 나는 그렇다고 말할 자신이 없다. 나는 그만큼 뛰어난 강의를 하고 있지도, 그만큼 높은 생산성을 발휘하고 있지도 않다. 한국의 다른 정교수들에게 묻는다. 당신들은 그렇다고 자신 있게 대답할 수 있는가? 다른 모든 노동 시장에서 동일한 상황이 반복된다. 구조 조정이 필요한 순간, 50~60대 연공제 피라미드의 꼭대기에 있는 연장자들이 젊은이들의 목을 날린다. 이것은 신자유주의 때문인가? 아니면 탈산업화 때문인가?

이것이 산업화 세대와 386세대가 완성한 한국 경제와 노동 시장의 실상이다. 그들의 자식들은 상층 노동시장 20퍼센트, 그중 더 좋은 직장인 최상층 10퍼센트 정규직 일자리에 진입하기 위해 오늘도 학원에서, 기술학교와 기숙학원에서, 고시원과 대학 도서관에서 목숨을 건 진입 투쟁을 할 것이다. 이 땅에 민주화를 가져온 386세대가 한국 사회의 리더가 되면 조금 달라지겠지 하고 기대했던, 나를 비롯한 아랫세대들이 아둔했던 셈이다.

이제 이 책의 결론을 이야기할 순간이 되었다. 나는 지금껏 이야기해온 한국형 위계 구조가 정의롭지 못할 뿐 아니라 효율적이지도 못하다고 본다. 이제 이 위계 구조가 어떻게 위기에 처했는지를 이야기해보자.

6장

세대와 위계의 결합

네트워크 위계

Q.

세대 내 불평등이
세대 간 불평등보다 크다?

세대론의
앵글

내가 불평등을 이야기하면서 '세대'를 화두로 꺼낸 것은 결국 '위계'를 말하기 위해서였다. 나는 한반도에서 면면히 살아남아 작동하는 '위계 구조'와 불평등의 관계를 논의하기 위해 앵글을 잡아야 했다. 카메라 앵글은 빛과 피사체의 관계를 조명하고 조율하기 위한 하나의 프레임으로서의 도구다. 이 도구를, 이 프레임을 잘 쓰면 빛은 피사체의 겉모습을 작가가 의도한 대로, 혹은 의도하지 않은 속 모습까지 드러낸다. 작가는 적절한 앵글을 잡아내기 위해 기다리기도 하고, 끊임없이 자리를 옮기기도 한다. 앵글은 작품의 본질을 바꿀 수는 없지만, 본질이 어떻게 드러나는지를 결정할 수는 있다.

나는 세대론으로 '앵글'을 잡았다. (사회과학자들이) 흔히 쓰는 계급론의 앵글이 한국 사회의 뿌리 깊은, 혹은 끊임없이 변모하는 위계 구조를 효과적으로 드러내기에는 충분치 않다고 보았기 때문이다. 계급이라는 앵글이 효과를 발휘하려면, 계급을 구성하는 개개인이 적대적 타자인 자본가에게 대항하여 스스로의 이익을 방어하고 쟁취하는 '역사적 주체'로 자리매김할 수 있어야 한다. 다시 말해 피지배 계급 특유의 문화와 조직에 기반하여 '계급의식'을 형성하고, '계급의식'을 유지하기 위해 지속적으로 연대할 수 있어야 한다. 그렇지 못할 경우, 이들은 사회학적 '계층'을 이루는(사회학자나 경제학자가 정한 소득이나 자산의 카테고리에 속하는) '데이터상'의 구성원이라는 의미밖에 갖지 못한다. 심지어 이들이 더 높은 지위에 오르기 위해 원자화된 개인으로 상호 쟁투하고 있을 경우, 사회과학자가 부여한 카테고리마저 '일시적'이고 '잠정적'인 의미밖에 갖지 못한다. 나는 마르크스의 '계급'도, 베버의 '계층'도, 부르디외의 '문화계급'도, 한국 사회의 개인과 집단의 행위 및 그 행위의 동기를 분석하기 위해 충분히 적실한 개념들인지 의심해왔다.

세대론과
계급·계층론

혹자는 세대가 중요한 게 아니라 세대 내부의 계급이 중요하다고 말한다. 세대는 계급이나 성, 인종과 같은 다른 중요한 사회적 균열을 가리는 '착시 현상'이라는 것이다. 나는 그에 동의하지 않는다. 특정 세대가 권력을 장악하고 제도를 좌지우지하게 되면, 세대는 새로운 계층(계급)이 형성되는 과정의 출발이자 그 바탕일 수도 있다. 산업화 세대의 이익을 구성하는 원리이자 동원의 기초였던 지역주의가 '실재하는 계급의 모순'을 가로막는 '착시 현상'이라고 본다면, 그것은 계급으로 지역주의를 덮어씌우는 학자적 논리일 뿐이다. 지역주의는 벼농사 중심의 촌락형 위계 구조에서 비롯된 산업화 세대의 핵심 정체성이었다. 발전국가하의 불균등한 자본 축적과 계급(계층)화를 추동한 한국 사회 기저의 힘이 지역주의인 것이다.

세대의 작동 방식은 의외로 지역주의와 유사하다. 산업화 세대의 대구·경북 지역주의가 이 지역을 기반으로 한 배타적 권력·이익 독점체였다면, 386세대의 '네트워크 위계'는 이념의 세대적 경험에 기반한 또 다른 의미의 배타적 권력·이익 독점체다(동의할 수 없다면 1장과 2장의 데이터를 다시 참조하라). 둘 다 다른 지역이나 다른 세대가 취할 수 없는 지위를 통해 뭉친 배타적 권력 독점체인 것이다.

"세대 내 불평등이 세대 간 불평등보다 크다."

학회 심포지엄에서, 수업에서, 비공식 토론 자리에서 '세대론'을 꺼낼 때 흔히 튀어나오는 반발은 '세대 간 불평등'보다 '세대 내의 불평등'이 더 크고 중요하다는 이야기다. 이 책의 2장에서 경험적으로 확인한 사안이기도 하다(〈그림2-9〉). 쉽게 풀이하면, 산업화 세대와 여타 세대 간의 불평등 혹은 386세대와 여타 세대 간의 불평등은 무시할 만한 것이고, 산업화 세대 혹은 386세대의 내부에서, 여타 세대의 내부에서 정보와 네트워크, 자산과 소득의 격차가 훨씬 크다는 것이다. 양적 통계 방법론의 언어로 이야기하면, 세대 내에서 계층화가 더 가속화되고 그로 인한 불평등이 커질수록, 세대의 설명력은 감소한다고 볼 수 있다. 세대 간에 발생하는 계층화의 원인이 세대별로 불균형한 네트워크 및 권력 자원에서 비롯된다면, 세대 내에서 발생하는 계층화는 세대와 관련 없는 여타 권력 자원(대표적으로는 '계급,' 신광영 2009)이 불균형하게 분포되었기 때문이다. 세대 내부에서 세대의 네트워크가 가져다주는 '권력 자원'의 수혜를 받지 못하는 집단이 커질수록, '세대정치론'은 힘을 잃게 된다는 것이다. 어쩌면, 세대의 틀이 불평등의 모든 차원을 설명할 수는 없으니 당연한 귀결이다.

결국, 이 관점을 지지하는 연구자들의 잇따르는 충고는 '세대 간 불평등을 과장하지 말라'라는 것이다. 모든 불평등 연구자는 세대 간의 불평등이 크지 않다는 명제가 참이라는 것을 안다 — 적어도 회귀식의 결정계수* 값으로는. 세대 간 불평등이 세대 내에서 일어나는 불평등보다 더 큰 사회는 없다. '세대' 변수는 회귀식상의 한 변수 혹은 몇 개의 변수일 뿐이다. 연구자들이 흔히 회귀식에 함께 넣어 '통제'하는 교육 자본과 고용 형태, 성별, 근속연수와 같이 잘 알려진 '불평등'의 요인들(의 총합)에 비해 '세대'와 '연령' 변수가 설명하는 불평등의 변이는 그리 크지 않다. 이 또한 한국뿐 아니라 여타 선진국과 개도국에서 공통으로

---

* coefficient of determination, r-square. 변수 X가 변수 Y의 변이를 설명하는 정도를 계량화한 값.

확인되는 사실이다.

하지만 의문은 남는다. 그럼에도 불구하고(임금 및 소득 격차에서 세대 간 불평등이 차지하는 부분이 크지 않음에도) 왜 '세대'가 그토록 주목을 받는가? 왜 여전히 사람들은 이러한 잘 알려진 (계급과 같은) 요인들보다 '세대'를 먼저, 즉각적으로 불러들여 '세대 간 갈등'을 더 쉽게, 더 분노에 차서 부각시키는가? 대중의 허위의식 때문인가? 나와 같이 세대를 소환하여 환기시키며 '세대'를 정치적 동원의 수단으로 삼는 지식인들과 정치인들 때문인가? 그럴 수도 있다. 이 책을 마무리하는 순간에도, 여야가 모두 청년들의 표를 가져오기 위해 필사적으로 '새로운 청년정치' 프레임 전쟁을 하고 있으니 말이다. 그렇다면 청년들이 자신들의 고통에 대한 분노를 윗세대를 향해 표출하는 것은, 계급 구조라는 '심층·심급'을 꿰뚫어보지 못한 표피적·피상적 반응인가?

'세대'의 문제는 특정 정치·경제적 국면에서 더 '문제적'이다. 이 책의 앞부분은 한국 현대사의 두 주요 세대였던 산업화 세대(1920년대 후반~1940년대 초반 출생)와 386세대(1950년대 중·후반~1960년대 후반 출생)가 바로 그 문제의 정치·경제적 국면을 겪었던 사회 세력이고, 그로 인해 이 세대 주변으로 권력이 집중되었다고 주장했다. 1장과 2장에서 내가 제시한 다양한 증거들은 적어도 '세대 간 불평등의 문제'가 '세대 내 불평등이 더 크다'라는 단순 비교로 묻어버릴 사안이 아님을 보여준다. 똑같은 논리로 (〈그림2-9〉에서 보았듯이) '세대 간 불평등 지수도 급격히, 만만치 않은 양으로 증가하고 있으니 무시해서는 안 된다'라는 단순 수치 비교를 통해 계급론자들을 설득할 일도 아니다.

나는 세대의 이면에 자본가와 노동자의 대립이라는 계급 갈등과 반드시 겹쳐지지 않는, 깊은 구조적 배경이 있다고 본다. 첫째는 조직 내 위계와 세대가 일치한다는 점이다. 우리가 일상적으로 학교와 일터에서 마주치는 사람들은 '윗분들'과 '아랫것들'로 나뉜다. 한국 사회 조직 내의 위계 구조는 나이와 세대로 구분된다. 학교와 일터에서는 직급과 서열에 따라 구성원들을 줄 세우며 일상의 명령과 노동이 위아래, 즉 수직적으로 전달되고 교환된다. 일터와 노동은 직급 간의 긴장과 갈등을 '세대 간 긴장과 갈등'으로 전치시키는 것이다. 이 경향은 한국과 같은 강한 유교적 위계 구조를 가지고 있는 사회에서 더욱 두드러진다. 조선 후기 실학자 유형원이 신분제가 사라진 곳에서 사회질서를 유지하는 유일한 버팀목으로 보았던 '나이'(Palais 1996)에 기반한 위계질서가 현대의 한국 사회에서 '명맥'을 이어가고 있는 것이다. 이 '전치' 현상은 '착시'인가? 계급 갈등이 '세대 갈등'으로 잘못 표출된 것인가? 다시 이야기하지만, 나는 그렇게 생각하지 않는다.

둘째는 조직 내 혹은 조직 외부 세대와 연대의 단위가 일치한다는 점이다. 우리의 일상적 친구 관계는 '세대 내'에서 이루어진다. 조직 내의 위계와 착취 구조에서 받는 울분, 모멸감, 스트레스는 조직 내 동년배들과의 연대와 공감 네트워크를 통해 공유되나, 조직 내 네트워크에서 전부 해소되지는 않는다. 다시 말해 위

불평등의 세대

계에서 비롯된 복종, 억압, 착취가 세대 간에 이루어진다면, 분노의 공유와 연대는 조직을 뛰어넘는 외부의 세대 네트워크를 통해 이뤄지기가 쉽다. 계급론자들의 '기대'와는 달리, 공유와 연대가 '계급적 위치'를 기반으로 이루어지는 경우는 그리 많지 않다 ─ 특히 한국 사회에서는. 계급은 작업장, 세대, 교육, 성별, 고용 형태 등에 의해 잘게 분할되고 분단된다. 공유와 연대는, 적어도 한국 사회에서는, '세대의 네트워크'를 통해 '우선적으로' 그리고 '문화적으로' 이루어질 확률이 크다. 일터에서의 '동년배 네트워크'와 교육과정을 밟으며 형성된 '동문 네트워크'를 통해, 세대는 1차적 연대와 문화적 공유의 단위로 기능하기 때문이다.

셋째는 '계급'과 '세대'가 일치할 가능성이다. 세대 간 불평등이 계급 간 불평등과 겹쳐서 재생산되는 경우, 세대 간 불평등은 계급 갈등을 발화하는 요인이자 '대안적인' 분출구로 작동할 수 있다. 어떻게 '계급'과 '세대'가 겹칠 수 있는가? 한 기업의 구성원이 30퍼센트의 정규직과 70퍼센트의 비정규직으로 나뉘어 있다고 가정하자. 30퍼센트의 정규직 다수가 40~50대의 과장 이상 간부급이고 70퍼센트의 비정규직 다수는 20~30대의 말단 사원들로 구성되어 있다면, 계급과 세대는 일치하는 것이다. 이러한 극단적인 예가 현실에는 존재하지 않더라도, 만일 한 기업이 근속연수가 긴 직원들의 고용 안정 및 급여와 복지 혜택을 유지하기 위해 상대적으로 근속연수가 짧고 직급이 낮은 청년층의 임금과 복지를 희생시킨다면, 계급과 세대는 사실상 일치하는 것이다. 일반적으로 정규직 임원급 사원들은 비교적 젊은 비정규직 평사원들의 생사여탈권을 쥐고 있고, 직급과 연공으로 인해 훨씬 높은 임금을 받는다. 이런 상황에서 계급과 세대는 분리가 불가능하다. 세대 효과는 계급으로 인해 강화되고, 계급 간 차이는 세대 간 권력의 격차로 인해 더욱 악화된다. 이럴 경우, 사회과학자들의 회귀식에서 더 설명력이 높은 변수가 계급인지 세대인지를 분별하려는 노력은 부질없는 일이다.

더 큰 이론적 관점에서 세대론과 여타의 불평등 설명 모델의 틀 — 계급론이라 하자 — 을 비교해보자. '세대론'이 기능하면서 동시에 기능하지 않는 이유는 두 이념 — 민주주의와 시장자유주의 — 이 세대 내에서 충돌하기 때문이다. 예를 들어 386세대는 한 '세대'로서 정치적 민주주의를 추진했고 앞선 세대의 '권위주의'와 싸워 승리했지만, 동시에 시장에서의 격화된 경쟁 속에서 두 번의 금융 위기를 겪으며 세대 내에서 엄청난 '분화'를 경험했다. 이들의 경쟁은 발전국가와 새마을·새공장 운동으로 '영도자'와 함께 '대약진'했던 이전 세대와는 달리, '세계화된 시장'을 무대로 한 개별적 경쟁이었으며 그 경쟁의 승자는 '세계적 수준의 글로벌 기업' '정보화와 과학기술 혁명'의 파도에 몸을 실을 수 있었다. 지역적으로는 글로벌 자본주의가 동아시아를 중심으로 재구축되는 시기에, 동아시아 기업 간·사회 간 네트워크가 중국을 중심으로 성장하는 새로운 시대의 수혜 또한 이들의 몫이었다. 하지만 이 경쟁에서 도태된 자들은 더 일찍, 더 깊은 빈곤과 가족 해체의 수렁으로 내몰렸다. 발전국가가 미처 마련하지 못한, 부실한 '사회안전망' 아래 시장으로부터의 탈락은 바닥없는 추락이었던 것이다. 이런 점에서 세계화와 개방, 컴퓨터리제이션과 정보화는 승자에게는 더 많은 수혜를, 패자에게는 더 깊은 추락을 동반하는 과정이기도 하다(Acemoglu 2003).

나는 이러한 세대 내의 계층화와 세대 간의 계층화가 상충한 다고 보지 않는다. 세대 간 계층화가(예를 들면 자산의 증여와 상속을 통해) 세대 내의 계층화를 촉발시킬 수도, 이 둘이 함께 증가할 수도 있다. 이 연구의 한 주제(4장)는, 한 세대가 집합적으로 벌인 자원(자산) 쟁취 게임이 어떻게 다음 세대 내의 불평등으로 전이되고 확장되는지에 관한 메커니즘을 밝히는 것이었다. 예를 들어, 한 세대가 더 많은 정치적·경제적 권력 자원을 동원하고 조직화하고 축적하는 데 성공했다고 가정하자. 이 세대에 속한 각 개인들, 가구주들은 이 자원을 다음 (가구 단위) 세대로 대물림하고자 노력할 것이고, 그것이 성공할 확률은 세대 내의 계급(계층) 별로 각기 다르다. 계급(계층) 간 교육, 직업, 소득의 이동성을 측정하는 수많은 연구들은 세대론과 이 지점에서 다시 만난다.

젊은 세대가 오늘날 겪고 있는 세대 내부의 '차별과 불평등' 의 기원은, '세대 간 불평등' 혹은 '세대 간 갈등과 경쟁, 대결' 과정에서 세대 내부에 권력 자원을 불균등하게 축적하는 데 성공한 세력과 네트워크에서 찾을 수 있는 것이다. 세대 간 대결과 경쟁, 복속과 통합을 통한 위계화의 과정에서 세대 내의 특정 분파가

'전리품'을 독점하게 되고, 그 결과로 세대 간 불평등과 세대 내 불평등이 동시에 증가하게 된다는 논리다. 이렇게 세대론을 접근하게 되면, 한국 사회에서 세대론은 불평등이 축적되는 메커니즘의 맨 앞에, 계급론과 계층론은 세대와 불평등(이라는 결과)의 중간에 위치하게 된다. 두 이론적 관점이 반드시 배타적으로 존재하지 않을 수 있는 것이다.

불평등의 세대

Q.

위계와 세대는
어떻게 서로를
재생산하는가?

세대와
위계

내가 '세대론'을 앵글로 잡았다는 것은, '세대'가 궁극적 분석의 목표가 아니었다는 의미이기도 하다. 세대론의 앵글로 조명하고자 했던 피사체는 바로 '위계 구조'였다.

그렇다면, 왜 '세대'의 문제를 그 자체로 들여다보지 않고 '위계'의 문제로 치환해야 하는가? 그것은 '세대 간의 분노와 저항'을 야기하는 발화점이 —— 계급 구조라기보다는 —— 궁극적으로 '동아시아 위계 구조'이기 때문이다. 신입사원 김 씨의 일상을 지배하는 것은 그 상사 및 입사 동기들과의 관계지, 1년에 한 번 볼까 말까 한 사주(자본가)가 아니다. 낙하산으로 내려온 사주의 딸이 물컵을 집어 던지며 바로 앞에서 괴성을 질러대면 모를까, 김씨에게 사주와 말단 사원 사이의, 자본가와 노동자 사이의 '계급'은 너무나 먼 추상적인 개념일 뿐이다. 조직화된 총노동과 조직화된 총자본이 충돌하는 순간은 김 씨의 일상에 그리 자주 등장하지 않는다. 김 씨가 자신의 과업을 수행하고 평가받는 단위는 그 회사의 조직 구조 그리고 여타 협력업체들과의 관계지, 사주와의 관계가 아닌 것이다. 따라서 계급적 위치를 가늠하는 것이 김씨의 일상에서 발화하는 분노와 거기에서 비롯된 정치적 의사 및 선호를 이해하는 데 도움이 될까? 만일 김 씨가 젊은 여성이라고

불평등의 세대

가정해보자. 김 씨의 감정노동 항목에는 여성이라는 지위로 인해 당하는 모욕과 차별이 추가된다. 이 모욕과 차별의 강도는 동아시아 위계 구조의 남성 가부장적 특성 때문에 배가되는 것이지, 자본과 노동의 대립 구도에서 김 씨가 처한 계급적 위치와는 큰 상관이 없다.

한국 사회의 세대 간 불평등 문제는 위계 구조의 문제다. 앞서 이야기한 계급(계층)과 세대의 문제는 '위계'를 매개로 다시 만난다. 계급(계층)과 세대가 일치하기도 일치하지 않기도 하지만, 한국 사회에서 세대와 위계는 ── 상당히 ── 일치한다. 세대와 위계를 연결하는 매개 고리는 유교 사회의 핵심 윤리인 '나이'다. 한국 사회의 조직 문화는 나이와 연공에 기반한 위계의 원리로 구축되어 있다. 가정, 학교, 군대, 기업, 동문회, 문중, 시민사회 단체 등 거의 모든 조직에서 '나이 많은 자'가 '나이 어린 자'를 '부리고' '교육·지도·훈육 및 관리·감독'하고 어르고 보상하고, 결국에는 '지배'한다. 신입사원의 갑은 40대 후반 부장과 그 위의 50대 상무이사이며, 편의점 점원의 갑은 (은퇴한) 50~60대 점주이며, 대학원생의 갑 역시 50~60대 교수이며, 말단 비정규직 교사의 갑은 50~60대 교장·교감이다. 젊은 청년 세대는 자신들보다 몇 세대 위의, 생사여탈권을 쥐고 있는 상사와 고용주에게 복종할 수밖에 없다. 이들이 이 세계를 '세대'의 앵글로 바라볼 수밖에 없는 이유다. 따라서 한국 사회에서 젊은 세대의 '청년 문화'는 일정 정도 '저항적'일 수밖에 없으며, 주어진 사회구조와 규범에 대해 '일

탈적'일 수밖에 없다. 70년대 통기타 세대, 80년대 광주 세대, 90년대 서태지 세대, 2000년대 이후의 88만 원 세대라는 모든 '세대 레이블' 아래에는 기존 윤리와 질서 및 구조에 대한 젊은 세대의 분노와 비판이 서려 있다.

위계 구조로 전환된
세대 네트워크

나는 오늘날 한국형 위계 구조를 구성하는 기본 원리를 파악하면, 세대 네트워크가 위계 구조로 전환되는 과정을 해명할 수 있을지도 모른다는 기대로 이 책을 기획했다. 한국형 위계 구조의 구성 요소와 작동 원리는 무엇인가? 첫째는 나이에 기반한 연공서열 구조다. 둘째는 동아시아의 특수적인 — 특히 한국과 중국에서 역사적으로 진화한 — 시험에 기반한, 관료제 진입과 승급의 원리다. 셋째는 이 두 가지 서열에 기반한 세대 내 경쟁과 협력, 그리고 리더(승자)의 창출과 권력의 집중의 논리다. 마지막으로 이 셋과 같은 원리는 아니지만, 동아시아 위계 구조의 '재생산'에서 서구와 대별되는 주요 원리는 '강력한 혈통 상속의 욕구'다. 물론 이들 중 몇몇 요소는 자본주의가 어느 정도 진전된 사회라면 어디서든 관찰할 수 있는 것도 있다. 예를 들면 혈통 상속의 욕구는 한국뿐만 아니라 이탈리아나 스페인과 같은 남부 유럽 사회에서도 강력하게 존속하며, 최근에는 영미권의 자유주의 전통 국가들에서도 심심찮게 관찰되는 현상이다. 세대 내에서 이뤄지는 경쟁과 협력의 문화도 어느 사회에건 다른 양태로 존재한다. 하지만 앞의 두 가지 — 나이에 기반한 연공제와 시험을 통한 관료 선발제 — 는 지극히 동아시아적인 것이다. 한국 사회로 오면, 이러한 특성은 더욱 강화된다. 다른 어떤 사회에서도 이 두 가지가 한국 사회만큼 강하게 지속되고 관철되는 곳은 없을 것이다. 한국형 위계 구조의 강력한 두 축이라고 할 만하다.

세대의 네트워크(들)는 함께 성장하며, 앞 세대의 리더들이 설정한 다양한 수준의 국가적·민족적·조직적 과제들을 완수하기 위해 경주한다. 산업화 세대는 산업화라는 목표를 완수하고자, 386세대는 민주주의의 진전을 위해 연대하고 협력했을 때, 이는 국가적 수준의 과제들이다. 대기업에서, 공기업에서, 국가의 하위 기관에서, 우리는 이름 모를 동 세대의 동료들을 만나 함께 구르면서 경쟁한다. 같은 시험(학력고사 및 수능)을 준비하며 야간자율학습을 할 때는 동료지만, 시험장에서 문제를 풀거나 상급학교로 진학하고 취업을 하고 고시를 볼 때, 동 세대의 동료들은 경쟁자로 바뀐다. 하지만 여전히 동 세대는 연대 관계를 유지한다. 각종 시험과 선발 과정에서 '자격자'와 '비자격자'로 나뉘고 크고 작은 위계들이 끊임없이 만들어지면서 '(동아시아) 사회적 연공'이라는 거대한, 수천 년을 물려 내려온 연령 위계 구조가 작동하는 조직의 사다리를 타기 시작한다. 이 사다리를 올라타면서부터 피마르는 경쟁이 다시 시작된다.

동아시아의 사회적 연공 구조가 단순히 나이를 먹고 그에 비례해서 지위와 권력이 주어지는 것이라고 생각하면, 이는 피상적인 관찰이다. 윗세대로 구성된 상급자들의 네트워크는 그 내부에서 끊임없는 정보교환과 숙의를 통해 아랫세대 중 누가 이다음 리더(승진 대상자)로 적합한지 평가한다. 물론 이 과정에는 수많은 줄 세우기, 파벌의 구성, 내 편 만들기와 상대편 견제 및 말살과 같은 미시정치가 작동한다. 파벌 없는 인간 사회는 없다. 파벌이 더 고정적이고 불변적인 것이냐, 아니면 상대적으로 유동적인 것이냐의 차이만 있을 뿐이다. 파벌정치와 조폭정치가 횡행하건 그 정도가 덜 하건 상급자 네트워크의 평가는 냉정하게 (반드시 객관적이지는 않은 방식으로) 관철될 것이고, 동 세대 중 일부는 살아남아 사다리의 한 단계 위로 올라가고 다른 일부는 머물거나 미끄러져 도태된다. 이 선발의 과정, 이 제도화된, 하지만 비제도적인 선발 과정에서 살아남기 위한 개인들의 몸부림 자체가 '정치'다. 조직의 목표를 더 잘 수행한 자, 동 세대 동료들과 협력을 잘 수행한 자, 상급자 네트워크와의 관계가 좋은 자가 살아남을 확률이 높을 것이다.

달리 이야기하면 상급자의 '권력'을 침해하지 않고 보호해주면서, 수적으로 다수인 하급자 집단에 대한 '통제력'을 잘 발휘하는 자가 그 세대의 리더로 발탁된다. 수많은 신입사원 중 누가 그

불평등의 세대

'간택'을 받게 될까? 당연히, 이러한 상급자의 '이해'를 미리 꿰뚫어 보고 그 '비위'를 잘 맞추면서도 하급자들을 잘 '굴릴 수' 있는 자가 선택될 것이다. 이런 점에서 한국형 위계 구조는 '조폭적'이다. 이 원리는 재벌 기업에서도 정치집단에서도 동일하게 관철된다. 수십 년째 인기를 끄는 조폭 영화들은 그 사회적 기초를 가지고 있는 것이다.*

한국형 위계 구조가 억압 기제만으로 작동하는 것은 아니다. 어느 조직이건 당근책을 제도화한다. 관료제의 사다리를 하나 더 올라가는 그 순간은, 인간의 '인정 욕구'가 충족될 뿐만 아니라 더 큰 권력을 누릴 수 있는 지위로의 진입, 아랫사람을 거느리고 더 큰 조직의 자원을 사용할 수 있는 권한을 획득했다는 자부심을 부여한다. 이 인정 욕구의 충족과 그에 따른 자부심은 네트워크 내부와 외부를 가로지르는 '정치 활동' 및 '과업 수행'에 한층 더 몰입하게 한다. 조직 인간의 탄생이다. 인간은 위계의 사다리를 올라가기 위해 싸움질을 계속하는 원숭이 사회로부터 진화했다. 사다리 하나를 더 올라가기 위해 피 튀기는 혹은 피가 보이지 않는 전쟁을 하고, 동맹을 구축하며, 자리를 보전하고, 이익을 나

---

* 한국형 위계 구조는 그 틀을 뒤흔드는, 다시 말해 세대의 한계를 뛰어넘으려는 눈에 띄는 '인자因子'를 좀처럼 허용하지 않는다. 그러한 인자는 조기에 인지되어 억압되고, 종국에는 제거된다. 옳은 말 잘하는 잘난 젊은이들이라면 자라면서 '잘난 체하지 마라'라는 부모·친지·어른들의 충고를 한번쯤 들어봤을 것이다. 이는 문중의 인재가 한국형 위계 구조의 무자비한 룰을 인지하지 못한 채 날뛰다가 칼 맞을 것을 걱정하는 문중 어른들의 염려에 다름 아니다.

눈다. 한국형 위계 구조도 예외가 아니다.

　위계 구조의 세 가지 구성 원리는 동아시아인의, 한국인의 전략적 삶의 준거이자 환경이다. 이 원리를 일찍 깨친 자와 깨치지 못한 자, 이 원리에 따라 순응하는 자와 그에 저항하는 자, 이 원리를 십분 이용하는 자와 이용하지 못하는 자로 '세대의 동료'들은 '분화된다.' 10대와 20대에는 (동아시아적) 시험으로 첫 분화가 시작되고, 30대에는 조직의 하부에서 사다리를 하나둘씩 올라가려고 발버둥 치며, 40대에는 조직의 중간에서 하급자 네트워크와 상급자 네트워크 사이의 '미드필더'로 뛰게 된다. 50대 중반에 아직 조직에 남아 있다면, 그는 혹은 그녀는 리더 그룹 중 하나가 되어 있을 것이다. 경쟁과 협력의 세대 네트워크는 이 50년가량의 세월 동안, 한 개인을 위계 구조의 어딘가에 '위치'시킨다. 그 지위는 쟁취한 것이기도 하고 부여된 것이기도 하다. 그 지위는 한 개인에게는 일생에 걸친 생존 투쟁의 결과지만, 위계 구조 측면에서는 구조의 존속과 심화다. 다윈식으로 이야기한다면, 위계 구조는 동아시아적 자연선택의 제도적 기제이자 그 결과물이다.

Q.

**위계 구조에서
앎이란
무엇인가?**

위계 구조와 앎, 공동체
그리고 생존

위계 구조의 위기를 이야기하기 전에, 동아시아 위계 구조와 그 지식 체계('앎'의 체계라 하자)의 관계를 잠시 살펴보자. 위계 구조의 세 가지 구성 요소인 연공, 시험, 협력과 경쟁의 원리중 앞선 둘의 역할과 기능에 대해 이해해야 동아시아 위계 구조가, 그 변형인 한국형 위계 구조가 어떻게 지금까지 생존했으며, 왜 지금 생존(혹은 재생산)의 위기에 부딪히고 있는지를 이야기할 수 있다.

동양에서, 특히 동아시아 유교 문화권에서 첫번째 단계의 '앎'이란 역사적으로 구축된 거대한 '위계 사회' 안에서 자신의 위치를 파악하는 것이다. '제 주제'를 안다는 것은 신분 사회와 그 위계 안에서 자신의 역량과 한계를 자각하고 그에 걸맞은 역할을 하는 것이다. 유교 윤리의 핵인 삼강오륜을 잘 뜯어보면, 결국은 사회 안에서 한 개인의 위치와 그 역할이 무엇인지에 대한 종합적인 규범이다. 이에 비해 서구 사회에서 첫번째 단계의 '앎'이란 자신과 신(기독교적 신) 간의 관계를 이해하는 것이다(특히 프로테스탄트 전통의 영미권에서 '앎'이 이 범주에 더욱 부합한다. 가톨릭에서는 교황청과 사제가 강하게 이 신과 개인의 관계에 개입하기 때문이다). 나아가 신이 자신에게 부여한 사명과 은총을 이해하고

불평등의 세대

이 세상에 신의 뜻을 펼치는 것이다. 영미 사회(북유럽과 독일 문화권까지)의 개인주의는 이 신과 인간의 직접적 관계에 제3자나 위계, 신분 관계가 개입하지 않는다. 영미 사회 평등주의와 개인주의의 근간이다. '제 주제를 안다'라는 것은 신이 부여한 사명을 이해하는 일에 다름 아니니, 주제 파악의 순간에 탈세속화가 일어난다. 동아시아에서의 '앎'이 세속화라면, 영미권에서의 '앎'은 탈세속화다.

동양에서 두번째 단계의 '앎'은 개인과 공동체(가족, 이웃 그리고 시민사회) 및 국가와의 관계에서 자신의 역할을 설정하는 것이다. 첫번째가 '주제 파악 ─ 나는 어디에 위치해 있는가'였다면, 두번째는 '무엇을 할 것인가?'의 문제다. 동양에서 앎의 목적은 숙지와 숙련화 그리고 주어진 위계 속에서 관계 맺기 전략을 수립하는 것이다. 기존하는 위계 구조와 그 질서를 파악하기란 쉬운 일이 아니다. 동양 사회의 조직은 기나긴 세월에 걸쳐 천천히 진화해온 복잡한 제도들이 얽히고설켜 있는 역사적 구성물이다. 말단부터 시작해서 한 조직에서 몇십 년간 사다리를 밟고 올라간 다음에야 그 전체를 이해할 수 있는, 오랜 세월 동안 세밀하고 촘촘하게 직조된 관료제이자 공식·비공식적 인간관계의 총체다. 고등학교나 대학을 갓 졸업한 청년이 직면하는 세계는 그 거대한 관료제의 한 말단 조직에 위치한 나이가 몇 살 더 많은 선임(선배)이며, 그 선임을 통해 조직이 요구하는 규율과 규범, 기술과 지식을 습득하고 거기에 순응하게 된다. 이 단계에서 '앎'은 거대한 관료제의 하부 구성원으로 자신을 어디에 위치 지을 것인지에 관한 문제다. 동네에서는 형이나 누나, 언니, 오빠로부터, 학교에서는 선생님을 통해 사회화되던 아이가 '사회적 주체'로 처음 태어나는 순간이다. 첫번째 단계에서 '주제 파악'을 할 줄 알게 된 젊은이는 동네와 집안에서 어른들과 선배들에게 인사를 할 줄 알고, 제사상에서 제 위치를 찾아갈 줄 알고, 나서야 할 때와 나서지 말아야 할 때, 잎드릴 때를 알게 된다. 철이 든 '아는' 아이인 것이다. 두번째 단계의 보다 성숙한 젊은이는 관료제가 작동하는 원리를 어렴풋이 이해한 하부 구성원이다. 이 단계에서 관료제의 위계가 어떻게 짜여 있는지 그 전체를 이해할 필요는 없다. 자신이 몸담은 하부 조직 혹은 조직 전체를 위험에 빠뜨리지 않고 자기 역할을 할 줄 알게 되면, 두번째 단계의 '앎'은 그로써 충분하다. 왜 이 단계를 공자가 '이립而立'(스스로 설 줄 앎)이라 했는지 되새길 만하다.

이에 반해 서양에서 두번째 단계의 '앎'은 신이 부여한 사명을 평등한 인간들의 공동체에서 실현하기 위해 자신의 '소명'을 발견하는 것이다. 이 '소명'을 가슴에 품은 '대행자'를 만들고자 서양의 교육은 아이들을 부모의 자식, 국가의 신민으로 다루는 것이 아니라, 보편적 소명을 담지한 '주체'로 양육한다. 서양의 가정에서 아주 어릴 적부터 아이들을 어른과 동일한 '권리'와 '의무'를 가진 주체로 기르는 것은 익숙한 모습이다. 신의 소명을 담지하고 있는 개인들의 관계에서 절대적 '우위'에 있는 자는 없다. 신을 제외한 모든 인간은 궁극적으로 평등하기 때문이다. 신과 대화하며 신의 소명을 따르는 개인들에게 아비나 스승이 절대자로 군림할 여지는 애초부터 그리 크지 않다. 그래서 가정과 학교 교육 또한 '소명'을 찾아가는 개인이 그것을 발견하는 과정을 존중한다. 서양의 개인주의가 꽃피우는 지점이 여기다. 서양의 개인주의는 오이디푸스 콤플렉스를 극복한 청년이 신과 독립적 계약 관계를 맺어 새로운 주체로 서는 과정이다. 그 소명을 발견하는 모든 동기와 노력은 개인적인 것이다. 개인의 주체화는 그 개인의 몫이며 부모가, 사회가, 국가가 개입하지 않는다. 젊은 세대 이민자가 서양의 학교에서 이 '개인들'을 조우하는 순간, 신세계를 경험하게 된다. 1세대 이민자들은 자신의 아이가 '서구적 개인'으로 자라는 것을 보는 것만으로도 그토록 외롭고 힘든 이국 생활을 버텨낼 힘을 얻곤 한다. '개인'을 확인한다는 것은 '자유'를 감지했다는 뜻이기 때문이다.

이러한 다원적 자유주의 사회에서 '똑똑한, 새로운 관점과 아이디어를 만들어내는 젊은 개인'은 생태계를 더 풍부하게 일굴 미래의 리더로 추앙받는다. 하지만 동양에서 이러한 '똑똑한 젊은이'는 위계 구조의 상층에 있는 중·장년층과 노인의 권력을 잠재적으로 위협하는 존재다. 위계 구조의 작동 원리인 '연공'과 '조직의 안녕'을 위협하며 지식 체계의 정당성에 도전하는 '똑똑이'들은, 그리하여 조직에서 제거되어야 할 대상으로 전락한다. 조직이 원활하게 작동되는 데 '다른 목소리와 가능성'을 이야기하는 자들은 '새싹'이 아니라 '반역의 씨앗'인 것이다. 동아시아 위계 구조, 동아시아의 권위주의가 유독 '바른말 잘하는 똑똑한 젊은이들'에게 가혹한 데는 이유가 있다. 이 구조에서 '현명한 젊은이'란 숙청의 칼날을 피할 줄 아는 자다. 칼날을 피한 자가 살아남고, 살아남은 자가 종국에 연공적 위계 구조의 정점에 이른다. 서양에서 '버르장머리 없는 아이'는 실리콘밸리와 워싱턴으로 보내져 경제와 정치의 리더로 등극하지만, 동양에서 '버르장머리 없는 아이'는 조직의 쓴맛을 보고 침묵하는 법을 배우게 된다.

동서양 공히 세번째 단계의 '앎'은 바로 이 '어떻게 살아남을 것인가'(누가 살아남는가)의 문제와 관련된다. 동양에서 세번째 단계의 '앎'은 신분제를 이해하고, 그 안에서 가능한 한 높은 자리에 오르기 위해 필요한 지식을 습득하는 것이다. 첫번째와 두번째 단계의 '앎'이 '권력'이 무엇인지 모른 채 '권력'에 편입되는 과정이었다면, 세번째는 권력을 맛보는 과정이다. 앞 장의 용어를 다시 사용하면, '세대 네트워크'가 '위계 구조'로 전환되는 과정을 이해하는 것이다. 동양에서 '과거'제와 '입시'제의 역할을 떠올리면, 앎의 과정이 어떻게 '신분제하에서의 생존'을 위해 도구화되는지 쉽게 이해할 수 있다. 입시제와 고시제 아래에서 '앎'은 '더 높은 지위에 오르기 위한 경쟁에서 도태되지 않기 위한 수단' 그이상도 이하도 아니다.

반면 서양에서 세번째 단계의 '앎'은 소명 속에서 신이 자신에게 부여한 재능과 본인의 노력을 통해 이 세상에 '기여'하는 것이다. 막스 베버가 『프로테스탄트 윤리와 자본주의 정신』(1946)에서 이야기한 '신이 내린 소명'을 수행하는 '개인'은 칼뱅 이전부터 존재했다고 봐야 한다. 루터와 칼뱅 이전에는 가톨릭교회와 사제들이 이 '소명 수행'에 개입하여 사실상 신을 대리했다면, 루터와 칼뱅 이후에는 개개인이 신의 소명을 직접 해석하고 수행하는 주체로 떠올랐을 뿐이다. 기독교 종파 간에 존재하는 크나큰 문화적 차이에도 불구하고, 근대에 전개된 거대한 '세속화'의 흐름에도 불구하고, 서양의 교육 및 노동시장 제도는 개인들로 하여금 '각자의 소명'을 인지하고 그 소명을 찾는 순간 공동체에 개인의 재능을 '기부'함으로써 신의 소명을 이루는 과정을 완수하도록 설계되어 있다. 서양의 제도는 바로 이 '소명'과 '응답'의 순간, 각 개인들로 하여금 '새로운 아이디어'를 만들고 그것을 제도에 등록시키도록 '호명'한다.

이처럼 동양에서 세번째 단계의 '앎'이 높은 지위로 올라서고자 '경쟁'하는 단계에서 필요한 지식을 편취하는 과정이라면, 서양에서 세번째 단계의 '앎'은 지식이 '권력' 그 자체로 전환되는 과정이다. 물론, 동양과 같이 권력에 진입하는 과정은 '경쟁'이 전제된다. 다만, 경쟁이라는 제도는 '경쟁에서의 승리' 자체가 목적이 되지 않도록, 그 경쟁을 통해 더 진보된 수준의 '앎'이 권력을 새로이 창출할 수 있도록 짜여 있다. 동양의 경쟁이 '경쟁 자체에서 승리한 자'가 전리품에 대한 (압도적이고 전일적인) 통제권을 확보하는 시스템이라면, (적어도 '근대') 서양의 경쟁은 '인류(시장 혹은 학계)의 앎의 수준을 높였는지 여부'에 대한 심사와 평가에 의해 '새로운 아이디어'가 제도와 조직을 재편할 수 있는 가능성을 열어둔다.* 이 과정에서 동양의 경쟁이 경쟁이라는 제도 자체에 인간을 종속시킨다면, 근대 이후 서양의 경쟁은 인간이 경쟁의 룰을 다시 짤 수 있는 여지를 열어둔다. 새로운 아이디어를 가진 자가 권력에 진입했기 때문에 혹은 권력 행사의 정당성을 확보했기 때문에, 다음 경쟁의 룰은 계속해서 '새로운 아이디어'의 출현을 보장한다. 그 보장의 주체는 결국 인간이다.**

이 세번째 단계의 '앎'에서 동양과 서양의 '권력'이 다른 형태

---

* 이 차이를 통해 왜 동아시아의 학계가 (일본을 제외하고는) 스스로 '앎의 평가'를 수행하지 못하고 서구 아카데미의 평가 시스템에 의지하고 있는지가 해명된다. 동아시아(중국과 한국)에서는 '앎'이 권력 진입과 사다리 타기의 도구인 반면, 서구에서는 '앎'(새로운 아이디어 혹은 아이디어의 깊이) 자체가 권력이다. 따라서 후자에서는 앎의 엄격하고 심도 깊은 평가 기제를 계속해서 유지시키는 것이 권력의 '질' 혹은 '수행성'을 보장하는 유일하고 직접적인 길이다. 동아시아에서는 '앎'의 순위 결정이 궁극적인 목표다. 순위 결정을 통해 권력과 보상 체계를 분배하고 나면, 그것으로 목적은 달성된다. 따라서 '앎을 평가'하는 시스템을 그 내부에 장착하고 있을 필요 또한 없어지는 것이다.

** 서구의 개인주의와 자유주의에 대한 나의 칭송은 여기까지다. 그 보장의 주체는 '인간'이지만, 현실의 '다수' 서구인들에게 이 '인간'은 자격을 갖춘 '백인'인 경우가 많다. 서구의 개인주의와 자유주의는 인종주의에 의해 제한되며, 어쩌면 인종주의에 기반해서 구축된 것인지도 모른다. 앞서 '서구의 개인'에 감동한 동양의 이민자가 이 인종주의를 깨닫기까지는 꽤 오랜 시간을 필요로 한다. 그들의 언어와 습속 체계가 갖는 '사회적 장벽'을 극복하고 나서야 비로소 미묘한 인종주의의 존재를 감지할 수 있게 된다. 종종, 이 '감지'의 순간은 사회적 장벽을 극복하지 못하는 1세대 이민자가 아닌, 2세대 이민자에게 오는 경우도 많다.

　　　　　　　　　　불평등의 세대

로 출현한다. 동아시아 위계 구조에서 '앎'은 권력을 창출하기 위한 도구일 뿐이다. 앎은 권력에 종속된다. 이 위계 구조에 직면한 개인은 복잡하게 직조되어 있는 사다리를 타고 오르기 위한 수단의 하나로 '앎'을 이용할 뿐이다. 앎은 때로 권력을 생산하는 과정에서 '소외'된다. 지식이 권력 그 자체로 전환되는 것이 아니라, 권력을 획득한 개개인에 의해 버려진다. 공무원 시험에 합격한 개인은 그 준비 과정에서 습득한 지식을 다시 써먹지 않는다. 관료제에 특정 직급과 직무로 진입하는 순간, 1점을 더 얻기 위해 기울인 모든 노력은 관료제가 부여하는 자격과 권력에 의해 보상받을 뿐, 앎 그 자체는 쓸모없는 것이 되고 만다. 관료제 안에서의 업무 수행 능력과 시험 준비 과정에서 습득한 지식 사이의 연관성에 관해 경험적으로 증명된 것은 없다. 아주 희미한 '연관성'이 있을 수 있다고 짐작할 뿐이다. 더구나 관료제로의 편입 여부를 가르기 위한 시험의 도구로서 '앎'이 동원되기 때문에, 이 과정에서 앎을 확장하고 혁신하는, 즉 '새로운 앎의 창출'은 애초부터 고려 대상이 아니었다.*

미래학자 토플러는 이러한 한국의 교육제도를 보고 기겁을 했다. 다시는 써먹지 못할 지식을 암기하고 시험을 보는 데 하루

---

* 한국 사회에서 '지식의 권력으로부터 소외'가 가장 만연한 곳은 다름 아닌 학계다. 많은 저명 대학의 교수들이 일단 정교수 지위에 올라 사다리를 더 오를 필요가 없는 순간, 손에서 연구를 놓는다. 지식을 도구로 삼아 원하던 '지위'와 '자리'를 얻었기 때문이다.

열다섯 시간씩 16년을 낭비하고 있다고 본 것이다. 다만 그는 꽤 정확하게 동양의 앎의 체계를 꿰뚫어 봤지만, 동양 관료제의 깊은 구조까지는 보지 못했다. 16년의 세월은 낭비가 아니라, 이후 40년의 신분과 수입을 보장하고, 가문의 영광 그리고 관료제 권력으로 진입하기 위해 한 가족과 가문 전체가 (젊은) 세대를 동원하고 준비시켜 건 '판돈'이다. 시장은 계속 변하지만 국가는, 동양의 관료제는 어쨌든 그대로 있기 때문이다. 따라서 관료를 충원하기 위한 도구로서의 '앎'의 체계에서는 '창조적이고 새로운 아이디어'를 자체적으로 생산할 수 없다(그럴 필요도 의지도 없다). 과거제로부터 발전한 입시제와 고시제는 '창조'의 선행 단계인 '비판'과 '지적 파괴'를 훈련시키지 않으며, 그에 대한 보상 체계도 존재하지 않는다(다시, 그럴 필요도 없다).

오히려, 동아시아 위계 구조에서 '앎'이란 단순한 '지식'과는 다른 수준과 차원의 것이다. 여기서 '앎'이란 '권력 혹은 지배의 기예'를 습득하는 것이다. 이는 동양적 앎의 최종 완성 단계다. 동양의 유교 사회에서 '연장자'를 우대하는 전통은 어느 날 갑자기 떨어진 것도, 단순히 연장자들이 만든 음모도 아니다. 동양의 앎의 체계는 관료제를 처음부터 끝까지 다 겪어본 자가 그 작동 원리를 가장 깊이 그리고 샅샅이 이해하게 되며, 보다 효과적으로 권력을 관료제 내부에서 생산하여 외부로 행사할 수 있다. 서태후가 중국 한제국의 관료제를 장악할 수 있었던 것은, 유방과 오랜 세월 동고동락하며 광대한 영토에 흩어져 있는 각 지역 관료 및 제후들의 특성, 그들과 중앙의 관계, 관료제와 농민들과의 관계, 한제국과 잠재적 위협국(흉노) 간의 관계에 대한 깊은 이해를 쌓았기 때문이다. 중국의 엘리트들이 거대한 국가 체제를 장악하고 운영할 수 있는 것은 중국 공산당의 성장과 국공합작, 제국주의와의 투쟁, 혁명의 완성, 문화혁명, 개혁·개방 과정에서 이룩해온 당과 국가 간 관계의 틀을 이해한 자들만을 여러 공식적·비공식적 심사 과정을 거쳐 최고 지도부로 옹립하는 그들만의 승계 절차를 지니고 있기 때문이다.

　요약하면, 동양의 앎이 추구하는 궁극적 목표는 '권력이 작동하는 방식을 이해'하고 '권력을 획득'하는 것이다. 앎에 대한 보상은 권력에의 접근을 통해 이루어지며, '아는 자'란 '권력에 어떻게 접근하여 그것을 어떻게 행사할지'를 깨우친 자다. 반면, 서양에서 세번째 단계의 '앎'은 기존 권력을 파괴하고 분할하는 과정이다. 동양과 달리, 그 과정에서 앎은 권력에 종속되는 것이 아니라 권력 그 자체를 파괴하고 다른 방식으로 '생산'한다. '새로운 아이디어'를 만들어낸 자는 시장을 통해 보상받거나, 각종 조직에서 지도자로 '추대'된다. 이 과정은 민주적일 수도, 아닐 수도 있다. 중요한 것은 권력이 스스로를 (관료제적 위계를 통해) 재생산하는 것이 아니라, 끊임없이 확장·축적·변환되는 '지식'의 진화를 따라 '교체'된다는 점이다. 이 과정은 새로운 아이디어로 무장한 새로운 세대가 과거의 지식과 권력을 밀어내고 새로운 패러다임을 소개하면서 진행된다. 해나 아렌트(1958; 1968)가 이야기한

'복수의 공공성'이 상호 쟁투하고 경쟁하며, 이견을 드러내는 그 '간극'에서 새로운 '공공성'이 출현하는 과정이다.

동양이 권력을 관료제를 통해 집중시키고 지배의 기예를 발전시키며 앎을 — 무자비하게 — 그에 종속시켰다면, 서양은 권력을 분할하고 견제의 기예를 발전시키며 앎이 쟁투하는 권력 사이에서 '질식'당하지 않도록 배려했다. '분할된 권력'은 상호 견제하며 경쟁한다. '다양성' 속에서 새로운 권력을 창출하기 위한 새로운 아이디어가 싹튼다. '다양성'은 새로운 세대가 기존 권력의 노예로 전락하지 않고, 새로운 '변방'을 발견하고, 자신들의 아이디어에서 비롯한 새로운 권력을 만들 수 있는 공간·자원·기회를 제공한다. 자유주의가 만들어내는 생태학적 다양성의 공간이다. 다양한 작은 권력들이 일구어내는 권력과 지식의 생태계는 '협의-토론-(아이디어의) 교환-(잠정적·사안별) 협력-(비적대적) 경쟁'의 순환 고리를 만들어낸다.* 서구의 도시국가 르네상스가

---

* 이제 또 다른 물음이 솟아오른다. 왜 동아시아에서는, 한국에서는, '다양성'을 통한 견제와 균형에 의해 체계를 유지·발전시키는 생태적 규율 시스템이 진화하지 않은 것인가? 나는 동아시아 벼농사 체제에 고유한 인구와 전쟁의 압력 때문이라고 본다. 서구에서도 다양성에 기반한 견제와 균형의 지적 전통 및 정치·경제적 시스템이 구대륙이 아닌, 그로부터 분리되어 있는(따라서 전쟁의 압력에서 상대적으로 안전한) 영국과 신대륙 미국과 여타 영연방 국가들을 중심으로 진화한 데서 그 단초를 발견할 수 있다. 대규모 그리고 잦은 전쟁의 압력은 관료제와 사회 시스템을 전쟁 동원을 위해 즉각적이고 일원화된 위계적 명령 체계 위주로 발전시킨다. 벼농사 체제에서 탄생한 마을 공동체 내부의 위계가 국가의 전쟁 시스템으로 흡수되며 '전쟁 수행 도구'로 탈바꿈하는 것이다. 진화론적으로는, 이러한 전

불평등의 세대

탄생시킨 '앎과 권력'의 '협연'이자 '향연'이다.*

쟁 수행 능력을 극대화한, 보다 효율적인 위계 구조가 더 잘 살아남았을 것이다. 따라서 이러한 환경에서 토론과 상호 비판 및 소통에 기반한 다양성은 억압될 수 밖에 없다. 더 자세한 역사적 논의는 다음 책(『한국형 위계 구조의 형성과 기원』)의 과제로 미룬다.

* 혹자는, 이러한 동서양의 '앎과 위계'와의 관계는 동양을 지나치게 현실화하 면서 서양을 이상화하고 있다고 볼 수도 있다. 나는 오히려 서양의 자유주의적이 며 실용적인 '앎'과 '권력'의 기예가 인종주의와 제국주의를 탄생시켰다고 본다. 신과의 관계 설정에 기반한 '평등하고 자유로운 개인'의 권리를 보호하고 이를 위 한 정치적 기제를 탄생시키는 과정에서 (보다 열등한, 서양의 자유주의 발전의 속도 에 처지거나 그로 인해 서양의 문화와 제도를 이해하지 못하는) 동양과 내부의 이민 족들을 타자화시켰으며(Said 1978), 그로 인해 인종 간, 국가 간 불평등의 확대를 정당화하고 용인히는 지경에 이르렀다고 본다. 하지만 이 주제는 또 다른 책을 필 요로 한다.

Q.

위계 구조는
왜 필요한가?

위계 구조의
목적

이제까지 세대 네트워크가 위계 구조로 흡수되는 과정, 동아
시아 위계 구조가 어떻게 동아시아의, 한국 사회의 개인들을 그
틀 안으로 순응시키고 복속시키는지를 이야기했다. 그렇다면 내
가 '네트워크 위계' 혹은 '한국형 위계 구조'라고 부르는 동아시아
및 한국 사회의 지배와 경쟁의 원리가 개인들로서는 어쩔 수 없
이 적응해야만 하는, 변치 않는 '아시아적 생산양식'인가? 그렇지
않다.

세대 네트워크의 문화적 잠재력은 위계 구조가 불변하며 지
속되도록 내버려 두지 않는다. 386세대의 네트워크는 40년에 걸
친 투쟁으로 한국 사회의 정치 구조를 권위주의 정치체제에서 민
주주의 정치체제로 바꾸어놓았다. 동아시아 위계 구조는 여전히
강고하지만, 그렇다고 해서 그것이 변함없이 지속되고 있는 것은
아니다. 위계 구조의 최하층에 진입하는 새로운 세대는 ─ 386세
대가 그러했듯이 ─ 협력과 경쟁을 통해 그에 적응하면서도, 새
로운 지적·문화적 스타일을 그 내부로 때론 조용히, 때론 파국적
대립을 통해 유입한다. 이러한 새로운 세대의 문화와 스타일은 위
계 구조 내부에 균열을 일으킨다. 그 균열은 때로는 발견되어 진
압 혹은 봉합되기도 하고, 종종 보이지 않는 파열을 일으키기도

한다. 그 파국을 향한 결절점은 외부의 충격으로 드러나기도, 내부의 집합행동으로 가속화되기도 한다. 언제 이러한 균열과 변화가 일어나는가? 이 '변화'를 이야기하려면, 위계 구조 내부의 원리를 다시금 확인해야 한다.

앞서 2장에서 386세대의 시장권력에 대해 이야기하면서 위계 구조가 어떻게 신분제적 계층(계급)을 만들어 자원을 불평등하게 재분배하는지를 분석했다. 하지만 위계 구조에 의한 자원의 재분배는 그것이 작동한 결과일 뿐이다. 위계 구조는, 모든 구조가 그렇듯이 그 필요와 목적이 있다. 첫번째 목적은, 권력의 수직적 분배 및 상명하복의 윤리와 규칙을 '정당한 것'으로 통용되고 받아들이도록 만듦으로써 변화하는 외부의 압력에 맞서 (국가 혹은 기업) 체제를 안정적으로 유지하고 적응시키는 것이다. 이런 점에서 전쟁을 수행해야 하는 군대 조직과 이 전쟁을 지원하는 관료제 조직이 위계에 의해 작동되는 것은 당연한 일이다. 이 위계 구조의 첫번째 목적에는 사회 구성원 전체의 안녕과 복지가 결부되어 있다. 따라서 일반 대중은 지배 엘리트의 '인적 혹은 물적 자원 동원'의 요구에 일정 정도 '호응'한다.* 보수주의가 위계

---

* 물론 그 '호응'의 수준은 국가 혹은 조직 내 엘리트와 대중(구성원)과의 관계 및 정치·경제 제도에 따라 나라마다, 사회마다, 조직마다 모두 다르다. 이 자연스러운 '호응의 경향'을 이용하여, 엘리트는 외부 공동체와 긴장을 고의적으로 조성하기도 한다. 민족주의 레토릭을 통해 내부를 결속하고 지지를 확보하는 것은 권위주의적 혹은 민중주의적 지도자들의 단골 소재다.

구조와 친화성을 갖는 것은, 그들이 외부의 적으로부터 공동체의 안녕을 지켜야 하는 국가의 1차적 목적을 다른 어떤 것들보다도 우위에 놓기 때문이다.

위계 구조의 두번째 목적은, 체제의 안정적 적응을 주도하는 지배 (엘리트) 계층이 부와 권력의 불평등한 분배 및 수취의 구조를 정당화하기 위함이다. 그들은 물질적 부와 정치적 권력의 '적절한 분배 규칙'을 통해, 혹은 물리적 폭력을 동원한 '노골적인 억압'을 통해, 불평등이 초래하는 체제의 불안정 요소를 관리하고자 한다. 지배 계층은 체제 외부의 변화에 맞서고 적응하는 동시에, 체제 내부의 '분배'의 과제를 관리해야만 한다. 역사적 국면, 국가 및 조직의 역량, 역사적으로 형성된 국가와 사회 간의(혹은 기업 내 엘리트와 구성원 간의) 협약과 제도에 따라 전자와 후자의 관계와 효과는 다양한 형태를 띨 수밖에 없다.* 사회마다, 조직마다 나름의 위계 구조를 만들어 생존하며, 그 위계 구조 때문에 조직의 구성원들은 조직 전체를 보호하기도 하고, 반대로 그로 인해 '착취'가 정당화되어 내부의 구성원들이 고통받기도 한다.

기존의 위계 구조가 흔들려 이때까지의 '균형점'을 벗어나 새로운 틀과 협약을 필요로 하게 되는 이유들은 다양하다. 전쟁, 혁명(의 가능성), 경제 위기 등은 기존의 강고했던 위계 구조의 틀(균형점)을 외부에서부터 뒤흔든다(Skocpol 1979).

---

* 두 지배 전략 사이에 존재하는 상이한 변이와 ⏄ 효과(정치학과 정치사회학의 주제인) 또한 이 책의 목적이 아니다.

민주화 이후 한국 현대사에서 기존의 위계 구조가 위기에 처한 가장 최근의 격절점은 1997년이었다. IMF 금융 위기는 발전국가가 주도한 재벌 위주 성장 체제의 위기였다. 이를 극복하기 위해 기업의 엘리트들은 세계시장에서의 경쟁력 강화와 내부 지배 및 착취의 목적을 동시에 달성할 수 있는 새로운 위계 구조를 한국의 노동시장에 장착했다. 바로 정리해고와 파견제와 같은 '유연화' 기제의 도입이 그것이다. 이 새로운 유연화 기제가 일반화되면서 상층 노동시장의 지위는 오히려 공고화된 데 반해, 하층은 사회안전망이 부실한 상황에서 유연화에 노출되며(이철승 2018) 정규직과 비정규직 그리고 대기업과 중소기업 간의 격차가 더욱 확대되는 결과를 초래했다(조성재 2018). 세계시장에서 경쟁력을 강화한다는 원래의 목적보다, 지배 체제의 '착취적 성격'을 과도하게 강화시키는 결과를 낳은 것이다.

민족국가의 구성원의 입장에서는 조직 전체의 안녕과 성장 그리고 자신이 착취당하고 보상받는 정도를 고려하여, 기존하는 위계 구조에 순응할지 아니면 집합적으로 (지배 엘리트에게) 수정을 요구할지, 둘 다 여의치 않을 경우 위계 구조 자체를 허물어버릴지를 결정해야 한다. 그런데 1997년 금융 위기 당시 한국의 국민들은, 한국의 노동자들은 기존의 위계 구조가 다른 새로운 위계 구조로 대체되는 것에 대해 충분한 정보를 가지고 있지 못했다. 노동자들의 대표체인 민주노총과 한국노총이 파견제가 무엇인지 정확히 알지 못한 채* 자본의 요구를 덜컥 받아들였던 1998년 노사정 협약이 바로 그 증거다.

　파견제를 손에 쥔 기업의 엘리트들은 이후 비정규직을 급속도로 확대함으로써 노동자들에 대한 분할 지배 체제를 기획한다. 연공제를 통한 안정적인 고용과 자동적인 임금 상승, 기업 복지 혜택을 받는 핵심 노동자층과, 이 모든 것을 가지고 있지 못한 주변부 노동자층으로 노동시장 지위를 이분화한 것이다. 이로써 절반의 정규직은 내부자로 초대되면서 지배의 동반자로 포섭되었고, 나머지 절반의 비정규직과 하청업체 노동자들은 착취의 대상으로 전락시키는, 새로운 '두 국민 전략two-nations strategy'(Jessop et al. 1984)이 노동시장의 '새로운 제도'로 자리매김하게 된다.

　따라서 1997년 금융 위기 이후 새로이 장착된 노동 유연화 기제에 기반한 위계 구조는 첫번째 목적(외부의 압력에 맞선 경쟁 체제 구축)을 빌미로 하여, 두번째 목적(불평등한 분배 및 수취·착취 구조의 정당화)을 강화시켰다고 볼 수 있다. 위계 구조의 두 가지 목적은 높은 추상 수준에서는 조직이 생존하는 데 불가결한 요소지만, 그 실제 적용에서는 하나가 다른 하나를 정당화하는 '이데올로기적 도구'로 종종 활용된다. 한국의 국가와 기업의 지배 엘리트들은 금융 위기라는 자신들이 초래한 공동체의 위기를, 자신들의 권력을 강화하고 수취 기제를 공고히 하는 기회로 탈바꿈한 것이다.

＊　1998년 노사정 협약의 '부등가 교환unequal exchange'은 내가 당시 협약에 참여했던 복수의 노조 측 대표자와의 인터뷰를 통해 확인한 것이다.

1997년 금융 위기 이후, 즉 산업화 후기 세대의 리더들과 노동자들이 물러난 자리에, 이 새로운 수취 기제를 실행하며 그 수혜자이자 동반자로 등극한 집단이 386세대의 기업 엘리트들과 대기업의 조직화된 정규직 노동자들이었다.

Q.

위계 구조의
위기는
어디서 비롯되는가?

가짜 수행성의
확산

한국형 위계 구조는 리더에게 모든 권력을 몰아주는 시스템이다. 따라서 리더의 위치에 엉뚱한 인물이 들어서면 위계 구조 전체가 위기를 맞게 된다. 한반도 정주민들은 그러한 순간을 여러 번 겪었다. 근세에만도 능력 없는 왕들을 섬긴 대가로 식민의 수모를 겪었고, 최근에는 한 사이비 목사 가문에 의해 국정이 농단되는 사태를 겪었다. '지위'의 정당성은 그에 걸맞은 수준의 수행 능력과 결부되지 않을 경우, 장기적으로 지속되기 힘들다. 그런데 한국형 위계 구조에서는 수행 능력이 없는 자가 위계 구조의 맨 꼭대기에 버티고 앉아 지도자 행세를 하는 경우가 허다하고, 그러한 일이 구조적으로 가능하다. 어떻게 그것이 가능한가?

'지위'가 수행 능력 없이도 장기적으로 지속 가능한 경우는 두 가지다. 첫번째는, 수행 능력의 부재를 '지위' 간의 네트워크로 버텨내는 경우다. 다시 말해 수행 능력의 측정 단위를 '개인'에서 '네트워크' 전체로 전치시킨 다음, '네트워크'의 구성원으로서 그 능력을 평가받는 것이다. 한국 사회의 중·장년 및 노인 세대가 '나 어디어디 출신인데……' '나 누구 아는데……' '누가 나랑 잘 아는 친구인데……' 하며 자신의 출신 배경과 인맥을 먼저 이야기하는 것은 이러한 네트워크 구성원으로서의 수행 능력을 앞세워

불평등의 세대

자신을 평가해주기를 기대하는 것이다. 물론, 이러한 배경과 인맥은 사업을 만들고 돈을 끌어모으며, 결국에는 건물과 공장까지 만들어낸다. 한국의 건설업자들과 금융업자들이 정치권과 결탁하여 아무 자본 없이도 엄청난 규모의 사업을 추진하고, 그로부터 나오는 수익을 나눠 먹는 관행을 보라. 이처럼 네트워크 자체가 수행 능력으로 전치되는 것은 한국 사회에서 상당히 흔한 일이다. 이런 문화에서 네트워크 위계의 상층을 희구하는 자 혹은 점유한 자들은 자기 능력을 키우기보다 네트워크에 봉사하고 투자하는 것이 합리적 선택이라고 판단한다.

두번째는, 내부적으로 착취 체제를 구축하여 하급자의 수행 능력을 자신의 것으로 전치시키는 것이다. 물론, 이 착취 체제를 구축하기 위해서는 '자본'을 필요로 한다. 앞의 네트워크 구성원으로서의 수행성이 조직을 뛰어넘어 조직 간에, 조직 외부의 더 큰 공동체나 산업계와 정치권, 언론을 넘나드는 '마당발' 네트워크를 구축함으로써 작동된다면, 뒤의 착취 체제의 수행성은 조직 내부에 존재하는 위계 구조를 십분 활용하여 작동한다. 전자가 다른 개인이나 조직의 수행 능력을 '활용할 수' 있는 능력이라면, 후자는 하급자의 수행 능력을 '사유화할 수' 있는 능력이다. 두 능력 모두, 자신이 직접 '실행' 혹은 '수행'할 수 없어도, 어떤 업무나 결과를 자신의 성과로 인정받게끔 만들 수 있는 능력 아닌 '능력'인 셈이다.

한국 사회에서 이 두 능력은 종종 동시에 행사된다. 내 분야인 학계를 예로 들어보자. 오늘날은 엄격한 심사를 거쳐 국가의 연구비가 집행되지만, 과거에는(분야에 따라서는 지금도) 인맥을 통해 각종 기업들과 정부 기관들로부터 연구비를 가져오는 일이 흔했다. 교수 A씨가 대학 동창인 공기업 간부를 통해 억대의 연구비를 수주하고, 대학원생들과 박사 후 과정 연구자들을 끌어들여 여러 편의 논문을 생산한 다음 공저자로 이름을 올렸다고 하자. 교수 A씨는 위의 두 능력을 모두 갖춰 자신의 수행성을 극대화한 경우다. 이 경우, 교수 A씨가 아이디어를 내거나 데이터를 모으지 않아도, 데이터 분석에 필요한 방법론을 몰라도, 논문은 생산되고 업적 점수는 올라간다. 네트워크 능력과 위계의 힘을 결합시켜 수행 능력 없이 '수행성'을 발휘한 경우다. A씨가 속한 대학과 시장(학문 및 언론 시장)은 A씨의 내적 수행성의 진위를 가릴 능력도, 그럴 의사도 없다. A씨는 대학에 간접비를 떼어주고, 과의 젊은 연구원들을 먹여 살리고, 논문 발표와 연구비 수주를 통해 대학과 학과의 순위가 올라가는 데 '점수'를 보태준 효자 같은 존재다.* 이럴 경우 A씨가 하는 유일한 일은 논문 제출 직전에 제목을 바꾸는 것이다. A씨는 '교신저자'로 등록되고, 프로젝트에 생계가 매여 있는 박사들과 대학원생들은 '퍼스트' 혹은 '세컨드' 저자 지위에 만족하며 분업과 거래는 지속된다. 여기서 A씨가 지

---

* 이러한 네트워크 플레이어를 구별해낼 수 있는 유일한 길은, 동료 연구자들이 이 연구자의 논문을 직접 읽고 그 질을 평가하는 것이다. 한국 사회에 이러한 질적 평가 시스템은 아직 제도화되어 있지 않다.

닌 모든 생산성은 공기업 간부인 대학 동창과의 '끈끈한 관계'에서 부터 시작되었다는 점에 유의하자. '네트워크 위계'는 '네트워크'와 '위계'가 톱니바퀴처럼 물려 돌아가며 작동하는 시스템이다.

이러한 시스템은 산업화 세대와 386세대를 거치며 한국 사회의 조직마다 뿌리를 내렸다. 산업화 세대는 물론 386세대마저도 이러한 네트워크와 위계에 기반한 수행 능력에 의문을 달지 않았다. 그러한 능력을 '정치력'이라는 또 다른 차원의 수행 능력으로 격상시키기까지 했다. 오히려, 386세대는 산업화 세대보다 더 조밀하고 거대한 이익 네트워크와 동아시아 위계 구조를 결합하여 '네트워크의 확장성'과 '착취적 효율성' 측면에서 한국형 위계 구조를 한층 더 업그레이드시켰다.

그런데 조직 내부에 이러한 네트워크와 위계에 기반한 플레이어가 '다수'가 된다고 가정해보자. 무엇이 문제일까? 답은 의외로 쉽다. 이 조직(대학이나 기업)은 한국 사회에서는 승승장구할지 모른다. 하지만 세계시장에 나가면 그 민낯이 드러난다. 이러한 조직에서 생산된 상품(논문)이 경쟁력이 있을 리 없다. 한국 학자들과 대학들이 양적으로는 많은 논문을 양산해내지만, 질적으로 세계 유수의 탑 저널에 논문을 싣는 경우가 드물고 전 세계 학자들의 주목을 받으며 각 분야의 패러다임을 뒤흔들 정도의 논문을 만들어내는 경우는 더욱 드물다는 것은 학자들끼리만의 뉴스가 아닌, 언론의 단골 소재 중 하나다. 이들이 (국가 지원 펀드의 요구 사항을 충족시키기 위해) 논문을 발표할 곳을 찾아 무리 지어

유령학회를 떠도는 것은 놀랄 일이 아닌 것이다.

　그렇다고 이러한 한국형 위계 구조에서 저질 논문만 양산되는 것은 아니다. 간혹 좋은 논문들도 나온다. 하지만 위의 시스템에서 좋은 상품(논문)이 나온다면, 그것은 A씨의 수행 능력 때문이 아니라 그 하급자들 중 '똑똑하고 성실한 누군가'가 있어서다. 산업화 및 386세대가 하부 구성원이었던 지난 반세기, 그 '누군가'는 자신의 성과를 상사와 조직을 위해 '헌납'하고 자신의 차례가 오기를 묵묵히 기다렸다. 이러한 '인내'의 윤리는 두 세대 모두 한국형 위계 구조가 갖는 장점들을 '승인'하고, 그 조직을 유지시킴으로써 본인이 받을 혜택에 '동의'했기 때문이다. 어떤 점에서 386세대는 산업화 세대를 (정치적으로) 전복했지만, 한국형 위계 구조가 유지되는 데는 '공모'했다고 볼 수도 있다. 결국, 한국형 위계 구조의 정점에 오를 것을 386세대 또한 예감하고 있었기 때문이다.

　그런데 세계화 시대에는 이러한 산업화 및 386세대가 공모하여 구축한 생산 시스템이 경쟁력을 잃는다. 혹은 아예 명함을 내밀지도 못하는 경우가 많다. 왜 그런가? 한국형 위계 구조는 동아시아 벼농사 체제의 '협업 구조'에서 기원했기 때문이다. 동아시아는 16억 인구가 사는 곳이다. 우리가 단시간에 할 수 있게 된 기술은, 같은 지역의 다른 경쟁자들 또한 금세 습득할 수 있는 것들이다. 또 다른 이유는 위계 구조 아래에서 '묵묵히' 이 생산 시스템을 떠받치며 자신의 아이디어와 노동력을 조직에 바쳤던, 한국형 위계 구조의 코어 세대가 노화하고 있기 때문이다. 이와 연관된 세번째 이유는, 세계화와 함께 '개인주의'의 문화에 익숙한 청년 세대들이 산업화 및 386세대의 계약서에 사인하는 것을 거부하기 시작했기 때문이다.

가장 뛰어난 청년들은 외국계 기업을 선호하고, 심지어는 외국에서 첫 직장을 잡는다. 점점 늘어가는 청년 창업 또한 한국형 위계 구조가 이전처럼 작동하기는 힘들 것임을 암시한다. '네가 내 젊은 날을, 내 재능을 갈아버리도록grind 내버려 둘 수는 없어'라는 정서는 중·장년층에게 존재하지 않았다. 산업화 및 386세대의 중·장년층은 미래를 할인discount할 줄 몰랐다. 다시 말해 위계 조직에서 세대의 네트워크를 따라 한 걸음씩 밟아가다 보면, 그에 따른 보상이 주어질 것을 '집단적으로' 믿었던 세대들이다. 그에 반해 오늘의 청년 세대는 이 보상에 대한 기대의 공식을 더 이상 믿지 않는다. 한국형 위계 구조 최초로 이 '공모'에 동의하지 않는 세대가 출현하고 있는 것이다.

한국형
위계 구조의 위기

동아시아(의 엘리트)는 서구의 자유주의와 결부된 자본주의를 수입하면서, 바로 이 '위계 구조'를 이용했다. 동아시아의 위계에 기반을 둔 협업 구조는 위로부터 선택된 '업종'의 '기술'에 조직 하부의 구성원들이 조직적·집단적으로 시간과 노력을 투여함으로써, 이미 존재하는 서구의 기술을 빠르게 학습하여 값싸고 질 좋은 상품을 시장에 내놓는 데 지대한 역할을 했다. 한국의 근대화 엘리트들은 냉전으로 대립하던 20세기 후반 미국 주도 세계경제체제에서 국제 분업의 자리를 발견하고 한국형 위계 구조를 적절히 이용하여 '경제 발전'을 이루어냈다. 그리고 386세대는 그 체제를 세계화·정보화의 물결 속에 안착시켰다. 물론, 민주화와 함께 말이다.

문제는 이 위계 구조가 '벼농사 체제'에 익숙한 1차(산업화) 및 2차 도시화(386) 세대에게는 무리 없이 작동했지만, 도시에서 태어나 도시에서 자라난 3차 도시화(포스트 386) 세대, 더 나아가 세계화와 더불어 타국의 언어와 문화(서구식 개인주의라고 하자)까지 광범위하게 습득한 오늘의 청년 세대에게는 몸에 맞지 않는 옷이 되어버렸다는 데 있다. 청년 세대가 겉으로는 위계 구조에 순응하는 척하지만, 20대부터 아버지 세대인 386세대에 대한 혐

담과 증오의 담론을 만들고 있는 것은 아래로부터 끓어오르는 정당성의 위기를 예고한다. 오늘의 청년 세대는 산업화 세대로부터 전승된 '협업의 문화와 기술'뿐 아니라, 두 세대가 더 지나면서 진행된 근대화와 세계화의 물결 속에서 '서구식 개인주의' 문화 또한 동시에 체득한 세대다. 세대 내부에 동아시아 위계 구조하의 협력의 아비투스와 서구적 다원주의 및 개인주의 문화가 혼재되어 있는 것이다.

물론, 한국형 위계 구조는 몸에 맞지 않는 옷을 강제로 입힐 힘 정도는 아직 남아 있다. 단기적으로는 청년 세대에게 이 위계의 윤리와 행동 양식을 조직과 제도를 통해 강제 주입시키면서 시스템을 굴러오던 대로 유지시킬 수는 있을 것이다. 더 큰 문제는 한국형 위계 구조의 생존이 안팎의 도전에 직면하고 있다는 점이다. 정당성과 수행성 양면에서 말이다.

한국형 위계 구조가 살아남아 작동하고 있는 이유는 무엇보다 '집합적 수준의 협업의 효율성' 때문이었다. 산업화 세대가 보여준 연공서열에 따른 조직의 통합과 과업의 수행은 동아시아 관료제와 기업 조직이 세계시장에서 살아남게 해준 근간이었다. 산업화 세대는, 동아시아적 '기업형 인간'(사실은 벼농사 체제의 협력 조직이 전환된 형태)이 자본주의적 생산과 경쟁에 '적합'한 인간임을 온몸으로 증명했다. 한국·대만·일본의 경제 발전이 이를 증명하고, 떠오르고 있는 중국과 베트남 경제, 아마도 앞으로 같은 전철을 밟을 것으로(?) 기대되고 있는 북한이 마지막으로 그

적합성을 증명할 것이다. 바로 같은 이유로, 한국형 위계 구조는 수행성의 위기에 직면해 있다. 16억 동아시아인들에게 한국의 산업화 세대가 습득한 기술을 베끼고 따라 하는 것은 그리 어려운 일이 아니다. 그들 또한 수천 년 동안 벼농사 체제하에서 협업이라는 하부구조와 유교적 위계라는 상부구조를 운영해왔다. 산업화 세대가 일본으로부터 받아들여 쌓아올린 근대화 시스템의 경쟁력은, 이 동일 문화권의 추격자들로 인해 이미 수명을 다해가고 있는 것이다. 삼성이 소니를 베끼고 대체했듯이, 화웨이가 삼성을 베끼고 대체하는 것은 시간문제다.

　　(한국 사회에서) 이러한 동아시아 위계 구조의 첫번째 위기는 내부에서 오고 있다. 우선, 새로운 세대에 의해 동아시아 혹은 한국형 위계 구조의 핵 중의 핵인 '연공제'가 위협받고 있다. 동아시아 위계 구조의 (서구의 위계 구조와 구별되는) 가장 중요한 목적은, 이 규율 체제하에서 정신적으로 가장 많은 지식을 쌓았지만 육체적으로 가장 도태된 노인들의 생명과 안녕의 유지에 있다. '유교 이념'의 장유유서는 벼농사 체제의 협업 구조와 기술 전수 구조를 지탱시키는 핵심 윤리다. 앞서 이야기했듯이, 벼농사 체제가 생존하기 위해서는 자연환경과의 '조화,' 또한 그것을 수행할 협업 구조의 '조화'를 책임지고 설계하고 예측할 '노인들'의 '기술과 지식'이 없어서는 안 될 요소였다. 연공 구조와 윤리의 역사적 기초는 벼농사 체제로부터 비롯되는 것이다. 그런데 오늘날 정보화 혁명과 4차 산업혁명의 시대는 위계 구조가 처음 잉태되었던

유목에서 농경으로 이행하던 시기가 아니고, 위계 구조가 공동체와 국가의 구조와 제도를 빚어낸 지난 수천 년의 농경 시기도 아니다.

한국형 위계 구조의 위기는 바로 이 '지식 생산과 소비 사이클'에서 (나를 포함한) 중·장년층이 새로운 세대의 지식수준을 따라잡지 못하고 급속히 도태되는 데서 올 것이다. 기존의 지식은 모두 디지털화되어 검색 가능한 것이 되고, 그중 가장 유용한 지식은 AI를 장착한 빅 데이터 검색 엔진이 찾아서 맞춤형으로 제공해주는 세상에서 일반적 수준의 '경험'이 주는 근엄함, 그 근엄함과 결부된 '정당성'은 빠르게 힘을 잃는다. 끊임없는 자본주의 하의 경쟁과 혁신이 기존의 지식을 '철 지난 것'으로 규정하며 엄청난 양의 신기술과 신지식을 생산해내는 이 시대에, 나이 먹은 '현자'의 지식과 충고는 인터넷의 구글 검색 엔진에 의해 마찬가지로 도태될 수밖에 없다.

한국의 교수 집단이 미국 유학을 통해 '베끼고' '배워 온' 선진 문물은 유튜브와 위키피디아에 의해 급속히 도태되고 있다. 영어 구사력이 뒷받침되는 오늘날 청년 세대의 개척자들은 하버드, MIT, 스탠퍼드의 선도자들이 유튜브에 직접 올린 강의를 듣는다. 10년, 20년 지난 강의 노트를 외우는 것은 학점을 따기 위해서일 뿐이다. 한국에서 연구를 등한시하는 교수들의 정당성은 오직 대학이 강제하는 '학점'과 '졸업장'의 가치만큼만 유지된다. 나이 먹은 '현자'가 더 이상 '현자' 취급을 받지 못할 때, 위계 구조의 정당성은 내부에서부터 허물어질 수밖에 없다. '현자'가 아니라 운 좋은 시절에 그 자리를 꿰차고 앉아 아랫사람을 착취하는 '한량'으로 취급될 때, 위계 구조의 수행성과 정당성은 모두 서서히 하향 곡선을 그릴 수밖에 없는 것이다. 어쩌면 2010년대에 시작된 저성장과 구조적 경기 침체의 저변에는 이러한 한국형 위계 구조의 경쟁력 상실이 자리하고 있는지도 모른다.

한국형 위계 구조의 마지막 위기는 조직의 최상층에서 온다. 동아시아 위계 구조의 연공제와 관료제는 시험과 평가, 승진을 통한 인센티브로 조직 내부의 무임승차와 비능률을 관리한다. 그런데 누가 최상층을 관리하는가? 동아시아 위계 구조는 이 퍼즐을 스스로 풀지 못했다. 그 대가는 봉건 왕조의 멸망과 퇴출이었다. 오늘날 위계 구조의 최상층을 관리하는 기제는 (박정희의 발전국가가 소개했고 여전히 사용되고 있는) '국제 경쟁에의 노출'이다. 국제 경쟁에서 살아남으려면 최상층이 정신 바짝 차리고 조직을 이끌어야 한다. 그렇지 않으면 자기 목이 달아나므로. 문제는 국제 경쟁에 노출되지 않는 조직들이다. 최상층을 견제하는 기제가 없는 산업일수록 조직 내부의 정실과 파벌주의, 무임승차자, 지대 추구자들에 대한 통제 기제 또한 발달하지 못한다. 최상층이 한 세대의 네트워크에 의해 장악된 조직은 더욱 그렇다. 위는 뛰지 않고 네트워크 정치와 착취에 골몰하고, 아래는 착취당하고 눈치 보며 줄 서는 문화가 만들어질 때, 그 조직과 그 산업은 도태되어야 한다. 하지만 외부의 경쟁자가 존재하지 않으면 도태될 수도 없다. 그럴 경우 비효율과 무임승차, 부패의 피해는 소비자와 네트워크 위계의 외부자(비정규직과 프리케리아트), 국민에게 전가된다. 한국형 위계 구조는 끓는 물의 개구리처럼 아주 천천히 도태되며, 아주 천천히 부패할 것이다.

그렇다면 한국형 위계 구조를 '네트워크 위계'로 진화시킨 386세대 리더십의 위기, 즉 386세대가 이끌고 있는 한국형 위계 구조가 경쟁력을 상실한 증거는 있는가? 〈그림6-1〉에서 〈그림6-4〉는 한국의 상장기업 중 상위 100개 기업의 출생 세대별 이사진 점유율에 따른 기업의 최근 5년 자본수익율 분포다. 〈그림6-1〉은 1955~1964년 출생 세대의 구성 비율이 증가할수록, 자본수익율이 낮아지는 경향을 보여준다(상관계수=-0.45).* 오른쪽 아래에 몰려 있는 기업들은 1955~1964년 출생 세대의 비율이 80~90퍼센트에 이르는 기업들이다. 이들 중에는 대우조선해양, 대우건설, 현대미포조선, 포스코와 같은 건설 및 제조업 분야뿐 아니라 우리은행, 기업은행, 대한항공 같은 비제조 기업들도 눈에 띈다. 386세대의 과대 대표는 특정 산업만의 문제가 아니라는 이야기다. 이들 기업은 지난 5년간 자본수익률 평균이 0에 가깝거나 심지어는 마이너스(대우건설, 대우조선해양) 실적을 보였다. 세대교체에 실패하면서 특정 세대의 경영진이 장기간 기업의 리더십을 독식한 결과, 무능력과 비효율을 초래하고 있는 경우들이다.

---

* 상관계수값은 마이너스 1에 가까울수록 강한 부의 관계를, 플러스 1에 가까울수록 강한 정의 관계를 나타낸다.

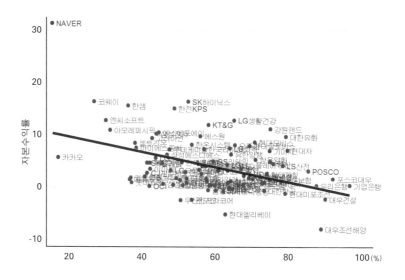

그림6-1 100대 기업 세대별 이사진 비율과 자본수익률
1955~64년 출생 세대, 2013~2017

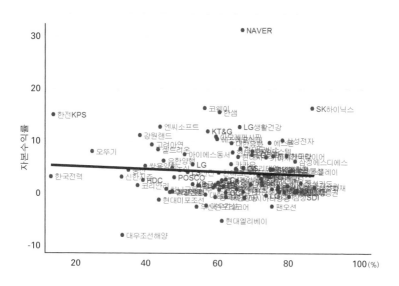

그림6-2 100대 기업 세대별 이사진 비율과 자본수익률
1960~69년 출생 세대, 2013~2017

이에 반해, 왼쪽 상단에는 1955~1964년 세대의 비율이 40퍼센트 이하며 자본수익률은 10이 넘는 기업들이 눈에 띈다. 네이버를 필두로 코웨이, 한샘, 엔씨소프트, 아모레퍼시픽과 같은 기업들이다. IT기업들이 다수 눈에 띄지만, 화장품, 가구, 정수기·공기청정기 등 다양한 산업군에 속하는 기업들이다.

이어지는 〈그림6-2〉〈그림6-3〉〈그림6-4〉는 10년 단위 출생 세대를 5년씩 젊은 세대로 교체하며, 기업들의 자본수익률과의 상관관계를 보여준다. 세대 구성에서 젊은 세대가 늘어날수록, 자본수익률과의 상관관계가 부의 관계에서 정의 관계로 바뀌는 것을 확인할 수 있다. 〈그림6-4〉는 1970년대 이후 출생 세대의 이사진 비율에 따른 자본수익률 분포다. 놀랍게도, 앞의 마이너스 상관관계가 플러스 상관관계로 완전히 뒤집어졌다(상관계수=0.60). 역시 오른쪽 상단에는 앞서 확인했던 네이버나 아모레퍼시픽 같은 기업들이 눈에 띈다. 출생 세대의 구성 비율이 〈그림6-1〉에서 〈그림6-4〉로 갈수록, 즉 1950년대 후반에서 1970년대 후반 출생 세대로 갈수록 상관계수는 −0.45에서 +0.60까지 변화하고, 회귀식의 기울기는 −0.14에서 +0.35로 바뀐다. 더 젊은 세대가 기업 수뇌부에 더 많이 대표될수록, 더 장사를 잘했고 더 좋은 기업성과지표를 이끌어냈다는 이야기다.*

---

* 그림의 결과는 5년치 ROA를 기업별로 평균값을 구한 후 비교하는 '기업 간 비교'의 결과다. 회귀식의 기울기기 0에 가까운 〈그림6-2〉를 제외하고는 〈그림6-1〉(기울기=−0.14), 〈그림6-3〉(기울기=0.1), 그리고 〈그림6-4〉(기울기=0.35)

어떻게 '특정 세대의 과대 대표'가 이토록 다른 기업 성과의 차이를 가져올 수 있는가? 첫째는 과대 대표된 386세대 리더들의 동질성과 폐쇄성이 혁신을 저해하기 때문일 것이다. 386세대는 1997년 금융 위기를 기화로 공동화空洞化된 기업 수뇌부에 대거 진입하기 시작했으나, 20여 년 장기 집권을 거치며 현장의 급속한 변화와 혁신에 둔감해졌고, 내부자 위주의 이해관계에 더 민감해지며 글로벌 기업 생태계의 변화를 감지하고 응전하는 감응력과 순발력이 뒤처지게 되었을 것이다. 문제는, 제조업 및 금융권의 많은 기업들에서 이 세대의 리더들은 '내부자의 철옹성'을 쌓고 자신들의 위계와 네트워크, 그 집단의 이해에 충실히 봉사하는 아랫사람들만으로 조직을 이끌고 있다는 점이다. 이런 기업일수록 조직은 타성에 젖고, 상층은 뛰지 않으며, 혁신보다는 돈놀이와 하청기업 쥐어짜기, 리더십은 건드리지 않는 인력 구조 조정과 자산 재구성으로 재무 재표를 '좋게 보이게' 만드는 일에 집중할 것이다. 강한 위계 구조의 상명하복과 충성을 중시하는 기업 문화

의 기울기들이 모두 통계적으로 유의미하다. 보다 엄격한 통계분석에서는 기업·산업 간 차이는 더미 변수들로 완전히 통제하고, 각 기업 내부의 시계열 변이만을 설명하는 고정효과 모델fixed effects model을 사용한다. 후자의 모델에 기반하여, 총자본량, 매출액, 현금 자산, 종업원 수, 시기와 산업 및 기업 더미변수unit-specific dummy variables를 통제한 후 단층-시계열 결합 회귀분석Pooled cross-sectional time series analysis: error correction models을 실시해도 두 출생 세대 변수의 영향은 그림의 관계와 동일[386세대는 부 혹은 무(기울기=0)의 영향, 포스트 386세대는 정의 영향]하며, 모두 통계적으로 유의미(alpha=0.01 level)하다.

불평등의 세대

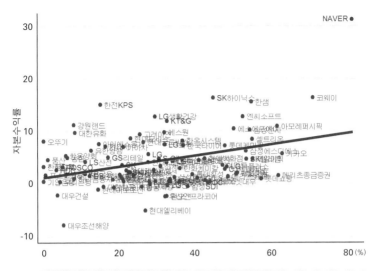

그림6-3   100대 기업 세대별 이사진 비율과 자본수익률
1965~74년 출생 세대, 2013~2017

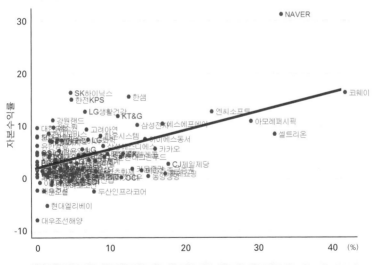

그림6-4   100대 기업 세대별 이사진 비율과 자본수익률
1970~79년 출생 세대, 2013~2017

속에서 부하 직원들은 스스로의 역량을 발휘하기보다는 세대 네트워크 권력에 찍히지 않으려고 숨죽이고 엎드릴 것이다.

하지만 젊은 세대가 숨죽이고 엎드리는 조직은 겉으로는 움직이는 것처럼 보이지만, 껍데기만 굴러가는 조직이다. 새로이 부상하는 청년 세대가 한국형 위계 구조를 업그레이드한 386세대 리더십의 '정당성'을 받아들이지 않고 '순응하는 척'할 때, 조직의 위기 그리고 한국 경제의 위기가 시작된다. 산업화 세대의 리더들에게 그 세대 전체가 보여준 '동의의 구조,' 386세대의 리더들에게 그 세대 전체가 보내준 '연대의 구조'가 형성되지 않고, 위계 구조에 '순응하는 척'하는 '적응의 세대'가 출현하면서 위계 구조는 효율성을 잃는다. 위계 구조 혹은 조직 전체를 위해 희생하며 협력하고 경쟁하는 문화가 사라지는 순간, 동아시아 벼농사 체제의 위계 구조는 작동을 멈추게 된다. '소확행'을 추구하는 젊은 세대의 동의와 열정이 없는 상태에서 젊은, 새로운 아이디어가 나올 리 만무하다. 산업화 세대처럼 '시간을 투여'하고 '기계적 협업'을 통해 단순조립 가공산업으로 세계시장에서 경쟁력을 확보할 수 없는 시대에, 한국의 기업 조직들은 어떤 리더십으로 한국 경제의 구조적 위기를 돌파할 수 있을 것인가?

이 질문에 대한 답은 조금 전에 보여준 〈그림6-4〉에 나와 있다. 바로 다양한 세대와 성별의 리더들로 구성된 '무지개 리더십'의 수립이다. 더 젊은, 더 새로운 아이디어와 에너지로 충전된 젊은이들과 여성들을 조직의 최상층으로 끌어올리면, 상명하복의

불평등의 세대

경직된 조직 문화와 장기 집권으로 인한 수많은 문제들——정실 인사, 동질적 세대 문화 속의 폐쇄성, 무임승차, 부패——이 저절로 해소될 수 있다. 이를 위해서는 젊은이들과 여성들이 리더십 구조에 충분히 진입하도록 '쿼터제'를 실험해볼 수도 있으나, 최소한 '능력주의' 원칙만을 견지해도 무지개 리더십은 가능하다. 나의 다른 연구에서 여성이 이사진에 많을수록 기업의 성과가 좋게 나타났으며, 이러한 결과는 통계적으로도 유의미한 것으로 확인되었다. 능력주의를 잘 제도화한 기업에서 뛰어난 젊은이들과 여성들이 리더십에 더 많이 진출했고, 그러한 공정한 제도가 기업 전체의 실적에 긍정적인 결과를 가져온 것으로 해석할 수 있다.

세대교체를 통해 기업의 리더십 구조를 다양화하는 것은 민주화와 금융 위기 이후 한국 사회의 상층을 점유해온 386세대 남성들의 강고한 내부자 연대에 균열을 내고, 4차 산업혁명과 더불어 급격히 재편되고 있는 글로벌 경제에 대한 한국 기업들의 적응력과 경쟁력을 높일 것이다.

나가며
네트워크 위계의 탄생

이 책이 의도했던 '세대의 앵글'을 통한 한국 사회 '네트워크 위계' 구조의 해부 작업은 이제 일단락되었다. 책의 서두에서, 386 세대는 정치권력(1장)을 비롯해 시장권력 또한 장악(2장)했음을 보여주었다. 국가와 시장을 가로질러 형성된 386세대의 강고한 네트워크는 정치권 및 국가와 시장 모두에서 386세대를 정점으로 한 위계 조직을 구축했으며, 조직 내·외부에 이들이 구축한 위계 조직은 다른 세대에 비해 이 세대에게 더 많은 자리, 더 많은 소득, 더 높은 소득상승률, 더 오랜 연공을 보장해주었다. 또한 네트워크와 위계 조직을 통해 축적된 상층의 부는 산업화 세대의 유산(3장)인 자산 축적 전략에 따라 다음 세대(씨족 단위)로 이전되며 노인 세대와 청년 세대 양쪽에서 불평등을 증가시켰고, 386 세대 또한 이 씨족 단위의 자산 축적 및 증여·상속 전략을 되풀이하는 것으로 보인다(4장). 이 책은 이러한 386세대가 수립한 '세대 독점'(혹은 과잉 점유)의 결과로 청년 세대의 일자리 부족과 과도한 상층 진입 경쟁, 여성의 상층 노동시장에서의 탈락 혹은 차별의 문제가 초래되고 있음을 보여주었다(5장).

벼농사 체제의 '협업과 위계'에 기원을 두고 수천 년 동안 진화해온 동아시아적 작물 생산 체제의 하부구조(Talhelm et al. 2014; Lee & Talhelm 2019)에서 비롯된 위계 구조가 산업화 세대에 의해 처음으로 근대 자본주의 산업화와 결합되었다면, 네트워크 위계는 386세대에 의해 처음으로 전근대적인 혈연·지연 네트워크를 뛰어넘는 이념 기반의 자원 동원 네트워크로 진화했다.

386세대는 산업화 세대가 구축해온 (1920년대 후반~1950년대 초반 출생자들로 구성된) 세대 간 연대를 1997년부터 2016년에 걸친 20년간의 정치권력 투쟁을 통해 사실상 와해시켰다. 이를 위해 386세대는 1950년대 후반~1980년대 초반 세대에 걸친 대안적 세대 연대를 구축했고, 이념적·정치적으로 이들을 자신들의 하부 지지 세력으로 편입시켜 공고한 투표자 블록을 형성하는 데 성공했다. 하지만 정치 정당과 시민사회 단체 내부에서 386세대는 자신들의 세대를 중심으로 '핵심 내부자 그룹'을 구성하여 선출직과 임명직을 독식하는, '세대 독점' 시스템을 이룩했다. 세대 간 연대의 과실이 특정 세대의, 특정 네트워크 집단에 의해 독점되기 시작한 것이다. 이로써 민주화가 제도적으로 공고화된 바로 그 시점에, 세대 간 정치권력의 분배는 가장 불평등해졌다.

386세대는 기업 조직 내부에서도 동일한 '세대 독점'의 시스템을 구축했다. 산업화 세대의 리더들이 1997년 금융 위기에 대한 책임을 지고 기업 조직에서 물러나고, 386세대의 아랫세대들은 그들과 같은 '대량 입사를 통한 충원'이 불가능해짐에 따라, 지난 20년간 기업 내 386세대의 권력과 네트워크는 자연스럽게 강화되었다. 386세대는 정치권과 시민사회의 386세대가 그러했듯이 세계화의 첨병으로 기업 조직을 바닥부터 일구었고, 이를 통해 2010년대에는 정치권과 마찬가지로 자신들의 네트워크를 위계 구조의 정점에 ── 그것도 한국 기업 사상 최대 규모로 ── 올려놓는 데 성공했다.

386세대의 리더들은 산업화 세대로부터 '위계 구조'를 물려

받았을 뿐만 아니라, 세계화와 더불어 경쟁이 격화된 시장에서 한국의 기업들이 생존할 수 있도록 기존의 위계 조직을 '유연화된 위계 구조'로 '업그레이드'했다. 바로, 연공에 따른 기존의 위계적 직무 분배 체계에 '내부자'(정규직)와 '외부자'(비정규직)를 구별하는 차별적 보상 체계를 결합시킴으로써, 기업의 생산조직이 경기 사이클에 보다 '유연하게' 적응할 수 있도록 만든 것이다. 이로써 2000년대 이후 산업 현장과 공기업, 공무원 조직, 학교에 이르기까지, 다른 신분을 가진 노동자들끼리 연공과 고용 형태상의 차별적 신분이 결합된 위계 구조가 '자연스럽고' '당연한 것으로' 정착되었다. 386세대의 노동-시민사회의 리더들은 이에 더해 '노동조합'을 통해 정규직의 고용을 한층 더 강력하게 보장함으로써, 연공과 고용 형태에 의해 분절된 노동시장 계층화의 골은 더욱 깊어졌다. 마지막으로, 원·하청 관계에 따라 (대안적인 납품 루트가 부재한) 중소기업들이 수출 대기업으로 구조적 종속이 강화되면서, 금융 위기 이후 한국형 위계 구조의 업그레이드 작업은 완성이 된다.

386세대의 '네트워크'가 이러한 위계 구조와 결합하는 것이 왜 문제가 되는가? 첫째는 거대한 베이비붐 세대가 위계 구조 상층을 장기 독점하면서, 유교적 연공 사회의 대전제인 '세대교체'의 룰이 무너지고 있다는 것이다. 이 책은 386 코어 세대가 정치권과 기업 조직, 상층 노동시장에서 모두 이전 세대보다 더 큰 규모로 장기 생존하고 있다는 증거를 제시했다.

둘째, 세대 네트워크 내부에 속한 386세대 상층 리더들과, 거기에 속하지 못한 동 세대 하층 및 다른 세대들 간의 정치·경제적 권력 자원의 격차가 커지면서 세대 내 그리고 세대 간 불평등은 갈수록 심화되고 있다. 2000년대 이후 악화된 386세대 내부 및 386세대와 다른 세대 간에 증대되고 있는 소득 불평등은 '세대의 정치'가 '위계 구조'로 탈바꿈하면서 발생한 결과다.

셋째, 최대 규모의, 최고의 응집성과 연계성을 가진 세대 네트워크가 국가와 경제, 시민사회의 상층권력을 장악하고, 동시에 그 '세대 네트워크'가 '위계 구조'와 결합하면서, 386세대 상층 간 조직 내부 및 조직 간의 지대 추구 행위의 가능성이 높아지고 있다. 이 책에서 제시한 증거만으로는 386세대 내부의 높은 네트워크의 밀도와 강도로 인한 지대 추구 행위가 증대되었다는 '실증에 기반한' 결론을 도출해낼 수는 없다. 다만, 산업화 세대가 보여줬던 혈연·지연·학연을 통한 자원 배분의 원리를 386세대가 극복하지 못한다면, 이들 또한 지대 추구의 유혹으로부터 자유롭지 못하다는 것을, 심지어는 사회 개혁을 위해 자신들이 구축한 연대의 네트워크를 활용해 지대 추구가 더욱 용이해질 수 있다는 경고는 가능하다. 이 장의 말미에서 보여준, 386세대가 과대 대표된 기업들의 실적 저하는 그 경고가 이미 현실화되고 있을 가능성 또한 암시한다.

위계 구조 전체가 구조적 위기에 처해 있음을 보여주는 지표는 도처에 널려 있고, 이 책은 지금까지 그 징조의 일부를 보여주었다. 불평등은 확대되고 성장률은 낮아지며 상층 노동시장 점유자의 소득과 자산은 나날이 늘어가는 한편, 중하층과 젊은이들은 낮은 소득과 실업으로 비명을 지르면서 출산을 포기·거부하고 있다. 합계 출산율이 0.95로 떨어진 뉴스*는, 우리 사회의 불평등 구조의 본질 ── 네트워크 위계라는 한국형 위계 구조의 등장과 심화 ── 을 밝히는 작업이 얼마나 중요한지 여실히 보여준다. 극심한 저출산으로 사회가 스스로를 죽이고 있고, 기업 조직들은 활력을 잃고, 기업 이윤은 저하되고 있다. 이렇게 한 세대의 장기 집권의 폐해는 조용히 눈덩이처럼 불어나는데, 내부자들은 제 몫 챙기기에 혈안이 되어 있다. 우리는 한국형 위계 구조가 진화된 '마지막 형태'를 보고 있는가, 아니면 그 틀과 함께 침몰할 것인가.

---

* 2018년 11월 28일.

7장

에필로그

세대 간 형평성의 정치

Q.

세대 간, 세대 내 불평등과
그 불평등의 재생산 구조를
어떻게 바꿀 것인가?

이 글의 질문은 '위기에 봉착한 한국형 위계 구조를 어떻게 바꿀 것인가'라는 물음과 동일하다. 이토록 뿌리 깊고 강고하게 자리 잡은 한국형 위계 구조를, 그리고 그 위계 구조를 틀어쥐고 21세기의 '양반'으로 등극한 동시대 한국 사회의 '내부자들'을 어찌할 것인가? 불평등은 증가하고, 사회 이동성은 떨어지고, 부모의 사회계층이 신분화되어가는 이 구조의 방향을 어떻게 틀 것인가? 한국형 위계 구조가 약속했던 급속한 경제 발전과 그 낙수 효과도 더 이상 원활하게 작동하지 않고, 위계 구조의 폐해만 눈덩이처럼 불어나는 이 상황을 어떻게 타개할 것인가?

사회적
자유주의

사회적 자유주의. 형용모순이다. 자유주의는 시장을 국가와 사회의 규제로부터 독립시키고자 한다. 국가와 사회가 협의하여 만들었건, 국가가 강제했건, 현대의 (신)자유주의 이념은 국가가 권위주의적으로 혹은 사회적 협약을 통해, 심지어는 민주주의 정치 기제를 통해 시장에 개입하려는 모든 시도와 싸워왔다. 신자유주의는 국가라는 속박으로부터 '자유화'를 추구하며, 그 제도적 기제는 '규제 혁파'나. 그런데 어떻게 '사회적 자유주의'가 가능하겠는가? 심지어 신자유주의는 '사회'도 '국가'도 거부한다. 오직 '시장'에서의 자유로운 경쟁과 그 승자에 대한 시장 나름의(?) 보상의 윤리를 지켜내는 것이 신자유주의가 꿈꾸는 세상이다. 이 이념은 밀턴 프리드먼에 의해 칠레에서 처음 실험된 후, 70년대 후반 영국과 뉴질랜드에서 집권당의 이데올로기로 받아들여졌고 미국을 중심으로 추진된 세계화와 함께 전 세계로 확산되었다. 이 이념에 각국의 진보 진영이 필사적으로 싸워온 것은, '시장주의' 원리가 약육강식의 논리에 다름 아니며, 그로 인해 심화되는 불평등과 노동권의 침해를 눈감을 수 없었기 때문이다.

　사회적 자유주의social liberalism는 이 자유경쟁의 이름으로 행해지는 약육강식의 논리에 국가의 개입을 허락한다. 자유주의 앞에 '사회적'이라는 수식어가 붙는 이유다. 국가가 '고삐 풀린 자본가들끼리의 경쟁, 자본가와 그 수하들이 시장의 약자들을 약탈'하는 것을 시정하도록 '시민사회를 대표하는 국가'의 이름으로 명령한다. 시장의 폭압적인 자기 재생산과 확장, 그로 인해 피폐해지는 사회와 공동체를 지키기 위해 국가의 힘을 사용하는 것이다 (Polanyi 1944). 신자유주의 입장에서는 자유주의의 탈을 쓴 국가주의로 보일 것이다.

　신자유주의의 반대편에는 사회적 자유주의의 다양한 연대가 있고, 그 연대 안에는 좌(사회주의자)에서 우(공동체주의자)까지 다양한 스펙트럼이 존재한다. 가장 왼편에는 이러한 사회적 자유주의 또한 (시장의 근본적 모순인 자본과 노동의 화해 불가능한 대

　　　　　　　　불평등의 세대

립의 '궁극적' 해결을 외면한다는 점에서) 신자유주의의 다른 모습일 뿐이라고 비판하는 '구조주의 좌파'들이 존재한다. 이들의 상당수는 국가를 통한 불평등의 치유에만 동의할 뿐, 자유주의적 개혁에는 동의하지 않는다. 한국 사회의 경우, 그들이 상층 20퍼센트의 이익을 대변하는 노동조합일지라도, 그것이라도 없으면 노동권에 대한 방어는 불가능해지기 때문에 (상층 노동시장에 대한) 자유주의적 유연화 개혁을 받아들일 수 없다는 입장이다. 따라서 사회적 자유주의의 입지는 그리 넓지 않다. 좌와 우가 극단적으로 대립했던 역사를 갖고 있는 (한국과 같은) 사회에서는 더욱.

세대 간 연대의 전략 1
386세대의 2차 희생

내가 제기하는 사회적 자유주의의 첫번째 전략은 우리 사회의 세대 간 불평등과 형평성의 문제를 조준한다. 한국 사회의 상층 노동시장을 장악한 거대한 386세대는 스스로를 어찌할 것인가? 상대적으로 그 규모가 너무 큰 세대가 민주화와 세계화를 차례로 겪으며 강력한 네트워크에 기반을 둔 응집성으로 한국 사회 조직들의 상층부에 '과대 대표'됨으로써, 하층과 청년에게 돌아갈 소득과 일자리의 몫이 작아지는 현상을 어떻게 해결할 것인가?

이에 대한 해결책을 마련하기란 쉽지 않다. 386세대 개개인은 그때그때 자신들의 상황에서 권위주의 정권과 맞서 싸우고 세계화와 정보화에 적극적으로 적응하는 한편, 2000년대와 2010년대에는 각 시민단체, 노동조합, 기업 조직의 성장을 최전선에서 이끌면서 오늘날 상층에 이르렀을 뿐이다. 개개인의 입장에서는 '열심히 산' 죄밖에 없는데, 왜 세대 갈등을 부추기느냐고 항변할 만도 하다. 하지만 '개인 수준의 합리적 선택'이 '사회 수준의 비효율'을 초래하는 예는 비일비재하다. 공공재 게임 이론과 공유지의 비극 사례는(Axelrod 1984; Hardin 1965; Ostrom 1990) 합리적 개인의 전략의 총합은 사회적으로 최선이 아닌 선택에 종종 이를 수 있으며, 사회적으로 최선의 선택은 개인들의 보다 사려 깊은 조율과 소통을 통해 각자의 최대 이윤 추구를 자제함으로써 가능하다는 것을 가르쳐준다.

오늘의 상층 노동시장을 대규모로 장악한, 역사상 최대 출생세대이자 가장 응집적으로 네트워크화되어 있는 386세대는 스스로가 구축한 네트워크 위계로 인해 발생하는 폐해를 시정하고, 그 희생자들을 어떻게 보듬을 수 있는지를 고민해야 한다. 그들이 20대에 집합적인 열정과 희생정신으로 보여줬던 '집합적 자각 혹은 효능감'을 오늘날 다시 조직화할 수 있을지에 대해 생각해야 한다. 그 목표는 '세대의 기회'를 아예 가져보지도 못하고 위계 구조의 압제에 '민주적으로' 좌절해야 하는 자식 세대에게 최소한, 아니 최대한의 기회를 보장하는 것이다. 롤스(Rawls 1971)의 표현을

불평등의 세대

빌리면, 그 사회에서 가장 불리한 위치에 있는 오늘의 청년 세대에게 최대의 기회를 보장해야만 '기회의 균등'이라는 원칙에 부합하는 것이다.

청년 세대의 일자리와 관련된 가장 직접적인 해결책은 사회적 합의를 통해 (현재 도입된 것보다 더욱 강력한) '임금 피크제'를 받아들이는 것이다. 거대 정규직 노동조합들은 깃발과 머리띠를 내려놓고 다음 세대를 어떻게 배려해야 할지를 고민해야 한다. 나를 포함한 20퍼센트의 대기업, 공공 부문, 전문직에 해당하는 상층 정규직은 임금 상승을 포기하는 것을 넘어 임금의 일부분을 청년 고용을 위해 내어놓고, 그 포기분만큼 고용이 이루어지도록 '신규고용협약'을 통해 조직의 책임자를 '견인'해야 한다. 처음에 1퍼센트로 시작해 2퍼센트, 3퍼센트로 늘려나갈 수 있다. 물가상승률 이하의 임금 상승 또한 같은 효과를 가져올 것이다. 이는 특히 구조적 위기와 실업, 불황 국면에서 더욱 필요한 희생이다.

국가는 기업에 '비정규직의 정규직화'를 요구하기에 앞서, 스스로 공무원 집단 내부에서 이러한 임금의 양보와 청년 고용 확대를 실행해야 한다. 국가 부문 공무원들이 사기업 부문에 비해 과도하게 보장받고 있는 연금 혜택을 일부 줄이고, 임금 피크제를 통해 절약한 임금을 합쳐 청년 세대 신규 공무원 임용에 사용하는 것을 생각해볼 수 있다. 고위직 임금부터 동결시켜서 그만큼 확보된 예산으로 공공 부문을 늘리면 세금을 통한 공공 부문 확대에 대한 국민적 저항을 걱정하지 않아도 되며, 민간 부문이 뒤

따를, 선도적인 사회적 합의의 선례로 작용할 수도 있다.

하지만 임금 피크제는 미봉책일 뿐이다. 경기가 좋아지면, 기업 상황이 나아지면, 임금 상승 투쟁은 다시 고개를 들고 정규직 내부자들은 연공임금의 호봉제를 자신들에게 유리한 방식으로 다시 뜯어고칠 것이다. 결국은 노동시장 연구자들이 주창하는 '연공제'에서 '직무제'로의 전환(정이환 2010; 정승국 2010)을 위한 사회적 대화, 교섭, 합의의 작업에 착수해야 한다. 오늘의 청년 세대는 자신들의 할아버지와 아버지 세대가 누렸던 '연차에 비례한 자동적인 임금 상승'을 보장하는 '연공제'가 동아시아 위계 구조의 핵심에 자리하고 있고, 청년 세대 일자리 난의 주요 요인임을 알아차려야 한다. 노동조합은, 노동자는 연공제를 선호할 수밖에 없다. 사용자가, 상급자가 각종 인센티브와 능력급을 통해 노동 통제를 강화하고 노동자들을 분단·개별화시킬 걱정을 하지 않아도, 자동적으로 임금이 상승하기 때문이다. 더구나 연공급 덕분에 나이가 들어감에 따라 상승할 수밖에 없는 가계의 소비지출을 감당할 수 있기도 하다.

하지만 연공급은 내부자에게는 더없이 좋은 안전망이지만, 비정규직과 실업자 같은 외부자들에게는 불경기의 삶을 더욱 고달프게 만드는 근원이다. 기업은 불경기 시 연공급으로 인한 자동적 임금 비용 상승을 감당하기 위해 비정규직을 늘리고 고용을 동결한다. 불경기 시 대기업들이 가격 후려치기를 통해 하청업체에 구조 조정 비용을 전가하고 비정규직의 임금과 노동시간을 줄

불평등의 세대

이는 것은, 정규직 내부자들의 연공급을 지켜내기 위한 측면이 크기 때문이다. 연공급은 또한 양날의 칼이다. 기업은 불경기에는 비정규직과 고용 동결로 연명하면서 동시에 연공급의 호봉제로 인해 임금이 상승할 대로 상승한 50대 노동자들을 구조 조정하고 싶은 유혹에 시달린다. 노동조합이 사용자의 인원 정리 유혹을 막아주면 다행이나, 그렇지 못한 사업장에서는 높은 임금을 받는 연차 높은 노동자들은 하루하루가 가시방석일 수밖에 없다.

전 세계적으로 동아시아에서만, 특히 일본과 한국에서만 발달한 연공급을 다른 형태(직무급 혹은 연봉제)로 바꿔, 기술과 직능에 따른 보상이 이루어지도록 해야 한다. 연공제는 '조직에의 충성'을 확보하고 조직을 안정화하는 데는 효율적인 보상 기제다. 하지만 사회 전체적으로는 노동시장 내부자와 외부자의 골을 깊게 만들고 청년 실업 문제를 악화시키는 주 요인이며, 단위 기업 차원에서는 직무의 효율적인 통합과 분산 및 숙련의 심화를 막는, 다시 말해 조직의 동맥경화를 일으키는 한 원인이기도 하다. 세대 간 형평성을 높이고 노동시장 내부자와 외부자 간의 차별을 시정하기 위해서는, 한국형 위계 구조의 물질적 기초이자 뼈대인 연공제를 수술대에 올릴 필요가 있다.

연공제의 수혜를 받는 최상층 노동시장에 대한 임금 피크제의 적용, 임금 상승 자제, 연공에 기반한 호봉제 약화, 더 나아가 임금의 양보 및 공유를 통한 청년 고용의 확대는 거시 경제 차원에서 세대 간 일자리를 공유하는 한 예일 뿐이다. 이 책에서 보여준, 상층 노동시장과 기업 및 정치권력 최상층을 차지한 386세대의 자리 독점은 우려할 수준을 넘어 한국 사회 전체의 비효율을 걱정해야 할 수준에 이르렀다. 386세대의 자리 독점은 상승 통로가 막혀버린 아랫세대에게 궁극적인 회의를 자아낼뿐더러, 인적 독점이 만들어내는 온갖 폐해 ── 정실주의, 비효율, 무임승차, 지대 추구 ── 를 양산할 것이다. 불행히도 과소 대표된 20대, 30대 및 40대를 위한 배려가 386세대 내부에서 만들어지기는 힘들 것 같다. 시민사회와 젊은 유권자 집단은 386세대를 통한 '대리정치'를 끝내고, 스스로의 목소리를 내야 할 것이다. 386세대가 장악한 정당과 국가 조직에 자신들 세대의 대표자를 더 확보하라고 주장함으로써 새로운 세대의 정치를 시도해야 한다. 정치권이, 정당이 스스로 움직이지 않으면, 다양한 사회 세력을 대변하는 역할을 스스로 하지 못하면, 시민사회는 표로 응징하는 것이 최선의 방법이다.

민간 영역의 기업 조직 및 학계의 상층부를 장악한 386세대를 견제하거나 대체하기 위해서는, '실적 평가' 외에는 마땅한 대안이 없다. 기업 조직과 학계의 정당성은 '민주적 대표 체계'에서 오는 것이 아니라, 장사를 잘하느냐 혹은 연구를 잘 수행하느냐하는 '성과주의'에 터해 있기 때문이다. 또한 기업 조직의 상층부를 장악한 386세대가 신규 고용이나 비정규직을 희생시켜 자신들의 임금과 복리후생을 향상시킬 경우에도, 이를 제어할 방도가마땅치 않다. 기업 조직의 특성상 계속해서 이익을 내고 있을 경우, 주주와 같은 다른 이해관계자들은 리더십에 흠집 내기를 꺼리고, 사외이사와 같은 견제자들은 한국의 기업 조직에서 거수기에 불과하기 때문이다. 이럴 경우, 조직 중하층의 구성원들이 자신들의 이익을 대변하기 위한 (준)노동조합과 같은 조직을 마련해 목소리를 낼 수 있다. 하지만 미취업 청년과 같은 조직 외부의 아웃사이더들은 대표 체계가 존재하지 않는다. 이들을 위해서는 시민단체와 정치 정당이 기업 외부에서 세대 간 형평성을 높이기 위한 일자리 공유 캠페인을 벌임으로써, 청년의 몫을 대변하도록 '시민사회적 압력을 통해' 공공 부문과 기업들을 강제하는 수밖에 없다.

상층 노동시장의 임금동결 및 기부(삭감)를 통한 청년 세대 고용 확보책은 세대 간 형평성을 높이기 위한 시발점일 뿐이다. 오늘의 청년 세대는 좁아진 상층 노동시장을 점유하기 위한 가혹한 진입 경쟁을 감당해야 할 뿐만 아니라, 대한민국 역사상 최대 규모인 386세대의 노후를 책임져야 하는 세대다. 현재 임금의 4.5퍼센트에 불과한 연금을 내고, 고성장기 내내 연금 납부액 상승에 반대했으며, 은퇴 이후에는 자신들이 낸 것보다 훨씬 많은 연금을 챙기게 되는 386세대의 은퇴 이후 삶을 위해, 이들은 (사용자 부담을 제하고도) 10퍼센트 이상의 임금을 연금에 투여해야만 한다. 자신들이 선택하지도 않은 '적게 태어난 죄'치고는 그 죗값이 너무 가혹하다. 이 연금 구조에 손을 대지 않고, 비정규직·정규직·실업을 오가며 더 불안정하고 짧은 근속 기간을 채우게 될 이 세대에게 두 배 넘는 기여를 요구하는 것은 공정하지 않다.*

내 제안은 간명하다. 연금의 틀을 뜯어고쳐야 한다. 첫번째 방안은, 자신들이 낸 연금보다 더 과도한 수혜를 누리는 1950년 대생 은퇴 노인들과 앞으로 은퇴할 386세대의 소득대체율을 줄이거나 최소한 동결하는 것이다. 한 시뮬레이션 연구(이상협 2008)에 따르면, 현재의 세대 간 회계 구조에서 1960년대 출생 세대까지는 자신들이 기여한 것보다 국가로부터 더 받는 반면, 1970년대 이후 출생 세대는 자신들이 기여한 것에 비해 국가로부터 덜 돌려받는다. 현 연금 구조에서 1990년대 이후 출생 세대는 노동시장에 남아 있는 내내 윗세대의 연금을 감당하다가, 자신들이 은퇴하는 순간에는 연금이 소진될 위기에 처해 있다. 이 문제를 해결하기 위해서는 '세대의 희생'을 필요로 한다. 연금이 약속한 노후 보장의 정도를 줄여, 다음 세대에게 조금이라도 더 남겨주는 것이다. 궁극적으로 한 세대가 (수익률 포함) 낸 것만큼만 돌려받도록 연금 수령액을 조정해야 한다. 저출산 시대에서 어느 세대는 짊어져야 할 짐이다. 다음 세대에게 그 세대가 초래하지 않은 부채를 떠넘기고 자식 세대의 연금까지 축내는 것은, 무책임한 일이다.

　일자리·임금·연금을 통한 희생에 이어 자식 세대를 위한 마지막 희생은 '주거를 위한 희생'이다. 앞서 4장에서 지적했듯이,

---

*　이 글을 쓰고 있는 2019년 현재, 경제사회노동위원회에서는 국민연금의 소득 대체율을 인상하려는 합의가 진행되고 있다. 노동조합과 시민단체의 주도 아래, 소득대체율을 50퍼센트로 인상하고 부담률은 찔끔 인상하는 합의가 이루어질 경우, 2060년의 노동인구는 소득의 28~29퍼센트를 연금만을 위해 부담해야 하는 상황이 도래할 것이다.

한국의 자산 시장 최고의 수혜 세대는 산업화 세대와 그들의 자식들이다. 386세대는 이제 '세대의 기회'를 스스로 만들며 자신들이 쌓아놓은 엄청난 규모의 저축을 자산으로 바꾸려는 시도에 돌입하고 있다. 물론 이 또한 내가 (산업화 세대에 대한 분석에서) 보여주었듯이, 이는 386세대 내부와 그 자식 세대 내부에 엄청난 자산 불평등을 초래할 것이다. 나는 앞선 세 가지 희생은 사회적 합의를 통해 어느 정도 가능하다는 희망을 갖고 있지만, 자산 축적에서 개개인의 희생을 요구하는 것은 가능하지 않다고 본다. 그만큼 불평등이 이미 심화돼 있고, 개개인의 '상속 욕구'를 통제하는 것이 가능하다고 보지 않기 때문이다. '상속 욕구'는 집합행동에 대한 '조율'이 불가능한 영역이다. 적어도 한국 사회에서는.

가능한 대안은 386세대의 자산 증식 및 증여·상속 활동에서 발생하는 보유세, 양도소득세, 증여세, 상속세를 엄격히 집행하는 것이다. 동시에 그 일부를 청년 세대 주거권 보장을 위해 사용하도록 법제화하는 것이다. 이미 보금자리 주택 청약이나 임대주택 입주 우선권을 청년 세대로 제한하거나 청년 세대에게 우선권을 주는 제도는 점진적으로 도입되고 있다. 386세대의 자산계급이 납부하는 세원을 자식 세대의 주거 복지로 사용하는 정책은 청년 세대는 물론, 386세대의 지지 또한 확보할 수 있을 것이다. 자신들이 개인적으로 부담해야 하는 자식의 주거 환경이 국가 주도의 공급을 통해 개선되고 비용이 덜 들게 된다면, 세금 납부와 그 수혜의 주체가 세대를 걸쳐 어느 정도 일치하는 효과를 볼 수도 있기 때문이다. 이 마지막 전략은, 386세대의 자산 증식 활동의 자연스러운 결과로 청년 세대의 주거권을 개선하는 전략이다.*

나는 앞서 이야기한 세 가지 '나눔 전략'을 한국 사회에 대한 386세대의 '두번째 희생'이라 부른다. 그들이 집합적으로 동료의 주검을 확인하며 벌였던 민주화 투쟁이 첫번째 희생이라면, 자신의 살을 잘라 자식 세대의 고용과 미래를 위해 벌이는 '사회적 합의'의 물결은 두번째 희생이라고 부를 만하다. 나는 이 세대 간 연대임금제, 연금의 세대 간 이전율 및 소득대체율 조정 그리고 세대 간 주거권 재분배제를 세대 간 계약의 새로운 틀로 제시한다.

세대 간 연대의 전략 2
고용과 훈련 안전망의 확대**

한국형 사회적 자유주의의 마지막 전략은 청년 세대를 위한 복지국가의 확대다. 청년을 위한 복지국가는 어떤 것인가? 1998

---

* 물론 4장에서 살펴보았듯이, 세대 간 자산 이전 전략을 통해 자식 세대의 주거 문제까지 해결해놓은 소수의 상층 자산계급은, 자신들은 이미 해결한 문제를 풀기 위해 부과되는 자산 관련 세금에 강력히 저항할 것이다.

** 이 절은 나의 논문 「한국 노동운동과 복지국가의 미래 전략」(2018)의 결론부를 이 책의 목적에 맞게 편집한 것이다.

불평등의 세대

년 이후 우리 사회에서 진행되어온 '중하층에 집중된 유연화'와 그로 인한 '신분계급화'는 복지 체계를 정비하지도 않은 상태에서 급작스럽게 진행되었다. 1998년 정리해고제 및 파견제 도입은 복지국가의 안전망, 특히 고용 및 실업보험과 재취업을 위한 훈련 시스템이 거의 전무한 상태에서 매우 제한적 수준이자 땜질 수준의 실업급여와 함께 도입되었다. 한국 복지국가의 성장과 노동시장 유연화 과정은 그 제도적 '배열'의 적기를 놓친 채 각기 다른 궤도로 발전해온 것이다.* 〈그림7-1〉은 한국의 노동시장 관련 지출이 미국, 일본과 같은 자유주의 모델과 아무런 차이가 없음을 보여준다. 최소 수준의 실업 보조책을 제외하면, 해고된 노동자의 재취업 과정에 국가가 기울이는 노력은 최소 수준에 그치고 있다.

이런 상황에서 1998년 정리해고제의 도입과 함께 노동자들은 수십 년 동안 함께 일한 동료들이 수천, 수만 명씩 한꺼번에 길거리로 내몰리는 것을 목도했으며, '해고는 살인'이라는 인식이 노동계를 지배했다. 집단 해고의 도입은 주요 선진국들 중에서도 유례가 없는 것으로, 〈그림7-2〉의 집단 해고 시 고용 보호 수준이 주요 비교 대상국들 중 한국이 압도적으로 낮은 점을 통해 드

---

* 한 전직 중앙노총 간부는 나와의 인터뷰에서, 1998년 노사정 협의 테이블에서 건강보험통합과 전교조 합법화가 아니라 고용보험 확대를 받아내야 했다고 후회했다. 나는 고용보험 확대와 함께 적극적 노동시장 정책 또한 확대했어야 하며, 노조가 이 두 정책이 정착되고 제도화되는 과정에 긴밀히 협의하고 참여했어야 한다고 본다.

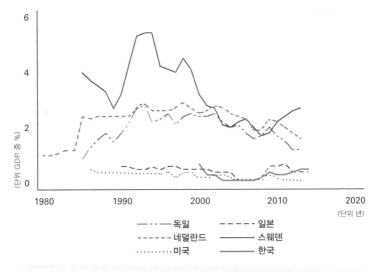

그림7-1 적극적 노동시장 정책ALMP 총지출 추이 주요 국가별 비교
　　※자료: OECD Social Policies and Data (www.oecd.org)

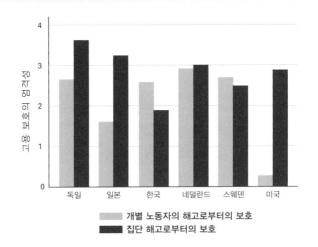

그림7-2 고용보호제도 주요 국가별 비교
　　사용된 지표는 한 명 혹은 두 명 이상의 (정규직) 노동자를 해고할 경우 추가적
　　으로 (고용자가) 감당해야 하는 비용과 법적 절차를 계량화한 것으로, 1998년
　　에서 2015년에 이르는 시기의 평균값이다. 이 시기 동안 국가별 지표의 큰 변
　　동은 없었다.
　　※자료: OECD Employment Policies and Data (www.oecd.org)

러난다. 이로 인해 대기업과 공기업 위주로 조직되어 있는 노조들은 조직의 존재 목표를 '해고 방지'로 설정했으며, 대규모로 정리해고하려는 움직임이 있을 경우 사생결단 수준의 투쟁으로 맞섰다(따라서 지표와 달리, 노조가 존재하는 대기업에서 실질적 고용 보호 수준은 상당히 높다). 쌍용차와 한진중공업 사태는 고용안전망이 없는 상태에서 정리해고제의 도입이 어떤 결과를 야기하는지를 극명하게 보여주었다. 1998년 이후, 현직에 남아 있는 노동자들은 극한투쟁이라는 위협을 통해 해고를 방지하고(따라서 고용안정을 우선적으로 쟁취하며), 노동시간을 최대로 늘림으로써 현직에 있는 동안 임금을 극대화하는 전략을 선택했다.

한국에서 일반화된 기업별 교섭 시스템하에서 진행된 이중화는 기업별 노조와 임금 교섭을 기업 단위에서 한층 더 파편화·개별화했다. 정규직 노조는 비정규직을 위한 교섭에 주저했으며, 정규직 조합원들은 비정규직의 존재를 자신들의 고용과 임금을 보장하는 '안전판'으로 인식하기 시작했다. 동일 직종 및 산업 부문에서 유사한 노동을 하면서도 정규직과 비정규직 임금이 몇십 퍼센트씩 차이가 나는 상황이 당연시됐고(이철승 2017), 정규직 노조와 노동자들은 비정규직에 대한 차별 또한 당연한 것으로 여기며 정규직 노조의 단체협상에 비정규직과 관련된 사안을 포함시키기를 거부했다. 한국형 노동시장이 이중화되는 과정에서 비정규 노동자는 정규직의 고용 보장과 안정적인 임금 상승을 위한 안전판 역할을 하는 한편, 영미형 자유시장경제에서 하층화·게토화된 유색인종이 겪는 차별에 버금가는 수준의 사회적 배제와 차별을 경험한다는 점에서 신분계급화했다고 볼 수 있다. 따라서 정규직과 비정규직으로 갈리는 시점인 20대 중·후반의 청년 세대가 얼마 되지 않는 정규직 자리를 위해 목숨을 건 진입 투쟁을 벌이는 것은 당연한 일이다.

또한 부실한 사회안전망과 재취업 시스템하에서 허용된 정리해고는 정규직 노조로 하여금 어떤 유형의 해고든 반대하도록 함으로써, 오히려 노동시장의 경직성을 더욱 강화시키는 결과를 낳았다. 이 이중화의 굴레와 구조화에서 벗어날 첫번째 단추는 불완전 고용 상태에 있는 청년 노동자들 혹은 해고로 직장을 잃은 중·장년 노동자들이, 심지어는 미래에 직장을 잃거나 옮길 가능성이 높은 노동자들이 노동시장에 보다 쉽게 재진입 및 직업을 변경할 수 있도록 (재)훈련 시스템을 도입하고, 인력회사나 파견업, 사적 재훈련 기관들이 편취하고 있는 '거간비용'을 사회화하는, 유럽보다도 더 강력한 노동시장 정책을 적극적으로 도입하는 것이다.*

---

* 이는, 현 정부가 추진하는 '비정규직의 정규화' 정책과는 차원이 다른 접근이다. 현 정부가 '유연화'라는 전 세계적 자본운동의 경향성을 국가의 '압력'으로 뒤집으려고 한다면, 내 입장은 비정규직 중심으로 이미 극도로 유연화된 노동시장에 '관대한 실업보조금'과 '재훈련' 그리고 '고용보조' 시스템을 도입함으로써 실업-재취업 과정을 사회화하고, 이를 통해 사적 '자구'의 영역으로 방치되어 있는 '비정규직-실업-재취업/자영업'의 순환 고리를 보다 '견딜 만한 과정'으로 만들자는 것이다.

이와 관련한 중요한 제도 개혁은 '국가가 관리하는 취업 및 창업 알선 기관'을 '확장'하는 것이다.* 다시 말해서, 노동자가 실업급여를 받는 동안 적절한 재교육 혹은 훈련을 받고, 이후 동종 및 연관 산업 취업을 알선해줄 전문가와 제도가 마련되어야 한다. 현재 한국 노동시장의 경우, 중간 거간업자들이 직업훈련제도와 파견제를 악용해 기업과 일감을 찾지 못하는 미취업 노동자 사이에서 발생하는 '마찰적 실업'과 '숙련의 격차'로부터 발생하는 '지대'를 착취하는 구조가 정착해 있다. 물론 중간 거간업자들(훈련기관)의 상당수가 국가에 의한 '민간 위탁 사업'을 수행하고 있는 것이 사실이다. 하지만 이 과정에서 발생하는 지대와 비효율, 국고의 낭비를 줄이고 간접 고용 과정에서 발생하는 '노동권 침해'를 방지하기 위해서는, 국가가 보다 적극적인 '제도적 거간꾼' 노릇을 하여 기업과 미취업 노동자 사이에서 발생하는 정보의 부족과 기술 격차를 메우는 한편, '을'의 위치에 있는 불완전 고용 상태의 청년들, 비정규직 노동자들과 실업자들의 '일할 권리'를 보호해줘야 한다.

이러한 '제도적 거간꾼'은 정부종합청사에서 통계를 다루는 거시경제학자가 아니라 기층 지역의 노동시장 상황을 훤히 꿰고 있고, 지역 중소기업의 인력 수요와 시장의 변화를 예민하게 감

---

* 한국의 경우 '지방고용노동청' 소속의 '고용센터'가 이 역할을 담당해왔다. 하지만 이 조직은 (사적) 훈련 과정들을 상담해주고, 단순 취업 정보를 제공하는 역할밖에는 하지 못하고 있다.

지하는, 즉 '시장과 시민사회에 깊숙이 자리 잡은 (배태된) 공무원'이어야 한다. 개별 노동자 입장에서도, 중간에서 노동의 대가를 편취하는 파견업체(혹은 플랫폼 업체)나 민간훈련업체에 전적으로 의지하는 것보다, 국가에 의해 고용되어 훈련받은 공무원을 통해 다음 직업을 알선받는 것이 더 공정한 계약관계를 맺는 출발점이 될 것이다. 마지막으로 새로운 인력을 소개받는 사업주의 입장에서도 훈련업체나 파견업체에 지불할 소개료를 절약할 수 있기 때문에 노동시장 정보격차 해소 차원의 국가 개입은 모두를 만족시킬 대안일 수 있다. 건강보험과 국민연금이 사보험을 일정 정도 몰아내며 전 국민을 보다 값싸고 안정적인 의료 및 노후 보장 시스템으로 통합시켰듯이, 한국형 적극적 노동시장 정책 ALMP은 모든 노동자를 국가에 의해 효율적이고 안정적으로 운영되는 직업 알선 및 교육 시스템으로 통합시키는 역할을 해야 한다. 국가에 의해 관리되는 '제도적 브로커'는 1998년 노동법 개악 이후 정착된 '민간훈련업체'와 '파견업체'들의 근로기준법 및 노동법 위반 사례를 관리·감독하는 역할을 넘어, 이들의 역할을 대체하는 기관으로 정착할 수도 있다.*

사회안전망과 유연화의 '선후'가 바뀐, 안전망 없는 유연화

---

* 이는 현재 '국공립 유치원'이 '사립 유치원'들을 시장에서 몰아내는 과정과 유사할 것이다. 시장에 맡겨두었던 돌봄 노동뿐 아니라 훈련과 재취업 및 직업 소개 또한 일정 부분 사회화시킴으로써, 노동의 상품화 과정을 보다 인간화하고 그 과정을 공정하고 투명하게 만드는 것이 한국형 ALMP의 목표일 것이다.

로 인한 지난 20년의 노동시장 개혁과 그로 인한 후과는 컸다. 자본은 노동시장이 영미 수준으로 유연화될 때까지 그 노력을 포기하지 않을 것이며, 세계시장에서 선도적 지위로 떠오른 대기업들 중심으로 자동화와 기술혁신을 통한 인력 재구조화 노력은 계속될 것이다. 현재의 유연화 방식으로는 정규직과 비정규직으로 분단되고, 대기업 및 그에 수직적으로 통합된 하청기업과 여타 중소영세 사업장으로 분단된, '두 겹의 이중화'(정준호·전병유 2015)와 '신분계급화'가 가속화되는 경향을 막을 수 없다. 따라서 지금이라도 선후가 바뀐 노동시장 개혁을 '보정'하는 노력을 기울여야 하며, 개별 자본과 정규직 노동자 간의 '내부자 연합'(Rueda 2005)에 의해 주도되는 비정규직 위주 유연화를 지양하고, '사회안전망'을 덧붙이는 것이 세대 간 형평성을 높이기 위한 두번째 과제가 되어야 한다고 본다. 이는 위계 구조의 개혁과 신분화된 노동시장 분절 구조를 개혁하기 전에 선행되어야 할 최우선 과제다.

테크놀로지의 급격한 발전 속도로 인해 하나의 직업으로 평생고용을 보장받을 수 없는 시대를 피할 수 없다면, 또한 오늘의 청년 세대가 한 직장에서의 평생고용이 더욱 힘든 노동시장을 겪어야 하는 사회가 된다면, 사회 구조 또한 그 직업 이전의 물리적·심리적 비용을 최소화하는 쪽으로 설계되어야 한다. 지금과 같이 정규직이 비정규직에게 모든 유연화의 비용을 전가하고 비정규직이 그 모든 비용을 떠안는 구조보다는, 국가와 노조, 고용주의 긴밀한 협조 아래 정규직의 특권을 축소하고 유연화의 비용을 사회적으로 감당하는 방식이 보다 정의로운 제도일 것이다.

　　더 나아가 국가가 개인의 실업과 취업 과정에서의 리스크를 관리하고 책임져줄 때, 청년들은 보다 자유롭게 창업과 취업을 오가며 새로운 아이디어를 실험하고 새로운 고용 창출을 주도할 수 있을 것이다. 1,000명의 청년이 새로운 아이디를 실험하며 그중 살아남은 몇 개의 아이디어가 2,000명 아니 3,000명의 청년을 새로이 고용하는 사회, 그 과정에서 발생하는 파산과 실업의 위험을 국가가 책임지는 사회, 파산과 실업이 낙인이 되지 않고 경험과 경력이 되어 다시 새로운 아이디어를 실험할 수 있는 사회, 바로 어린 나이에 높은 시험 점수를 받아 네트워크 위계 구조의 상층으로 진입하고 눈치를 잘 보는 자가 승리하는 사회가 아니라, 도발적이고 새로운 아이디어를 가진 담대한 젊은이가 성장할 수 있는 사회. 이것이 한국형 사회적 자유주의가 꿈꾸는 사회일 것이다. 이러한 사회의 구성원들은 해고를 두려워하지 않을 것이며, 취업에 목맬 필요도 없을 것이다. 아마도, 이러한 사회에서는 어느 정도 경험과 아이디어가 쌓이면 누구나 창업을 꿈꾸기 때문이다. 우리는 이러한 사회에서 더 이상 정규직과 비정규직의 신분화와 차별을 이야기할 필요가 없을지도 모른다.

나가며

다음 세대가 더 나은 삶을 살 수 있는 세상을 꿈꾼다면, 오늘날 위계 구조의 정점에 있는 리더들은 다음 세대가 꿈을 꿀 수 있는 공간과 자리, 기회를 보장해줘야 한다. 그래야 그들이 나이 들어 현 중·장년 세대의 자리에 올랐을 때, 그들의 꿈이 사회의 규범이자 제도로 진화해 '지배적 질서'로 자리매김할 수 있다. 불행히도, 오늘날 한국 사회는 다음 세대를 위한 기본적인 배려도 결여한 사회가 되어가고 있다. 그 폐해가 봇물이 되어 쏟아지고 있고, 그 미래의 비용은 천문학적 숫자가 되어 우리에게, 아니 다음 세대에게 전가되고 있는데, 오늘의 중·장년 세대들은 자기 자식의 생존만을 걱정하고 있다.

다음 세대를 위한 산업화 세대의 배려는 한 가지였다. 빠른 경제성장을 통한 일자리의 끊임없는 창출. 386세대는 산업화 세대가 제약한 자유와 민주주의를 구하기 위해 그들을 치받았지만, 아비 세대가 제공한 '풍성한 일자리'와 '일사리를 통한 복지' 모델의 수혜를 받은 세대다. 물론 이 세대는 민주화를 이뤄냈을 뿐 아니라, 한국 경제를 세계화 시대에 적응시켰다. 그렇다면 그 수혜가 다음 세대로 — 어떤 형태로든 — 이전되어야 한다.

그런데 그 이전이 순조롭게 이뤄지고 있는가? 386세대는 정상에 오른 바로 지금, 이 질문에 대답할 책임이 있다. 그들의 자식들이 자라서 살아갈 사회가 불공정한 경쟁과 편법, 불평등으로 찌든 생지옥과 같은 곳이 되어간다면, 내 자식의 경쟁력이 무슨 소용이 있겠는가? 신분제 사회를 만들어놓고 내 자식이 신분제 사회의 상층에 오를 확률을 높이는 전략과, 신분제 사회를 해체하고 내 자식과 다른 자식들이 자유로운 개인으로 서로를 존중하고 사회적 위험을 분담하며, 노동의 대가를 적절히 공유하는 사회를 만드는 전략 중 어느 쪽이 현명한가? 386세대는 적어도 후자를 공약하며 정치와 시장에서 집권했다.

실상은, 오늘날 한반도 정주민들은 모두 전자를 위해 쟁투하고 있다는 점이다. 이러한 쟁투의 결과, 동시대의 성공과 상관없이, 우리 후손들 중 누군가는 그 (유사) 신분제 사회의 하층으로 전락할 수밖에 없다. 그리고 그들은 극심한 차별과 낙인, 불행 속에서 고통받을 것이다. 왜냐하면 이것은 확률 게임이기 때문이다. 그들은 모두 '무자비한 운brutal luck'(Rawls 1971)이 자신들의 가문을 피해 갈 것이라고 믿지만, 그 확률은 그리 높지 않다. 소수의 특권층을 제외하고는 말이다. 그리고 개인적으로 운 좋게 몇 대에 걸쳐 그러한 운을 피해 가며 생존하더라도, 아니 소수의 특권층이 아예 몇백 년에 걸쳐 지속될, 그러한 운을 아예 겪지 않아도 될 완벽한 신분제를 완성한다 하더라도, 그러한 체제는 중국에는 도태되고 붕괴한다. 불과 100여 년 전 우리 선조들이 입증하지 않았는가.

중국의 작가 위화는 문화혁명기에 노동자들이 출근하자마자 공장 기계를 꺼놓고 포커를 치곤 했다고 회고한다(물론 상부에 보고되는 서류에는 조직마다 생산량이 증대되고 있었다). 내가 이 책에서 이야기하는 것은, 포커를 몰래 치는 자를 적발해서 벌주자는 이야기가 아니다. 특정 지위와 신분에 진입함으로써 그러한 기회를 불균등하게 부여받고, 심지어는 다른 사람의, 하급자의 노동을 편취할 수 있게끔 하는 구조를 고치자는 것이다. 동시대 한국 사회의 정규직은 포커 치고 싶을 때 치는 반면, 청년들과 비정규직, 프리케리아트는 하루 종일, 밤새워, 시도 때도 없이 콜이 날아올 때마다 공장 기계를 돌리고 있는 형국이기 때문이다. 이 선택의 권리가 20대에 치러지는 한 번의 시험으로 한 번의 취직으로 결정되는 것은, 본인을 위해서도, 사회를 위해서도 불행한 일이다.

이러한 위험을 사회화하되 기회와 보상은 일정 정도 자유화하는 시스템은 한국 사회에서는 불가능한 프로젝트인가? 나는 가능하다고 본다. 한반도 정주민들은 때로는 외부의 위협에 너무 늦게 반응했다. 하지만 한번 그 필요성을 깨달으면, 어느 부족보다 빠르고 집요하게 목적을 달성한다. 특히 공동체의 생존이 경각에 달려 있는 상황에서라면 말이다. 나는 한국형 위계 구조(네트워크 위계)의 문제를 공동체 생존과 안녕의 문제라고 보았다. 다음 세

대에게 어떤 세상을 물려주는가의 문제보다 더 중요한 일이 있을
까. 그래서 이 책을 썼다. 물이 끓는다.

참고문헌

강국진(2006).「시민단체 연결망 분석」.『시민의 신문』특별호. 1월 2일 및 1월 16일
    자(630호 및 632호).

강명주(2014).「무역개방과 해외직접투자가 소득분배에 미친 영향 연구」.『통상정보
    연구』16.4. 151~67쪽.

강성복(1992).『용화리의 역사와 민속 ── 충남 금산군 제원면 용화리 사례연구』. 금
    산문화원.

강원택(2013).「한국 선거에서의 '계급 배반 투표'와 사회계층」.『한국정당학회보』
    12.3. 5~28쪽.

김낙년(2016).「한국의 부의 불평등, 2000~2013 ── 상속세 자료에 의한 접근」.『경
    제사학』62. 393~429쪽.

────── (2018).「우리나라 소득불평등의 추이와 국제비교」.『사회과학연구』25. 2.
    175~95쪽.

김병일(2017).「상속세 및 증여세제의 개편 방안 ── 최명근 선생의 정책제안을 중심
    으로」.『조세연구』17.3. 37~99쪽.

김영준·손종칠(2014).「경제의 대외개방도 증가 및 기술진보가 숙련노동 임금프리
    미엄에 미친 영향」.『경제학연구』62.1. 91~131쪽.

김위정·김왕배(2007).「세대 간 빈곤이행과 영향요인에 관한 연구」.『한국사회학』
    41.6. 1~36쪽.

김종성·이병훈(2014).「부모의 사회계층이 자녀의 노동시장 성과에 미치는 효과」.
    『동향과 전망』90. 296~330쪽.

김창환·오병돈(2019).「경력단절 이전 여성은 차별받지 않는가? ── 대졸 20대 청년
    층의 졸업 직후 성별 소득격차 분석」.『한국사회학』53.1. 167~204쪽.

김철식·조형제·정준호(2011).「모듈 생산과 현대차 생산방식」.『경제와사회』92.
    351~85쪽.

김항기·권혁용(2017). 「부동산과 복지국가 ─ 자산, 부채, 그리고 복지태도」. 『한국
　　정치학회보』 51.1. 261~85쪽.

김현숙(2015). 「우리나라 공동주택 거주 가구의 소득과 주택자산 소유분포 비교」.
　　『재정포럼』 2005년 8월호. 조세연구원.

김홍중(2015). 「서바이벌, 생존주의, 그리고 청년 세대 ─ 마음의 사회학의 관점에
　　서」. 『한국사회학』 49.1. 179~212쪽.

김희삼(2009). 「한국의 세대 간 경제적 이동성 분석」. 『KDI』.

남기곤(2008). 「부모의 학력이 자녀의 학력 및 직업지위에 미치는 효과 ─ 국제비교
　　분석」. 『교육재정경제연구』 17. 61~92쪽.

노환희·송정민·강원택(2013). 「한국 선거에서의 세대 효과」. 『한국정당학회보』.
　　12.1. 113~40쪽.

다츠루, 우치다(2018). 『어떤 글이 살아남는가』. 김경원 옮김. 원더박스.

박재흥(2001). 「세대연구의 이론적·방법론적 쟁점」. 『한국인구학』 24.2. 47~78쪽.

──── (2003). 「세대 개념에 관한 연구」. 『한국사회학』 37.3. 1~23쪽.

박해광(2004). 「한국 산업노동자의 도시 경험 ─ 70년대를 중심으로」. 이종구 외.
　　『1960~70년대 노동자의 생활세계와 정체성』. 한울. 13~44쪽.

백남운(1999). 『조선사회경제사』. 범우사.

성경륭(2015). 「세대균열과 세대연대」. 『한국사회복지학』 67.4. 5~29쪽.

송호근(2013). 『시민의 탄생 ─ 조선의 근대와 공론장의 지각 변동』. 민음사.

신광영(2009). 「세대, 계급과 불평등」. 『경제와사회』. 35~60쪽.

신진욱(2013). 「한국에서 자산 및 소득의 이중적 불평등 ─ 국제 비교 관점에서 본
　　한국의 불평등 구조의 특성」. 『민주사회와 정책연구』 23. 41~70쪽.

오하나(2010). 『학출 ─ 80년대, 공장으로 간 대학생들』. 이매진.

윤성민·홍장표·정우식(2000). 「중소기업-대기업의 관계 ─ 협력 유형 및 산업정책」.
　　『중소기업연구』 22. 2. 209~36쪽.

윤홍식(2017). 「상향적 선별주의 복지체제의 형성」. 한국사회정책학회 춘계학술대
　　회발표문.

은수미(2005). 「한국 노동운동의 정치세력화 유형 연구 ─ 노동운동과 시민운동의
　　관계 구조 분석」. 박사학위 논문. 서울대학교 대학원.

이내영(2009). 「한국 유권자의 이념성향의 변화와 이념투표」. 『평화연구』 17.2.

42~72쪽.

──── ·신재혁(2003).「세대정치의 등장과 지역주의」.『아세아연구』46.4. 283~309 쪽.

──── ·정한울(2013).「세대균열의 구성 요소 ── 코호트 효과와 연령 효과」.『의정연 구』. 40. 37~83쪽.

이병훈(2003).「비정규노동의 작업장 내 사회적 관계에 관한 사례 연구 ── 사내 하청 노동자를 중심으로」.『경제와사회』57. 42~64쪽.

이상협(2008).「국민이전계정을 이용한 공적이전의 세대 간 형평성 분석」.『국민이 전계정을 이용한 재정정책의 세대 간 형평성 효과 연구』7장. 조세재정연구 원 연구보고서.

이승윤·백승호·김윤영(2019).『한국의 불안정 노동자』. 후마니타스.

이영훈(2016).『한국경제사2 ── 근대의 이식과 전통의 탈바꿈』. 일조각.

이철승(2016).「산별노조 운동의 성과와 한계」. 전병유·신진욱 엮음.『다중격차, 한 국 사회 불평등 구조』. 페이퍼로드.

──── (2017a).「다중격차 시대의 노동-시민 연대」. 황규성·강병익 엮음.『다중격차 II ── 역사와 구조』. 페이퍼로드. 201~22쪽.

──── (2017b).「결합노동시장 지위와 임금 불평등의 확대(2004~2015년)」.『경제와 사회』114.3. 103~44쪽

──── (2017c).「디지털 경제 시대의 고용형태와 노동권의 한국 사례 연구」. 장지연 외.『디지털기술 발전에 따른 새로운 일자리 유형과 정책적 대응』. 한국노동 연구원 연구 보고서 2017. 5. 55~83쪽.

──── (2018).「한국 노동운동과 복지국가의 미래 전략 ── 트라이레마와 유연화·이 중화의 극복」.『비판사회정책』58. 197~241쪽.

──── ·황인혜·임현지(2018).「한국 복지국가의 사회경제적 기초 ── 자산 불평등, 보험 욕구, 복지 선호도 2007~2016」.『한국정치학회보』52.5. 1~30쪽.

장경섭(1998).「[동아시아의 성공과 좌절] 압축적 근대성과 복합위험사회」.『비교사 회』2. 371~414쪽.

──── (2010).「세계의 한국화? ── 반영反映적 지구화 시대의 압축적 근대성」.『한국 사회학회 사회학대회 논문집』. 한국사회학회. 507~10쪽.

장영은·이강용·정준호(2017).「거주주택자산이 자산 불평등에 미치는 영향」.『주거

환경』 15.3. 19~33쪽.

장지연·정슬기·이철승·박은정·김근주·이승윤(2017).『디지털기술 발전에 따른 새로운 일자리 유형과 정책적 대응』. 한국노동연구원.

전병유·정준호(2014).「소득-자산의 다중격차」.『경제발전연구』 20.1. 105~34쪽.

─── (2015).「한국경제의 이중화와 성장체제 전환의 가능성」.『노동리뷰』. 51~64쪽.

─── ·신진욱 엮음(2016).『다중격차, 한국 사회 불평등구조』. 페이퍼로드.

전상진(2002).「세대사회학의 가능성과 한계 ─ 세대 개념의 분석적 구분」.『한국인구학』 25.2. 193~230쪽.

─── (2004).「세대 개념의 과잉, 세대연구의 빈곤」.『한국사회학』 38.5. 31~52쪽.

정수복(1993).『새로운 사회 운동과 참여민주주의』. 문학과지성사.

정승국(2010).「숙련과 임금체계 ─ 독일자동차산업을 중심으로」.『산업관계연구』 9. 83~114쪽.

─── (2017).「제조업 대기업의 작업장체제와 개선방안」.『1987년 이후 30년: 새로운 노동체제의 탐색』. 한국노동연구원 정책연구 보고서 2017.14. 65~91쪽.

정이환(2010).「기업 내부노동시장을 넘어? ─ 일본에서의 기업 내 연공임금 극복 시도」.『경제와사회』 86.4. 233~65쪽.

─── (2013).『한국 고용체제론』. 후마니타스.

조성재(2009).「자동차산업의 노동유연성과 고용관계」.『산업관계연구』 19.3. 57~89쪽.

─── (2013).「한국 노사관계 시스템의 발전방향」. 조성재 외,『한국 노사관계 시스템 진단과 발전방향 모색』. 한국노동연구원.

─── (2018).「격차 축소를 위한 연대임금과 일터 혁신」.『노동리뷰』. 60~74쪽.

─── ·이병훈·홍장표·임상훈·김용현(2004).『자동차산업의 도급구조와 고용관계의 계층성』. 한국노동연구원.

조한혜정(1997).「학업 중퇴자 연구의 또 다른 차원」.『학교를 거부하는 아이, 아이를 거부하는 사회』. 또하나의문화.

조희연(1998).『한국의 국가·민주주의·정치변동』. 당대.

좌승희(2006).「한국경제의 도약과 정체 그리고 향후 과제」. 김용서 외,『박정희 시대의 재조명』. 전통과현대.

최은영·홍장표(2014).「세대 간 직업계층의 이동성」.『지역사회연구』22.1. 51~70쪽.

Acemoglu, D.(2002). "Technical change, inequality, and the labor market." *Journal of economic literature* 40.1. pp. 7~72.

—— (2003). "Technology and Inequality." NBER Report: http://www.nber.org/reporter/winter03/technologyandinequality.html.

Alhamzawi, R.(2015). "Model selection in quantile regression models." *Journal of Applied Statistics* 42.2. pp. 445~58.

Andreu, E. S., J. Rob, R. J. M. Alessie & V. Angelini(2018), "The retirement-savings puzzle reviewed: the role of housing and bequests." *Journal of Economic Surveys*(https://doi.org/10.1111/joes.12257).

Ansell, B.(2014). "The political economy of ownership: Housing markets and the welfare state." *American Political Science Review* 108.2. pp. 383~402.

Arendt, H.(1958). *The human condition*. Chicago: Chicago University Press.

—— (1968). *Men in dark times*. New York: Harcourt Brace Jovanovich.

Axelrod, R.(1984). *The evolution of cooperation*. New York: Basic books.

Becker, G. S.(1993[1964]). *Human capital: A theoretical and empirical analysis, with special reference to education*. Chicago: University of Chicago press.

Behl, P., G. Claeskens & H. Dette(2014). "Focussed model selection in quantile regression." *Statistica Sinica* 24.2. pp. 601~24.

Bell, A. & K. Jones(2014). "Another 'futile quest'? A simulation study of Yang and Land's Hierarchical Age-Period-Cohort model." *Demographic Research* 30. p. 333.

Bonacich, P.(1987). "Power and centrality: A family of measures." *American journal of sociology* 92.5. pp. 1170~82.

Bossmann, M., C. Kleiber & K. Wälde(2007). "Bequests, Taxation, and the Distribution of Wealth in a General Equilibrium Model." *Journal of Public Economics* 91(7~8). pp. 1247~71.

Bourdieu, P.(1984[1971]). *Distinction: A social Critique of the Judgment of Taste*. Cambridge, M.A.: Harvard University Press.

───── (1986). "The forms of capital." J. C. Richardson(ed.). *Handbook of Theory and Research for the Sociology of Education.* New York: Greenwood. pp. 241~58.

Brandolini, A., S. Magri & T. M. Smeeding(2010). "Asset-based measurement of poverty." *Journal of Policy Analysis and Management* 29.2. pp. 267~84.

Chang, K. S.(2010). *South Korea under compressed modernity: Familial political economy in transition.* London: Routledge.

Cowell, F. & P. Van Kerm(2015). "Wealth inequality: A survey." *Journal of Economic Surveys* 29.4. pp. 671~710.

Davies, J. B.(1981). "Uncertain Lifetime, Consumption, and Dissaving in Retirement." *Journal of Political Economy* 89.3. pp. 561~77.

───── & A. F. Shorrocks(2000). "The Distribution of Wealth." A. B. Atkinson & F. Bourguignon(eds.). *Handbook of Income Distribution* 1. Oxford: Elsevier. pp. 677~789.

───── , S. Sandström, A. Shorrocks & E. N. Wolff(2011). "The level and distribution of global household wealth." *The Economic Journal* 121.551. pp. 223~54.

De Nardi, M.(2004). "Wealth Inequality and Intergenerational Links." *Review of Economics Studies* 71.3. pp. 743~68.

Deaton, A. & C. H. Paxson(1993). "Intertemporal choice and inequality." *Journal of Political Economy* 102. pp. 384~94.

Downs, A.(1957). "An economic theory of political action in a democracy." *Journal of political economy* 65.2. pp. 135~50.

Elder, G. H.(1998). *Children of the great depression.* Boulder: Westview Press.

Ferree, M. M., W. A. Gamson, D. Rucht & J. Gerhards(2002). *Shaping abortion discourse: Democracy and the public sphere in Germany and the United States.* Cambridge: Cambridge University Press.

Gramsci, A.(1971). *Selections from the Prison Notebooks.* New York: International Publishers.

Greif, A. & G. Tabellini(2010). "Cultural and institutional bifurcation: China and Europe compared." *American Economic Review* 100.2. pp. 135~40.

Haberman, S. & A. Renshaw(2009). "On age-period-cohort parametric mortality rate projections." *Insurance: Mathematics and Economics* 45. pp. 255~70.

Hall, P. A. & D. Soskice(2001). *Varieties of Capitalism: The Institutional Foundations of Comparative Advantage.* Oxford: Oxford University Press.

Hardin, G.(1968). "The tragedy of the commons." *Science* 162.3859. pp. 1243~48.

Henderson, G.(1968). *Korea, the Politics of the Vortex.* Cambridge: Harvard University Press.

Hirschman, A. O.(1970). *Exit, voice and loyalty.* Cambridge: Harvard University Press.

Honneth, A.(1996). *The struggle for recognition: The moral grammar of social conflicts.* Cambridge: MIT Press.

Jäntti, M., E. Sierminska & P. Van Kerm(2013). "The joint distribution of income and wealth." J. C. Gornick & M. Jäntti(eds.). *Income Inequality: Economic Disparities and the Middle Class in Affluent Countries.* Stanford: Stanford University Press. pp. 312~33.

Jappelli, T. & L. Pistaferri(2000). "The Dynamics of Household Wealth Accumulation in Italy." *Fiscal Studies* 21.2. pp. 1~27.

Jessop, B., K. Bonnett, S. Bromley & T. Ling(1984). "Authoritarian populism, two nations and Thatcherism." *New Left Review* 147.1. pp. 32~60.

Kapteyn, A., R. Alessie & A. Lusardi(2005). "Explaining the wealth holdings of different cohorts: Productivity growth and social security." *European Economic Review* 49.5. pp. 1361~91.

Karagiannaki, E.(2017). "The Impact of Inheritance on the Distribution of Wealth: Evidence from Great Britain." *Review of Income and Wealth* 63.2. pp. 394~408.

Keck, M.(1992). *The Workers' Party and Democratization in Brazil.* New Haven, CT: Yale University Press.

Kertzer, D. I.(1983). "Generation as a Sociological Problem." *Annual Review of Sociology* 9. pp. 125~49.

Klein, S. & Lee C. S.(2019) "The Politics of Forward and Backward Infiltration: Towards a Dynamic Theory of Civil Society." *Sociological Theory* 37.1. pp.

62~88.

Koo, H.(2001). *Korean workers: The culture and politics of class formation.* New York: Cornell University Press.

Korpi, W.(1985). "Power resources approach vs. action and conflict: on causal and intentional explanations in the study of power." *Sociological Theory* 3.2. pp. 31~45.

Kotlikoff, L. J. & L. Summers(1981). "The role of intergenerational transfers in aggregate capital accumulation." *Journal of Political Economy* 89. pp. 706~32.

Kurz, K.(2004). "Labour market position, intergenerational transfers and home-ownership: a longitudinal analysis for West German birth cohorts." *European Sociological Review* 20.2. pp. 141~59.

Kuypers, S. & I. Marx(2016). "Estimation of Joint Income-Wealth Poverty: A Sensitivity Analysis." IZA DP No. 10391.

—— (2017). "The Truly Vulnerable: Integrating Wealth into the Measurement of Poverty and Social Policy Effectiveness." IZA DP No. 11069.

Kuznets, S.(1955). "Economic growth and income inequality." *The American economic review* 45.1. pp. 1~28.

Lareau, A.(2002). "Invisible inequality: social class and childrearing in black families and white families." *American Sociological Review* 67. pp. 747~76.

Lee, C. S.(2016a). "Going Underground: The Origins of Divergent Forms of Labor Parties in Recently Democratized Countries." *Sociological Theory* 34. pp. 220~49.

—— (2016b). *When Solidarity Works: Labor-Civic Networks and Welfare States in the Market Reform Era.* Cambridge: Cambridge University Press.

—— & T. Talhelm(2019). "How Rice Makes (Un)Happiness" *Unpublished manuscript.*

Lee, N. H.(2007). *The making of Minjung: Democracy and the politics of representation in South Korea.* New York: Cornell University Press.

Lennartz, C. & R. Ronald(2017). "Asset-based Welfare and Social Investment: Competing, Compatible, or Complementary Social Policy Strategies for the

불평등의 세대

New Welfare State?" *Housing Theory and Society* 34.2. pp. 201~20.

Mannheim, K.(1952[1928]). "The Problem of Generations." *Essays on the Sociology of Knowledge*. New York: Oxford University Press. pp. 276~320.(『세대 문제』. 이남석 옮김. 책세상. 2013.)

Meltzer, A. H. & S. F. Richards(1981). "A rational theory of the size of government." *Journal of political Economy* 89.5. pp. 914~27.

Mische, A.(2008). *Partisan Publics: Communication and Contention across Brazilian Youth Activist Networks*. Princeton, NJ: Princeton University Press.

Modigliani, F.(1986). "Life cycle, individual thrift, and the wealth of nations." *American Economic Review* 76. pp. 297~312.

──── (1988). "The role of intergenerational transfers and life cycle saving in the accumulation of wealth." *Journal of Economic Perspectives* 2. pp. 15~40.

Moene, K. O. & M. Wallerstein(2001). "Inequality, social insurance, and redistribution." *American Political Science Review* 95.4. pp. 859~74.

Moore, B.(1966). *Social origins of dictatorship and democracy: Lord and peasant in the making of the modern world*. Boston: Beacon Press.

Ostrom, E.(1990). *Governing the commons: The evolution of institutions for collective action*. Cambridge: Cambridge university press.

Page, B. R.(2003). "Bequest Taxes, inter vivo gifts and the bequest motive." *Journal of Public Economics* 87. pp. 1219~29.

Palais, J. B.(1996). *Confucian Statecraft and Korean Institutions: Yu Hyongwon and the Late Choson Dynasty*. Seattle: University of Washington Press.(『유교적 경세론과 조선의 제도들』 1, 2. 김범 옮김. 산처럼. 2008.)

Piketty, T.(2011). "On the Long-run Evolution of Inheritance: France 1820~2050." *Quarterly Journal of Economics* 126.3. pp. 1071~131.

──── (2014). *About capital in the Twenty-First Century*. MA: Harvard University Press.

Polanyi, K.(1944). *The great transformation*. Boston: Beacon Press.

Portes, A. & R. G. Rumbaut(2001). *Legacies: The story of the immigrant second generation*. Oakland: University of California Press.

Poulantzas, N. A. & T. O'Hagan(1973). *Political power and social classes.* London: NLB.

Putnam, R. D.(1993). *Making Democracy Work: Civic Traditions in Modern Italy.* Princeton, NJ: Princeton University Press.

Rawls, J.(2009[1971]). *A theory of justice.* Cambridge: Harvard university press.

Rogers, J.(1990). "Divide and Conquer: Further Reflections on the Distinctive Character of American Labor Laws." *Wisconsin Law Review* 1. pp. 1~147.

Rueda, D.(2005). "Insider – outsider politics in industrialized democracies: the challenge to social democratic parties." *American Political Science Review* 99.1. pp. 61~74.

Rueschemeyer, D., E. H. Stephens & J. D. Stephens(1992). *Capitalist development and democracy.* Chicago, IL: University of Chicago Press.

Ryder, N. B.(1965). "The Cohort as a Concept in the Study of Social Change." *American Sociological Review* 30.6. pp. 843~61.

Said, E.(1978). *Orientalism.* New York: Pantheon Books.(『오리엔탈리즘』. 박홍규 옮김. 교보문고. 2015.)

Skocpol, T.(1979). *States and social revolutions: A comparative analysis of France, Russia and China.* Cambridge: Cambridge University Press.

Solt, F.(2016). "The Standardized World Income Inequality Database." *Social science quarterly* 97.5. pp. 1267~81.

Standing, G.(2014). *A Precariat Charter: from denizens to citizens.* London: Bloomsbury Academic.

Suari-Andreu, E., J. Rob, R. J. M. Alessie & V. Angelini(2018). "The retirement-savings puzzle reviewed: the role of housing and bequests." *Journal of Economic Surveys* (https://doi.org/10.1111/joes.12257).

Suh, M. S.(2019). "Two sacred tales in the Seoul metropolis: the gospels of prosperity and development in modernizing South Korea." *Forthcoming in Social Compass.*

Talhelm, T., X. Zhang, S. Oishi, C. Shimin, D. Duan, X. Lan & S. Kitayama(2014). "Large-scale psychological differences within China explained by rice versus wheat agriculture." *Science* 344(6184). pp. 603~608.

Thompson, E. P.(1966(1963)). *The making of the British working class.* New York:
Vintage Books.

Thomson, R. et al.(2018). "Relational mobility predicts social behaviors in 39
countries and is tied to historical farming and threat." *Proceedings of the
National Academy of Sciences* 115.29. pp. 7521~26.

Tilly, C.(1989). "Cities and states in Europe, 1000~1800." *Theory and Society* 18.5.
pp. 563~84.

Vaughan, D.(1997). *The Challenger launch decision: Risky technology, culture, and
deviance at NASA.* Chicago: University of Chicago Press.

Weber, M.(1946(1922~23)). "The Protestant Sects and the Spirit of Capitalism."
H. H. Gerth & C. W. Mills(eds.). *From Max Weber.* New York: Oxford
University Press. pp. 302~22.

Weingast, B. R.(1997). "The Political Foundations of Democracy and the Rule of the
Law." *American Political Science Review* 91.2. pp. 245~63.

Wolff, E. N.(1996). "International Comparisons of Wealth Inequality." *Review of
Income and Wealth* 42.4. pp. 433~51.

—— (1999). "Wealth accumulation by age cohort in the US, 1962~1992: the role
of savings, capital gains and intergenerational transfers." *The Geneva Papers on
Risk and Insurance-Issues and Practice* 24.1. pp. 27~49.

—— (2002). "Inheritances and Wealth Inequality, 1989~1998." *American Economic
Review* 92.2. pp. 260~64.

Zhao, D.(2015). *The Confucian-Legalist State: a new theory of Chinese history.* New
York: Oxford University Press.